开明教育书系

蔡达峰◎主编

育的民族化和科学化

张志公教育文选

张志公◎著

王本华 李嘉哲◎选编

开明出版社

"开明教育书系"丛书编委会

主　　任　　蔡达峰

副 主 任　　朱永新

委　　员　　张雨东　　王　刚　　陶凯元

　　　　　　庞丽娟　　黄　震　　高友东

　　　　　　李玛琳　　刘宽忍　　何志敏

丛书主编　　蔡达峰

"开明教育书系"
总　序

中国民主促进会（以下简称民进）是以从事教育、文化、出版工作的高、中级知识分子为主的参政党。民进创立以后，在中国共产党的指引和帮助下，积极投身爱国民主运动，在这个过程中，发挥自身优势，举办难民补习培训，创办中学招收群众，参加妇女教育活动，在解放区开展扫盲教育，培养青年教师。

新中国成立以后，民进以推进国家教育事业发展为己任，贯彻党的教育方针，倡导呼吁尊师重教。

一方面，坚持不懈地为教育发展建言献策。从马叙伦先生在任教育部长时向毛泽东主席反映学生健康问题，得到了毛主席关于"健康第一"的重要批示，到建议设立教师节、建立健全《教师法》《职业技术教育法》《民办教育促进法》等法律法规、深化教育改革、促进学前教育发展、义务教育均等化、加强教师队伍建设、中小学教材建设、减轻学生课业负担等等，提出了一系列高质量的意见建议。

另一方面，坚持不懈地开展教育服务。改革开放以来，围绕"四化"建设的需要，持续举办了大量讲座和培训，帮助群众学习，为民工子女、下岗职工、贫困家庭子女、军地两用人才、贫困地区教师等提供教育服务，创办了文化补习学校、业余职业大学、专科学校、业余中学等大批学校，出现了当时全国第一所民办高中、规模最大的民办高校、成人教育学院、民办幼儿教育集团等；不断开展"尊师重教"的慰问、宣传和捐赠等活动，拍摄了电视片《托着太阳升起的人》；举办了一系列教育服务的研讨会和交流会。

在为教育事业长期服务的过程中，民进集聚了越来越多的教育界会员，现有的近19万会员中，约60%来自教育界，其中大部分是中小学教师。广大会员怀着崇高的使命感和责任感，爱岗敬业、默默奉献、积极作为，在教育事业和党派工作中取得了卓越的成就，涌现出无数感人的事迹，赢得了无数的赞誉，涌现出大量优秀教师、校长和著名教育家、专家学者、教育管理者等，他们共同写就了民进的光荣历史，铸就了民进的宝贵财富，是民进的自豪和骄傲。

系统地收集和整理民进会员的教育论著和教育贡献，是民进会史研究和教育的重要任务，对于民进发扬优良传统、加强自身建设、激励履职尽责具有积极的意义，对于我们深入学习多党合作历史、深入开展我国现当代教育历史研究，也具有重要的理论和现实意义。民进中央对此高度重视，组织编辑"开明教育书系"，朱永新副主席和民进中央研究室的同志们辛勤工作，邀请会内外专家学者共同参与，历时数年完成了编写工作。谨此，向各位作者和编辑同志，向开明出版社，向所有关心和支持本书编撰工作的同志，表示诚挚的感谢。

全国人大常委会副委员长

民进中央主席　　蔡达峰

2022 年 12 月

兼通，融合，探究语言和语文教育改革之道

王本华

教育家小传

张志公（1918—1997），河北省南皮县人，1918年11月生于北京。1937年考入中央大学工学院，一年后转读外语系。1940年辍学，在中学任英文教员。1941年至1943年曾加入国民党陆军88师做英文秘书。1944年转入金陵大学外语系，1945年留校任教。1948年应聘到海南大学外语系。1950年从海南赴香港，在华侨大学教授翻译学。

1950年10月，应邀由香港赴北京任开明书店编辑，次年负责编辑《语文学习》月刊。1953年开明书店与青年出版社合并为中国青年出版社，张志公继续主编《语文学习》。1955年调入人民教育出版社任汉语编辑室主任，主持汉语教材编写工作，并继续主编《语文学习》。1962年改任外语编辑室主任。1977年参加全国统编教材工作会议。1981年起，先后任人民教育出版社副总编辑、课程教材研究所学术委员会主任等。

张志公曾在许多政府部门担任学术职务，包括：中国文字改革委员会委员，中国社会科学院语言研究所学术委员会委员，国家语言文字工作委员会委员，国家教委（今教育部）全国中小学教材审定委员会顾问，中国社会科学院语言文字应用研究所学术委员会委员等。他是很多学术团体的发起人、组织人之一，曾任中国语言学会常务理事，中国修辞学会会长，叶圣陶研究会会长，全国中学语文教学研究会（今中国教育学会中学语文教学专业委员）副会长，北京市语言学会会长，北京外语学会会长等。

张志公1951年就加入了中国民主促进会，曾任民进中央常委、文教委员会主任委员、参议委员会副主席，全国政协常委、社会和法制委员会委员等职。他多次参加全国政协会议，积极参政议政，尤其在教育方面，提出了许多具有远见卓识的议案。

我认识张志公先生是在1987年，那时正在读硕士，导师给我们安排了先生的"汉语辞章学"课程。这样一位语言学界、语文教育界的知名学者，以前只是耳闻，突然听说要听他讲课，那种喜悦心情是难以言表的。于是前后一年，每周一次，风雨无阻。真正与先生接触多起来，是在1990年有幸受先生推荐来到人民教育出版社工作以后。我一边参与中学语文教材编写工作，一边受单位委托做先生的助手，协助他做书稿整理等事务性工作。先生近在咫尺，有问题，可以随时去请教，有想法，可以随时去探讨。在这样的耳濡目染中，先生的形象愈益清晰：他幽默，睿智，有范儿，鹤发童颜，精神矍铄，始终面含微笑；对同龄人来说他是一位谦谦君子，对晚辈来说则是一位敦厚长者；如果论到学术，那就必须用"仰之弥高，钻之弥坚"来表达了。

张志公先生是我国著名语言学家、语文教育家。先生研究范围广博，从汉语语法、语汇、修辞到汉字、汉字改革、汉语规范化，从传统语文教育到现当代语文教育、教材编写以及听说读写各个方面，从母语教学到外国语教学、少数民族汉语教学以至对外汉语教学等，无所不包，著述甚丰。他对传统语文教学的研究可谓独辟蹊径，他对语文教学民族化、科学化、现代化的探讨可谓振聋发聩，他领导制订的中学语法教学系统可谓前无古人，影响至今。先生去世时，我们曾撰写一幅长联表达缅怀之情与景仰之意：

高尚道德凭实际行动体现真良师风范光照我辈

深刻文章用浅显语言表达乃大家手笔恩泽后人

曾经是战士

张志公，河北省南皮县人，1918 年 11 月生于北京。1937 年考入中央大学工学院，一年后转读外语系，攻读英语、法语和外国文学。

1940 年暑假后，因校方无理责令其休学，经一位教授推荐，张志公至重庆小龙坝中正学校担任英语教员。休学原因，校方给出的理由冠冕堂皇——缺课太多。而据先生回忆，当时学校对缺课一事并无明确规定，教师上课也从不点名，所以"缺课太多"不过是找个借口。最重要的原因，可能是身为学生干事的张志公经常组织一些让学校觉得麻烦的事，以及作为中大戏剧社发起者的他常常组织一些抗日戏剧演出，等等。所谓让学校感到麻烦的事，如要求对战区流亡学生给予补助、改革教学计划、实行"战时教育"等。所谓演出抗日戏剧，如组织同学演出《放下你的鞭子》《回春之曲》《马百记》等。这些恐怕是难以说出的真实缘由。虽为学生，而心系国家、社会，这正是教书育人者所应承担的责任，先生的拳拳情怀也由此可知！

他真正成为战士是在 1941 年到 1943 年，虽然只有不到三年的时间，但也可以看出其报国献身的勇气和决心。1941 年，抗日民族解放战争正处于相持阶段，太平洋战争爆发，驻重庆市曾经出过八百壮士的国民党陆军 88 师准备开赴云南，加强边防。彼时军队需要一位中英文兼通的秘书，以备万一与英美军接触，先生受人推荐毅然投笔从戎。他们先随大部队徒步行军至昆明，再奉调堵截由缅甸进入我国境内的日寇，赴保山，渡怒江，越高黎贡山，转赴腾冲，一路奔袭。由于先生并非真正的军人，很多人劝其回大理留守处，避免无谓的牺牲。先生坚决不肯，于是被任命为战地服务队队长，负责敌后抗日救亡宣传、侦查汉奸敌特等工作。据他自己回忆，在此期间，曾三次往返翻越终年积雪海拔三四千米的高黎贡山，三次往返渡过波涛汹涌的怒江，到过当年诸葛亮"五月渡泸，深入不毛"一带地方。"那可是在不折不扣的枪林弹雨之下，混战之中，东冲西撞，提着脑袋闯过来的。"（陈大庆，《张志公先生学术年表》）因为他是文职军人，也被周围战士尊为"军师"。

1943 年夏，所在军队因伤亡较大，调回大理整训。先生想到自己未完成之学业，辞去军队职务，回到重庆，转考金陵大学外语系，入读本科三年级。

终究做学者

1945 年，先生从金陵大学毕业，并留校任教。在金陵大学就读期间与吕叔湘先生意外形成的师徒关系，为其未来走上语言研究、语文教育研究以及从事教材编写工作埋下了伏笔。为什么说是意外形成的师徒关系呢？1944 年先生着手写毕业论文，报送的题目是《从〈文心雕龙〉所见的中国文学传统》，用英文写成。系里的老师多是学欧美语言或文学的，用英语来研究中国传统的文艺学著作，找不到相应的指导教师。当时吕叔湘先生在校属的中国文化研究所做"研究教授"，系里只好前去求助。"看过我试写的两段初稿之后，叔湘老师收下了我这个徒弟"

（《春风化雨 50 年》）。吕叔湘先生从论文的组织设计到具体内容、写法的修改都悉心指导，使志公先生受益良多。此后，志公先生留在金陵大学任教，又受吕先生推荐去开明书店以及人民教育出版社任职，两位长者结下了不解之缘。多年以后，志公先生仍然对吕先生的培育、提携之恩感念至深，在吕先生 90 华诞时撰文《春风化雨 50 年》表达自己的深情。

1948 年，张志公先生应聘到海南大学外语系任副教授，并代理系主任。1950 年初受时局影响，从海南赴香港，短暂停留期间，在华侨大学教授翻译学。10 月份，当临时居留香港的华人各奔东西之时，先生毅然携夫人辗转赴京，在吕先生的推荐下去开明书店（1953 年 4 月与青年出版社合并为中国青年出版社）任编辑，直至 1954 年底。这期间最值得称道的是，他主持创刊了《语文学习》杂志。

1951 年 6 月 6 日，《人民日报》发表社论《正确使用祖国语言，为语言的纯洁和健康而斗争》，同时开始连载吕叔湘、朱德熙的《语法修辞讲话》，由此在全国范围内掀起学习语法、修辞、逻辑的热潮。开明书店迅速做出回应，决定创办《语文学习》杂志，由志公先生担任主编。这份杂志就是在这样重大的时间点创办起来的，创刊号发行即达 10 万册，可见其影响之大。1992 年举办的"张志公语言和语文教育思想研讨会"上，多位先生在发言中都提到《语文学习》杂志的创办，或者说到这份杂志对自己语言学习、语言研究的影响。所以，从某种程度上说，这份杂志为培养新中国的语言学家、语文教育家做了奠基性的工作。这里权且引叶至善先生的一段话以兹证明："那时，我们几个人常常在小酒铺的大酒缸边上，喝着二锅头促膝而谈，商量怎样把《语文学习》编得既实用又活泼：该辟些什么专栏，开些什么讲座，其他的文章该怎么搭配，包括文章请谁来写，由谁去约。"（《大酒缸边的友谊兼论志公的话风和文风》）

随着《语文学习》的创刊，先生后来作为专著出版的《汉语语法常识》《修辞概要》《写作杂谈》也开始在这一杂志上陆续连载，同时他还大量撰写相关方面的文章，真正走上了语言研究、语文教育研究的道路。

融合百家之长，精研语法教学

1954 年初，经党中央批准，中学语文实行汉语和文学分科教学，责成人民教育出版社建立相应机构（这就是稍后成立的文学编辑室和汉语编辑室），制定并编写两个学科的大纲和教材。自 1952 年起开始讨论的分科问题从此正式开始实行，吕叔湘先生兼任人民教育出版社副总编辑（同时在语言研究所任职），主持编写汉语教材，张志公先生也在吕先生的推荐下，入职人民教育出版社担任新成立的汉语编辑室主任。

编写汉语教材，语法教学是核心，而当时学界关于汉语语法体系的研究分歧很大（黎锦熙、王力、吕叔湘、朱德熙、高名凯等名家林立），中学汉语教学中应该怎样安排是亟须解决的问题。在先生的领导下，经过自由发表意见、讨论、提出问题、讨论解决问题的方案、草拟提纲、再讨论征求意见、试教等这样几个回合，最终形成了一个融合百家之长的《暂拟汉语教学语法系统》（以下简称《暂拟系统》）。说它融合百家之长，一方面是征求了上至多位语言学家特别是语法学家、下至全国各地广大语文教师的意见，另一方面是汲取了不同语法学派中适用于中学实际教学同时又能为各家所接受的相关内容，并在不少方面有所创新，最终形成这样一个"暂定"的教学语法系统。能够博采众家之长，又为大家所接受，同时也通俗易懂适合教学，这得益于志公先生兼容并蓄的学术态度和善于取长补短的工作作风。"志公先生是以善于策划和善于团结五湖四海著称的。50 年代的中学语文知识教学以语法为中心，而各家语法体系的纷繁有如一只万花筒。志公先生凭着对同行的体贴尊重和无比清晰的思路，从万象中择优而从，构架了取众长而不偏废的'暂拟语法体系'，使基础教育有法可依。"（王宁，《他在不断的思考中与世界告别》）

《暂拟系统》在当时影响很大，不仅中学汉语教材以此为基础编写，小学的语文教学一直到大学中文系的语法教学也纷纷响应，使《暂拟系统》事实上成了语法学界的"共同纲领"。后来，汉语、文学分科虽然很快停止了，但《暂拟系统》一直用到 20 世纪 80 年代（1981 年志公先生又主持制定出《中学教学语法系统提要》，代替《暂拟系统》，但实际教学效果不好），今天的中学语法教学也仍然部分地使用着《暂拟系统》。

当然，今天中学语文里的语法教学不仅受惠于当年的《暂拟系统》，更受惠于先生在 1977 年参加制订语文教学大纲（1978 年颁布）时所提出的"精要、好懂、管用（大纲定稿时改为'有用'）"的语文知识教学原则。据先生讲：50 年代中期，有一次见一位念速成中学的工人在温习语法课，交谈中说到语法"实在难啊""用不上啊"，让他受到很大震动。所以当"文革"之后百业待举、教材重新开始编写之时，先生在大纲中提出语文知识要"精要、好懂、有用"的"六字箴言"，使人如梦初醒，可谓拨云见日。"六个字的辩证法，是指导语文知识教学的思想精髓，被广大语文教师誉为'六字箴言'。"（陶伯英，《语法教学的领路人》）此后的语文大纲长期沿用这一提法，今天的课程标准强调"随文学习必要的语文知识"，"不能脱离语文运用的实际去进行'系统'的讲授和操练"，也仍然是这一原则的深化。

以中学语法教学系统的研制和语法教材的编写为契机，志公先生做了大量的研究和著述工作。1956 年主编《语法和语法教学》，1958 年《汉语语法常识》经过修订重新出版，1959 年主编《汉语知识》，1962 年撰写并出版《语法学习讲话》（1980 年修订再版），1981 年应邀主编中央广播电视大学语文专业教材《现代汉语》（上、中、下），以及撰写若干篇有关语法研究和语法教学的论文，都是这方面成果的反映。他到晚年还孜孜不倦地倡导要研究出"符合汉语实际的汉语语法"，撰写《汉语语法再研究》《汉语语法的双向研究问题（提纲）》等文章或讲话提纲，希望"今明年也许能拿个简要的提纲出来"（张志公，《改进中学语法教学》），可见他对汉语语法研究的拳拳之心。可惜后来他的社会事务繁多，身体也每况愈下，终未能如愿。

寻求改革良方，深耕语文沃土

张志公先生是学外语出身，这是我们都知道的。所以当国家急需外语事业人才，人教社按照教育部要求准备编写英语、俄语教材的时候，先生理所当然地被任命为外语室首任主任，时间是 1962 年。这是一项筚路蓝缕，以启山林的开创性工作。他带领编写组的同志研究历史、调查现状、广泛征求意见，开启了中小学英语、俄语教材国家统编的时代。除去"文革"时期，一直到 1981 年被任命为人民教育出版社副总编辑，分管外语编辑室，先生的本职工作基本上都放在主持外语教材的编写这一工作上。他领导编写了多套英语和俄语教材，为我国外语教育事业的发展做出了巨大的贡献。

与此同时，他也从未放弃过对母语及母语教育（以下均称语文或语文教育、语文教学等）的研究，力图寻找出一条适合社会需要的民族化、科学化、现代化语文教育改革之路。"每每听到语文界朋友议论：志公先生最少因循思想，总是站在现代社会发展的制高点思考语文教学的诸多问题。常常冒出如许的思想火花来，有时代的责任感，有改革者的气魄。"（张厚感，《张志公文集3·语文教学论集·前言》）先生在语文教育方面有很多前瞻性的、务实性的、适合社会发展需要独特的思考，受到语文界同仁的景仰，大概也正源于此。

1954年汉语、文学分科实验启动，1958年实验工作突然停止，再次恢复语文教材编写。这巨大的变动，加之当时语文教材的不尽如人意，使先生陷入深深的思考：究竟什么样的语文教学适合我国的具体情况？"这时，我愈益感到，语文是个民族性很强的学科。它不仅受一个民族语言文字特点的制约，而且还受这个民族文化传统以及心理特点的影响。为了摸索出适合我国国情的语文教学的路子，我觉得迫切需要对我们长期的传统语文教育进行认真的研究。"（张志公，《我和传统语文教育研究》）"观今宜鉴古，无古不成今"，正是在这样的思考下，志公先生披沙拣金，探幽发微，开始了他的三次传统语文教育研究之旅，力求探索出一条语文教育民族化之路。

1962年出版的《传统语文教育初探（附蒙学书目稿）》（以下简称《初探》），是先生在20世纪50年代末到60年代初研究传统语文教育的结晶，我曾称其为"研究传统语文教育的第一书"（王本华《以史为鉴，走民族化与科学化相结合之路》）。这是他的第一次探索，主要是收集传统语文教育的资料（包括蒙学书目），并对传统语文教育的不同阶段进行考察，爬梳整理，力求从传统中寻找一些今天可资借鉴的经验。例如集中识字、识字和写字分开、阅读训练和写作训练、语文教学"过三关"（字关、句关、篇章关）等，就是这一阶段的主要研究成果。

"文革"以后，由于语文教学快速发展的需要，志公先生开始了他的第二次探索，主要是对传统语文教学的再认识，先后发表了《我和传统语文教育》《传统语文教学的得失》《汉语文教学的过去、现在和未来》等文章阐述自己的看法，其中《关于改革语文课、语文教材、语文教学的一些初步设想》可以算作这次研究的集大成者。这篇文章在实事求是地分析和总结传统语文教学的三大经验和四大弊端的基础上，提出语文教学一条龙整体设计的初步设想，即幼儿、小学、初中、高中"一条龙"的语文课、语文教材、语文教学的整体改革方案，目的是探求出一条语文教学科学化与民族化相结合的改革之道。1993 年开始在部分学校使用的张志公版《语文》教材（北京大学出版社出版），比较集中地体现了这一设计思想；后来进行的"注音识字·提前读写"教改实验，也是从这篇文章受到的启发。

20 世纪 90 年代，先生虽已逾 70 高龄，但仍然没有停止探寻的脚步，于 1992 年出版的《传统语文教育教材论——暨蒙学书目和书影》是这一时期的主要成果。该书以传统语文教材为中心，有述有论，并附有大量的书影，是对《初探》的继承、发展和超越。

研究传统语文教育，总结经验，指出弊端，目的是为了改革当前的语文教育。因此，在研究传统语文教育的基础上，张志公集中精力研究现代的语文教育，提出了系统改革语文教学的设想，并积极倡导语文教学的科学化、现代化，研究成果集中体现在《张志公文集 3·语文教学论集》(广东教育出版社 1991 年版)、《张志公语文教育论集》(人民教育出版社 1994 年版) 等著作中。关于语文教育的研究和实践，志公先生的主要贡献表现在以下几个方面：

（一）阐述语文学科独特的工具性质，坚持文道统一，强调思想修养的培育、文化传统的继承、文学审美的熏陶，特别是良好习惯的养成。1978 年的语文教学大纲，先生执笔写入"课文要仔仔细细地读，字要规规矩矩地写，练习要踏踏实实地做，作文要认认真真地完成"。张厚感评价："这里，文道结合如此紧密，智力因素和非智力因素浑然一体，令识者拍案。"（《张志公文集 3·语文教学论集·前言》）

（二）呼吁语文教学科学化，"所谓科学化，就是搞清楚语文教学规律，按规律办事"。他在《语文教学需要大大提高效率》《提高语文教学的效率》《语文教学的科学性与艺术性问题的探讨》《掌握语文教学的客观规律》等文章中，多次阐述自己有关科学化的主张，并在识字教学、语言教学、文学教学、文言文教学等方面作了科学的探索。

（三）高举语文教育现代化的大旗，提出语文教学应该与现代化建设接轨。现代化包括语文教学的要求和内容的现代化，语文教学方法现代化和语文教学手段现代化等。他认为，开发学生的智力，培养学生的快速阅读能力，训练学生熟练掌握普通话，提高学生敏捷、准确、高效的口头和书面交际能力，等等，都是现代化对语文教育的新要求。

（四）提出幼儿、小学、初中、高中语文课程、语文教材、语文教学"一条龙"整体改革设想（如前述）。这个设想的基本思路是"以知识为先导以实践为主体并以实践能力的养成为依归"，不仅重视知识的重要性，而且强调能力的养成，体现出语文的工具性以及语文教学的基本规律。

（五）倡导语文知识"精要，好懂，有用"，被人称为语文教学的"六字箴言"（如前述）。

（六）力图在语言的基础知识、基础理论同听说读写的语文应用之间建立起一门桥梁性学科——汉语辞章学。他从20世纪60年代开始提出建立辞章学的设想，先后为不同学校的学生开设这门课程，到20世纪90年代明确提出这是一门桥梁性学科，目的就是要通过这个桥梁把理论和应用这两端联系起来，从而提高语文教学的效率。这方面的研究成果集中体现在《汉语辞章学论集》（1996年人民教育出版社出版）中。

纸上得来终觉浅，躬行实践出真知

陆游有诗云："古人学问无遗力，少壮工夫老始成。纸上得来终觉浅，绝知此事要躬行。"志公先生在大量研究的同时，深知躬行实践才能出真知。"从50年代初期主编《语文学习》开始，他从来不是一个枯坐书斋和沉醉理论研究的学者，而是强烈关注研究与实践的密切结合。"（吴海涛，《一代通人——张志公》）国内国外，大江南北，中小学乃至大学，学界似乎总能看到先生风尘仆仆的讲学身影。这是先生躬行实践的一个主要方面，我们可以从陈大庆的《张志公先生学术年表》中得到印证。这里仅记下他的"双进合击"的语文教学思想以及以此思想为核心而在部分地区开展的"注音识字，提前读写"的语文教改实验，以证明先生是躬身实践的典范。

　　前文曾记述了先生对传统语文教育的研究，他认为传统语文教育实行集中识字，虽然识字与写字、讲字、用字分开，可以增加学生的识字量，让他们尽快进入阅读与写作，但大量存在的难认、难记、难懂的汉字与孩子们在一定程度上已经习得的较高的语言水平之间仍然有着巨大的落差。该怎样解决这个落差？志公先生提出应该多发挥汉语拼音的作用。他建议小学语文分三条线前进：（1）从入学开始，用汉语拼音提供给儿童与其语言能力、智力发展和求知欲望相适应的阅读材料，大量阅读，同时进行语言训练、写作训练；（2）从第二学期开始，进行识字教学，只认不写，按汉字规律组织识字教学；（3）稍晚于第二条线开始教写字，按汉字书写规律教，不与识字同步，待其自然会合。这样分三条线前进，大概四年即可自然会师。（此教学思想见《关于改革语文课、语文教材、语文教学的一些初步设想》）吕叔湘先生对此大加赞同，建议称其为"分进合击法"。（陈大庆，《张志公先生学术年表》）

　　这样一个教学思想后来发展为"注音识字，提前读写"的教改实验，实验由黑龙江教研部门开始倡导，后来又有不同省份加入，先生也多次深入实验地区直接指导，收到了很好的效果，得到教育界、媒体的广泛关注。"10年前由黑龙江省发端的'注音识字，提前读写'教改实验，正是在志公先生语文教育思想的启发下，由他倡导、设计，省里实验、总结、提高，而取得了有广泛适应性的特佳效果。此后，九个省市协作编写'注音识字，提前读写'教材，志公先生予以同样热情的支持、帮助。这期间，他先后多次为'语音培训班''普通话培训班'、教材编写组等讲课、辅导，付出了大量劳动。"（王均，《四十年来的贡献之一——"注音识字，提前读写"实验》）

为民进事业奉献

张志公先生于 1950 年（参见 1997 年 5 月 30 日《人民日报》张志公逝世的新闻）加入中国民主促进会，他的日常工作非常繁忙，学术研究、社会活动之外，还积极参与党派活动，为民进事业贡献智慧与力量。他曾长期担任民进中央常委、中央执行局委员、中央文教委员会主任，对民进工作的开展和组织的发展做过重要的贡献。

张志公先生特别关心教师工作。1984 年 6 月，先生任民进中央文教委员会主任委员。1989 年 8 月，民进中央成立了尊师重教基金会理事会，张志公先生任理事会副理事长。同年 10 月，叶圣陶先生诞辰 95 周年之际，由雷洁琼、赵朴初、谢冰心、巴金、孙起孟、吕叔湘等知名人士共同发起成立了叶圣陶研究会，张志公先生出席并致辞，被选为首任会长。在这些工作中都贯穿了一种精神：重视教师成长，营造全社会尊师重教氛围。1991 年，《张志公文集》五卷本由广东教育出版社出版，这是先生 30 余年的学术成果。他当即决定从为数不多的稿酬中拿出一万元捐赠给尊师重教基金会理事会，用于为中小学教师办些实事，体现了先生心系教育和教师的高尚情怀。

张志公先生有一个著名的"猴论"，意在奖掖后人，扶持年轻同志。为推动民进中央领导机构成员的新老交替，先生主动请求辞去民进中央委员、中央常务委员职务，让位于年轻的同志。1995 年 11 月，他在写给民进中央领导的信中说："我再次表明，我仍保持去年的请求不变，希望在今年的全会上获得批准，即，基于我年龄偏长、身体较差的实际，允许我从我会中央委员会，连带地从中央常委会退下来，腾出一个名额，选出一位年轻有为的同志递补上来，作为我会中央机构'中调（微调）'的一项具体行动。我只是从如何有利于加强我会领导机构自身建设要求逐步平稳地实现年轻化的角度考虑的……"字里行间是他主动让贤的坦诚心声。同年12月召开的民进九届四中全会，同意了他辞去上述职务的请求，推举他担任民进中央参议委员会副主席。

张志公先生曾任全国政协常委、社会和法制委员会委员，多次在全国政协会议上，为端正教育思想、增加教育经费、提高教师地位而呼吁。他为坚持和完善中国共产党领导的多党合作和政治协商制度，为民进的发展与建设，为履行参政议政和民主监督的职责，做了许多卓有成效的工作。

此外，张志公先生对教育、教学方面的事务尤其重视。比如，凡有民进组织邀请他前去讲学、讲座、考察学校等，张志公先生总是乐于参加。"文革"结束后，民进中央曾组织众多教育专家，数次到西北、西南等省区讲学，对当时拨乱反正、推动教育事业的发展起了良好作用，先生就是其中重要的一位。如，参加民进响应中央对民主党派"智力支边"号召组织的讲学活动，于1982年10月同霍懋征、张庄容等名师赴内蒙古自治区讲学；于1983年4月同霍懋征、段力佩等赴贵州讲学、作学术报告等。1984年4月，赴浙江杭州了解浙江民进协助地方办理幼教工作的情况，又赴宁波讲学。随后，应民进江苏省委会和省教育厅的邀请，给江苏中学教师作了两次专题演讲；应民进苏州市委会邀请，给苏州中学教师作了两次学术报告。同年，应民进甘肃省委会邀请，赴兰州讲学。1988年4月，应民进江西省委会和江西省政协邀请，赴江西调查县镇基础教育情况，等等。

1997年5月，张志公先生去世。29日上午，张志公先生遗体告别仪式在八宝山举行，时任全国人大常委会副委员长、民进中央主席雷洁琼，全国政协副主席赵朴初、钱正英，以及有关方面负责人柳斌、许嘉璐，著名语言学家陈原、周有光以及先生生前友好等前往送别。

先生逝世一周年之际，晚辈们为他征集、整理的纪念文章结集出版，名为《张志公先生纪念文集》，刘延东、叶至善、周有光、胡明扬、刘国正、王宁等大家以及后学纷纷撰文，表达缅怀、景仰、纪念之情。从这样的纪念文字中，我们可以深刻感受到先生渊博的学识、广泛的涉猎、精深的研究，特别是其磊落的胸怀、宽厚的品格和无时不在的社会责任感。"先生之风，山高水长"，让我们永远纪念他！

2023 年 10 月

第三辑　传统语文教育研究

第四辑　外语教育及其他

第一辑

语言研究

一般的、特殊的、个别的

要找出语法规律，首先是个归纳的过程。语言里有某一种结构形式，我们把具有这种形式的许多材料收集起来，排列在一起，加以分析、比较，找出它们的共同的特点，这特点就是所谓规律。

比如，我们的语言里有这么一类词："方法""道理""智慧""材料"，等等。把许多这种词放在一块儿，分析分析，发现它们都是由两个字构成的，两个字的意义相近，性质相同，合在一块儿组成了一个词，既组成之后就不能再拆开来用，"有智慧"不能说成"有智有慧"，"好材料"不能说成"好材好料"。于是我们把这类词归拢在一块儿，替它们取个共同的名字——比方说，叫作"联合式复合名词"，并且得出一条规律来：联合式复合名词不能拆开来用。

作这种工作，最重要的条件是掌握足够的材料。要是我们掌握的材料不够多，根据少数的例证作出结论，这结论很可能不正确，产生以偏概全的毛病。

既掌握了足够的材料，还得作一步分析工作，看看这许多材料之中哪些是有一般性的，哪些是比较特殊的，哪些是个别的。这是非常重要的。语言是一种约定俗成的东西，而且有很复杂的历史发展过程和方言族语间相互影响的过程。因而在一定的时间看起来，语言中大部分形式可以找得出一般的规律，同时特殊的乃至个别的现象也很多。如果我们对一般的、特殊的和个别的现象不加区别，其结果不是被那些特殊的和个别的东西搅乱了视线，终于否定了规律的存在，就是武断地用一般规律去否定特殊的和个别的现象的正确性，违背了语言的实际。比如，前边说联合式复合名词不能拆开来用，这是就一般现象说的。"头脑""条理"也是这种类型的复合名词，却能够说成"傻头傻脑""有条有理"，这就不是一般的现象。要是我们把这两种现象等量齐观，必然会得出复合名词没有规律的结论。那么"这个人作事有条理"既可以说成"这个人作事有条有理"，"这句话有道理"就该也可以说成"这句话有道有理"。这样自然是取消语法的作法，要不得的。反过来，要是我们只承认一般规律，不理睬那些特殊的和个别的现象，这规律必然要在"有条有理""傻头傻脑"面前碰钉子。使用语言的人并不因为语法书上有了"复合名词不能拆开来用"这么条规律，就绝口不再说"有条有理"和"傻头傻脑"，因为这样的说法也是有它们的基础的。

句子里头如果有动词表示某种动作行为，就一定有另外一些词表示跟这动作行为有关的人或别种事物——动作行为的作者（平常叫"施动者"）或受者（"受动者"）。动词和这些词的排列次序是怎样的呢？一般的现象是：

（一）如果只有施动者，总是施动者在前作主语，动词在后作谓语，如："一个人来了"。

（二）如果既有施动者又有受动者，总是施动者在动词前头作主语，受动者在动词后头作宾语，如"他吃完了葡萄"。

有没有特殊的现象呢？有的：

（甲）"来了一个人""信写好了"是（一）的特殊现象。

（乙）"他葡萄吃完了，梨还没有吃完"是（二）的特殊现象。

　　如果我们把一般的现象跟特殊的现象等量齐观，那就只好得出这样的结论：代表施动者和受动者的词在句子里没有固定的位置，哪儿都可以放，主语、宾语作什么成分都行。这样说，实质上是取消了语法规律。而实际上不是这么一回事。"一个人来了""一个人叫了""一个人答应了"都是正确的句子，前头一个名词后头一个动词，只要意义上配搭得起来，就能构成这样的句子。在这种句子里，前头的名词一定代表施动者，作动词所代表的动作。"来了一个人"，施动者跑到动词的后头来了。可是我们不能据此得出结论，说施动者既可以放在动词前头，也可以放在动词后头。因为施动者放在动词前头这条规律是无往而不利的，而施动者放在动词的后头就有很大的限制。"叫了一个人""答应了一个人"的"一个人"就不再是施动者，如果是施动者就决不能放在这个地方。换言之，任何动词的施动者都能放在动词前头，可是只有某一类动词，它的施动者才能放在后头。所以，"来了一个人"这种结构，必须当成一个比较特殊的现象来处理，归纳这种结构的规律的时候，必须指出构成这种结构的特殊条件——在这里，特殊条件主要是动词的类别和"了"这类字（"来一个人"的"一个人"不一定是施动者）。

　　我们说"葡萄吃完了"是比较特殊的，因为不是任何一个名词放在那个位置上都可以表示它所代表的事物是受动者。"猫吃完了"的"猫"除非在特殊的情况下（比如一定的语言环境）就不会是受动者。提出"葡萄吃完了"这种结构的规律的时候，我们必须考虑到名词的类别和语言环境这些特殊条件。

　　我们说"他葡萄吃完了，梨还没有吃完"是比较特殊的，因为不是任何一个受动者都可以放在施动者（如"他"）和动词（如"吃"）中间的。"他想主意"，就不会说成"他主意想"。这种结构的成立，也得具备特殊的条件（比如一定的上下文）。

　　一般的规律只有一般的条件。一个结构，只要具备了一般的条件，就算符合了这条规律。它不依靠语言环境，不必具备任何特殊的条件。

　　比如，甲乙两个词（或两组词），只要它们所代表的是同一事物，或是甲事物属于乙事物的范围，就可以用"是"字连起来，构成"甲是乙"这种类型的句子。除此以外，再没有别的条件，也不必依靠语言环境。"杜甫"和"杜子美"代表的是同一个人，可以说"杜甫（就）是杜子美"；"枪"属于"武器"这个范围，"小说"属于"文学作品"这个范围，可以说"枪是武器""小说是文学作品"。这些句子单独说出来就行，不必有上下文；任何性质的词或词的组合都可以作"是"字前头的成分，也可以作"是"字后头的成分，只要前后两成分间的关系符合了前面说的那个条件。能够符合那条件的词或词的组合很多，因而我们可以作成无数的"甲是乙"型的句子。

　　特殊的规律有特殊的条件。一个结构，必须具备了特殊的条件，才算是符合规律的，才算正确。

　　比如，"他是人民日报"这样一句话，必须在"我们两个人每人买了一份报，我是光明日报，他是人民日报"之类的场合才能成立——它要依靠语言环境，缺少了这必要的特殊条件，它就不能成立。可是只要有了一定的语言环境，就可以这么说。它不是个别的，而是一类；作为一类，它也有它自己的规律。

　　个别的现象是不成格式的。它就是这么说法，没有什么条件。它往往跟语法上有关的规律有不一致的地方，语法规律固然管不了它，它的存在更影响不了语法规律。

　　比如，"他这个人说一是一，说二是二，绝对不打折扣"，这里的"说一是一，说二是二"就是个别的现象。"说一"（"说二"）跟"一"（"二"）所指的不是同一事物，前者也不属于后者的范围，所以它不合"甲是乙"这类句子的一般规律。它也没有什么特殊规律，因为只有它这么一个说法，不成类："说三是三"不行，"想一是一"也不行。然而语言里确乎有这么个说法存在。

我们不能根据"杜甫（就）是杜子美"这种句子的一般规律来否定"他是人民日报"这种句子，因为后者在语言里是实际存在的现象。可是我们也不能笼统地、无条件地说它是对的。"杜甫（就）是杜子美"这句话，从语法上讲，单说是对的，放在任何的上下文里都是对的；"他是人民日报"就不是这样。在讨论句子正误的时候，常常由于不区别一般规律和特殊规律而引起不必要的争执。

否定个别现象的人比较少，因为个别现象大致就是所谓习惯语或成语，一般人对于成语总还承认。可是有意无意地拿个别现象来否定规律的倒常有，开头我们就提到过，下面还需要再说一说。

动词的用法是个比较显著的例子。汉语的动词，用法非常复杂，它的前后可以有各种性质不同的成分。由于语言的不断的发展变化，更产生了许多错综繁复的现象。唯其如此，区别哪些现象在目前是一般的，哪些是特殊的或个别的，就更有必要。

我们先拿动词后头的成分来说。

口语里头有"晕船"这么个说法。分析一下，它的结构是"动+名"，而后头的名词所说明的是前头的动词的原因，"晕船"就是"因坐船而晕"。然而我们不能据此得出一个语法上的结论，说现代汉语里有一种宾语是说明动作的原因的。因为在桥上走而晕，不说"晕桥"；因为抽烟抽多了而晕，也不说"晕烟"。在今天的语言里，"晕船"是个别的现象；不能跟"吃饭"之类相提并论。在古汉语里，倒确乎有这么个格式，"卧病""惊梦"之类都是。在现代口语里，这个格式没有了，只剩下了一个或极少的几个说法还存在。古语里的某个格式现在成了个别的现象，这种情形在汉语里是很多很多的。在古汉语里既是个格式，我们就得注意它，因为这有助于我们认识汉语的历史的演变；在现代口语里它既不成格式了，那就得把它从现在的一般格式里区别出来，因为必须这样才能看清今天的语言的面貌。

再举个动词前头的成分作例。文言里遗留下来有这么些说法："烟消""云散""冰释""瓦解"等。这些说法现在偶然还用，可是我们显然不能据此得出结论，说现代汉语里有一种格式，是"名+动"，前头的名词修饰后头的动词，指出动的状态。像上边举的这些例子，也必须这样处理：注意它的历史的演变，作历史的比较，但是不能跟现在的别的修饰关系的组合如"快跑""慢走"之类相提并论。

这只是两个例子，跟这类似的现象很多。当然还有些是可以成为格式的，可是必须具备特殊条件才能成立，比如必须是某类动词跟某类名词才能那么结合，等等。

要是我们把"晕船""烟消"之类的现象跟"吃饭""快跑"之类的现象相提并论地放在一块儿，我们必然会觉得随便什么名词都可以放在随便什么动词的前后，而这动词跟名词之间的关系是多种多样，多到无法计算。事实确是这样。问题在于：这许许多多关系不同而形式相同的结构里，情形不一样，有的是一大堆一大堆的，有的是三五成群的，有的是孤零零的。必须把孤零零的拿出去，把三五成群的跟大堆大堆的区别开，分别找出它们的特点，才提得出规律来。我们总不能因为某人的左手长了六个手指头，就说人的手指头数目不定，可以是五个，也可以是六个。

讨论语法必须避免两种情形。其一是对于掌握语言材料不够重视，不从语言的实际出发，仅凭自己的想法，根据一部分现象，甚至比照着西洋语法，定出一些很概括的规律来，其结果是规律很像规律，但是不能解决实际问题，常常碰到一些无法处理的现象，于是又不得不武断地把这些现象硬加解释，勉强纳入自己所定的规律之中。这样，对于学习语法、掌握语言规律的帮助是不大的。

　　另一种情形是失迷在语言材料之中。重视语言实际，这是完全正确的。可是，如果把所有的语言现象都罗列出来，说，我们的语言里有这样的现象，有那样的现象，还有什么样什么样的现象，而不加分析，不加区别，不说某种结构必须具备怎样的条件才能成立，只说有这样的结构存在，也就是只谈事实不谈规律，这样对于学习语法的帮助也是不大的。学习语法就在于掌握规律。打个比方来说，要是学算术只说一个人加一个人是两个人，一张桌子加一张桌子是两张桌子，一升米加一升米是两升米……而不归结到一加一是二，这个算术学来的用处就不大。

　　从许许多多的语言材料之中归纳出规律来，这工作本身实在不容易。这是谈不出规律的主要原因。而所以不容易，往往是由于忽略了区别一般现象、特殊现象和个别现象。让特殊现象和个别现象搅乱了视线，自然会觉得处处无规律可言，也会觉得列出任何一条规律都有另外的现象来打破它，因而就怕提规律。

　　这里必须再说得明白一点，所谓提出规律，指的不单是取名字、加解释。为每一类语法现象取一个名称，加一番解释，是有用的，因为名称和解释有概括的能力。可是单单取出名字，找出解释来还不够。比如前边说过的"来了一个人"这种结构，说它是"主语倒置"，我们就要问：任何动词的主语都可以这样倒置吗？说"一个人"是"宾语"，我们，也要问，任何动词都可以有这样的宾语吗？答案显然都是否定的。那么我们就必须能够说出来，到底哪些动词能用在这种结构里，哪些不能。还不单是动词的问题。"一个人来了"可以说"来了一个人"，"他来了"却不说"来了他"，这就表示，必须是某一种主语才能这样倒置，或者说必须是某一种词或词的组合才能作这种宾语。必须把这些条件具体地说出来，才算是找到了这种结构的基本规律。单给一个名称是不够的。

　　再比如前边说过的"他是人民日报"这种结构。单单给它个解释，比方说它是省略句，"他"下边省略了"的报"，这是不够的。就是再进一步，说是因为下半句有了"报"，所以上半句就把"报"省略了，让"报"的修饰语"他"作了主语，这样解释还是不够。举个例子："我的困难也是大家的困难"这句话，尽管下半句有了"困难"，可是不能比照前头说的那个例子，把上半句的"困难"省略掉，说成"我是大家的困难"。这就表示，单是加上"省略"这么个解释还没有提出规律来。（如果"主语和表语里有相同的成分时，主语可以省略，即以主语的修饰语作主语"是个规律，那么"我是大家的困难"就该是对的，因为它符合了这个规律。这句话既显然是错的，那么这条规律也就显然有问题，至少是还不够严密。）

规律必须是明确的；规律必须是能够作为标准的——合于规律就对，不合于规律就错；规律必须是能够适用于它所管的绝大部分现象的，尽管容许有少数的例外。

现在有些学习语法的人觉得学语法没有什么用处，甚至于学得有点伤，原因自然不单纯，学习的态度和方法自然也有问题，可是重要的原因之一不能不归咎于我们讨论语法的时候往往偏在一个方面：不是供给的语言材料少，提出的规律不切合实际，就是罗列的现象过多而提出的规律太少。不解决问题的规律和缺少规律都会叫人觉得学语法就是学些术语、定义，别的没有什么。

不论从哪一方面讲，正确地找出语言的各种规律来，是讨论语法的迫切任务。而要能正确地归纳出规律来，关键在于能够区别一般的现象、特殊的现象和个别的现象。虽说区别这三种现象不是件很容易的事，因为一般和特殊之间的界线有时候难于划分；某个现象是不是个别的，有时候不易判断，而且随便用个别现象作理由把一些重要现象抛在一边，或是用特殊现象作理由来割裂规律，也会产生弊端，但是这样作毕竟是可能的，前边举了一些例子也就是想说明这样作的必要性、可能性，以及一般的途径。概括一点说，基本的原则是依靠语言事实，掌握充分的材料，从实际语言中来，回到语言实际中去，看见某种现象，先向实际语言里找一找，看看还有没有跟它相同的现象，如果没有了，就先把它放在一边，不让它在讨论中打岔，如果有，就得把相同的现象归拢在一块儿，分析它们，和别的相类似的现象比较比较，找出它们的共同的特点，找出它们成立的条件，得出规律，然后再拿这规律到实际语言中去试一试，看看它是否能管得住绝大部分的同类现象。这样一步一步地作下去，一类一类地加以解决，现象可以弄得清楚，规律可以找得周全，术语、解释的纷歧也就不成其为问题了。自然，这是需要下大工夫的，其中也不是没有困难。要能作得好，作得及时，依靠集体力量是最好的办法。学语法的、教语法的、研究语法的，大家的力量集中起来，没有解决不了的问题。

（原载于《语文学习》1954 年第 4 期，第 27—34 页）

《〈暂拟汉语教学语法系统〉简述》
前言

    由于种种原因，汉语语法学到现在还存在着显著的系统分歧的问题。这是任何一个与语法学有关系的人，包括学习者、教学者和研究工作者，都充分理解的事实。当我们接受了编写中学汉语课本的任务，开始考虑课本的编写原则和编写方法的时候，摆在我们面前，需要首先解决的，也正是这个问题。

    在中学里进行系统的汉语教学，其中包括比重相当大的语法教学，这件事的必要性是已经肯定了的。① 还需要考虑的是编写语法教材在目前语法系统分歧的情况下有没有可能性。

    答案也是肯定的。

    第一，1898 年马建忠发表他的《马氏文通》以来的 60 年间，中国语法学者在汉语语法的研究工作上做过不少的努力，有了不少的成就。尽管系统分歧，可是每一种重要著作里都有它可取的见解和材料。解放

---

    ① 见叶圣陶：《关于语言文学分科的问题》，《人民教育》1955 年 8 月号，《语文学习》1955 年 8 月号。

以来，在党和政府的关怀和领导下，在马克思主义语言学说的指导下，汉语语法学更有了迅速的发展和提高，语法学者们在许多基本问题上的认识已经逐渐明确起来，一致起来。编写中学语法教材，虽然系统分歧的现象造成了一定的困难，然而必要的基础是具备的。

第二，学术研究工作的开展，不仅要依靠个人的努力，而且要依靠集体劳动。1951 年 6 月《人民日报》发出学习祖国语言、重视语言的纯洁和健康的号召以后，语法学习和语法教学已经得到普遍的重视。几年以来，语法已经成为广大群众所熟悉的知识，不再是少数人的钻研对象，优秀的教师们在语法教学方面也已经积累了不少先进的经验。这些情况都为语法教材的编写工作以及今后的语法教学工作提供了有利的条件和有力的保证。

第三，不能设想，语法教材要在语法学上的每个问题都得到一致的结论之后才能编写。其实，语法系统上若干问题的解决倒需要在语法教材的编写过程中和语法教学的实践过程中来求得验证。

我们的工作就是基于上述的这种认识，在各有关方面的协助下进行的。从 1954 年起，经过反复的研究修改，终于产生了现在这个《暂拟汉语教学语法系统》。

在考虑这个系统的时候，我们根据各方面共同一致的意见，确立了下边两个原则。

首先是尽可能地使这个系统能把几十年来我国语法学者的成就融会起来。这就是说，暂拟的汉语语法系统希望是一个综合性的系统，而不是单纯依据任何一种系统的。这样做自然比较困难，把各种不同的系统综合在一起而能够成为一个没有严重矛盾的系统原不是一件容易的事。然而大家一致认为，这样做是必要的。因为我们很难说现有的哪一种系统是完美无缺的，而所有别的系统都是一无可取的。我们应该让下一代的青年学生在今天语法学界共同的成就的基础上进行学习。根据这样的原则确定的现在这个"暂拟系统"，不可避免地存在着若干缺点，其中有的可能就是由于综合得不好而产生的。这些缺点可以通过教学实践的检验逐步改正。

其次是尽可能地使这个系统的内容（从立论到术语）是一般人，特别是中学的语文教师比较熟悉的。这就是说，有些最近才提出来的新的看法，尽管它在将来未尝不可能被证实为正确妥善的，但是在今天大家对它还很生疏的时候，教学系统里就不急于采取。依照教育学的原则，教科书的内容应该是这门科学里已经有定论的东西。在汉语语法方面，要求教科书的每一个论点都是已有定论的，在目前还做不到。不过，采用已经为大家所熟悉的一些讲法，总比采用还没经过充分验证的新的讲法妥当些。自然，暂拟系统里无法完全避免新立名称，因为在综合各种说法的过程中，某些地方采取一个新的名称有时候是必要的；但是要求新名称尽可能地少用，非用不可的，也要求它比较通俗易懂。

根据上述的原则，在 1954 年上半年初步草拟了一个系统。1954 年秋季按照这个系统在北京市教师进修学院对来自全市各中学的二百五十多位教师进行试教。1955 年初，根据试教的情况做了初步的修改，印发给全国各综合大学中国语文系、高等师范学校中国语文系科、一部分中学教师和许多位语法学者，广泛征求意见。4 月到 5 月，整理了各地的意见之后，邀集北京各有关方面的语法学者连续举行了六次座谈会，进行讨论，交换意见。暑假，北京市中小学教学参考资料编辑委员会根据北京市教师进修学院的试教讲义做了一些修订，编成初级中学及高级中学汉语语法基本知识教学参考资料，在北京、天津两市的全部中学里进行试教。1955 年 11 月到 1956 年 1 月，根据两次试教的经验、各地提来的意见、座谈会上交换的意见，做了再一次的修改。修改稿经过有关部门的语法学者和有关领导方面的审订，并且根据审订意见做了最后的修改，成为现在这个《暂拟汉语教学语法系统》。

从上边的叙述里可以看出来，现在这个"暂拟系统"是一个集体性的产物：里边包含着几十年来许多语法学者的研究成果，以及参与讨论、审订和试教的许许多多语法学者和语文教师的辛勤劳动。在汉语语法学目前所处的情况下能够产生一个全国中学一致采用的语法教学系统，这尤其是跟党和政府的领导和支持分不开的。

虽然如此，这个语法教学系统我们还是称之为"暂拟"的。这里包含着两层意思。

首先，尽管在构拟这个系统的过程中已经得到各有关方面的积极的、具体的支持和协助，可是由于我们自己的水平和人力有限，系统本身的缺点一定还是很多的。这就需要语法学者们继续提供意见，尤其需要教师同志们在教学实践中加以检验，以便及时总结，进行修改。前边说过，有些较新的见解，这个系统里没有来得及采用。如果这些见解经过充分的研究，取得广泛的支持，教学系统就会做相应的修改，把它采纳进来。

其次，1955 年 10 月间举行过全国文字改革会议和现代汉语规范问题学术会议之后，特别是 1956 年 2 月国务院发出关于推广普通话的指示之后，社会上更加迫切地要求有一部可为准绳的、完整的、规范性的现代汉语语法著作。一旦这样的语法著作发表出来，现在这个语法教学系统当然就会根据它做彻底的修改。

最后，我们愿意说明一点。汉语语法学里还有不少悬而未决的问题，这个"暂拟系统"里也不可避免地存在着没有解决的或者解决得不妥善的问题。尽快地解决这些问题，从而改进并且最后确立汉语教学的语法系统，必须依靠所有的语法研究工作者和语法教学工作者。我们希望这方面的科学研究工作能够密切地面向教学；我们希望汉语语法学里的若干问题能够早日获得解决；我们希望科学研究的成果能把"暂拟"两个字早日取消。

（《〈暂拟汉语教学语法系统〉简述》是由张志公主持，人民教育出版社中学汉语编辑室集体编写的。本文是《简述》的前言部分，由张志公执笔。收入《张志公文集》第 1 卷，广东教育出版社 1991 年版）

语法研究的理论意义和实用意义

　　语法研究的理论意义和实用意义应当是统一的，然而在我们的语法研究工作中存在着理论和实用互相脱离的倾向，甚至于在一部分研究工作者心目中，存在着理论和实用互相对立的倾向。这种倾向对于我们的语法研究工作是有害的。

　　语法研究的理论意义主要表现在对语法的正确认识上。例如，对某一种语言在某一个时期的各种语法现象正确地作出分析解释，从而总结出规律；对一种语言的语法正确地作出历史的描述，从而阐明它的发展道路；对几种语言的语法正确地作出比较，找出它们的异同，从而阐明语法上的一般原理；正确地阐释语言和思维的关系；正确地阐释语言和历史的关系；等等。

　　语法研究的实用意义表现在对人们的语言实践的指导上，就是说，语法研究能够帮助人们正确地使用语言。

　　当我们能够对语言现象正确地作出分析解释，并且总结出规律的时候，这规律必然就有指导语言实践的作用；反过来说，要是我们的语法研究的确能够指导语言实践，必然是由于它对语言正确地作出了分析解释，找出了规律。

很难想象有这样一种语法理论，它跟语言实践没有关系，然而可以肯定它是正确的；也很难想象有这样一种语法书，它能够很好地指导语言实践，可是它不是建立在正确的理论基础上的。

这个道理原是非常浅显的，然而我们在语法研究的实践中常常没有这样作。

忽视语法研究的实用意义，为理论而谈理论的现象，在我们的工作中是相当显著的，如果不用"严重"这个字眼的话。这里我指的特别是关于现代汉语语法的一般性的研究工作。

语法学者对某一种语言现象提出了一种理论上的解释，学习语法的人问："这样的解释对我们运用语言有什么帮助呢？"学者们对这样的问题往往是不回答的。心里的答案是："我作的是理论工作啊！"或者"这是描写语法，描写语法就是这样的啊！"这样的答案也偶然有人说出来过。

是这样的吗？要是一种理论上的解释不能在实践之中加以验证的话，这种解释就已经是完全可以信任的吗？我不这样想，恐怕也没有人这样想。然而我们对于这种不能在实践中验证的解释，特别当它是由自己提出来的时候，倒是深信不疑的。语法学界的许多讨论，也大都是关于这类解释的。我认为，这是十分值得注意的问题。

关于汉语的词类，我们有过几种不同的解释。一种是，汉语的实词可以分为名词、动词、形容词等几类，但是它们可以互相转化，名词可以变为动词或者形容词，动词可以变为名词或者形容词，形容词可以变为名词或者动词。理论上的解释到此为止。是所有的词在任何情况之下都可以变吗？如果不是，那么哪些词在哪些情况之下可以变，哪些词在哪些情况之下不能变呢？可以变的是怎么变法呢？这些问题，在持这种说法的著作里找不到回答。于是问题发生了。一位相信词类转化的教师批改学生的作文。作文里有这样一句："我们的工作一定要榜样着先进生产工作组。"（这是职工业余学校的学生。）教师说这个句子错了。学生问为什么。教师说"榜样"是名词，不能作动词用。学生说，词类不是可以转化吗？它用在谓语的位置上，变成动词了。这不完全合乎先生讲的规律吗？教师沉吟良久，说："这个名词不能变。"学生问："为什么呢？先生怎么知道的呢？怎么知道哪个可以变，哪个不能变呢？"

教师默然。

另外一种解释是：这几类词基本上是不变的。凡是持这种理论的，联系到造句法上必然得出这样一种结论，每一类词都可以作各种句子成分，例如形容词，既可以作定语、谓语，也可以作主语、宾语。理论上的解释也就到此为止。是所有的形容词在任何情况下都可以作主语、宾语吗？如果不是，那么哪些形容词在哪些情况之下可以作主语，在哪些情况之下可以作宾语呢？也找不到回答。这同样要发生问题。学生写了这样的句子："资本主义已经达到了腐朽。"教师说句子错了，因为他误把形容词"腐朽"当作名词用了。学生问："不是说形容词可以作宾语吗？"教师给问住了。

事情很清楚。上边说的两个理论都缺少了很重要的后半截。正是因为缺少了这个后半截，这些理论表现不出应有的指导实践的作用，而同时，作为一个理论，也由于残缺不全而失去了应有的可靠性。我不是在讨论词类问题。我的意思是说，无论从语法学的实用意义着眼，或是从语法学的理论意义着眼，都不能这样脱离实际地谈理论。因为，作为一个理论，它是残缺不全的；如果说这是"描写语法"，这样的描写对于所描写的对象还不能提供完整的面貌，因而是缺乏说服力的。为什么我们愿意满足于这样的工作呢？为什么我们不更进一步去探索那个后半截呢？只有当我们找到了后半截的答案的时候，我们的理论才是个完整的理论——干脆说，才成其为理论，也只有在那个时候，我们的理论才有指导实践的作用。

在句法方面的一个根本问题上，我们同样也还是停留在半路上。每个语法学者都敢肯定地说，在汉语里，"主—谓—宾"格式的"我吃鱼"不能说成"宾—谓—主"格式的"鱼吃我"。可是汉语里能说"鱼我吃"。在这个现象面前，大家有了争论。有人说"鱼"是主语，"我吃"是它的谓语，有人说"鱼"是宾语倒装。争论双方的理论解释都到此为止。说"鱼"是主语的，不能说出，似乎也不求能够说出，谓语中动词所表示的动作的对象在什么情况下可以，或者必须，表现为句子的主语；说"鱼"是宾语倒装的，也不能说出，并且也似乎不求能够说出，什么样的宾语在什么情况之下必须倒装，在什么情况之下不能倒装，在什么情况之下可以倒装也可以不倒装。大家都满足于"这不明明是句子所要说明的主体吗？""这不明明是动作的对象吗？"这一类的讨论。至于学语法的人怎样把这些理论运用在语言实践之中，大家都似乎觉得那是分外之事，不必过问。其实，那显然不是分外之事。当我们还回答不出"在什么情况下必须，在什么情况下不能"的时候，这个理论本身还是很不完整的。让我们的理论完整起来，这是我们研究语法的人无可推卸的责任——即使我们认为直接指导语言实践是语文教师的事。

例子是举不胜举的。姑且提几个在语法书里不容易找到答案而学语法的人渴望答案的问题以见一斑吧。

"从、往、向、朝"这些词应该划归哪一个词类，或者应该叫个什么词类，我们曾以很大的兴趣来争论。实用上的一些问题，我们很少注意过。我们可以说"这间房朝东""朝东的大门"，也可以说"你往东""我往西""往南的大道"，可是不能说"你从东""从东的火车"。什么道理呢？这些词，无论叫"介词"或者"副动词"或者别的什么词，哪些个在哪些情况下可以带上一个名词或者方位词作谓语或者定语，哪些个不能？为什么？不要认为这是没有意义的问题。前些天，两位同志为一篇文件的标题争论起来。这个标题是"某某向大会的报告"。甲同志说这个标题不妥，得在"向大会"后边添上"作"或者"所作"，因为"向什么"只能修饰动词，不能修饰名词（他们都认为这里的"报告"是名词）；乙同志说不必，因为语法书上说过，"介词（或者副动词）带上它的宾语能作名词的附加语"。甲并没有被折服，他马上举出了"从东的火车"那个例子。我们怎样替这两位尊重语法的同志从语法的角度解决这个问题呢？

"所"应该叫作什么词，若干年前就引起过很热闹的争论，到现在也还有各种不同的看法。它的用法呢？几乎所有论到这个词的语法著作里都说，像"所说的话"里的"所"，在现代口语里是可以不用的。事实并不如此。把"所拥护的人"里的"所"去掉，变成"拥护的人"，会根本走失原意的。在一本讲历史的书上有这样一个句子："唐太宗认为，对于被征服的国家应该采取……的政策。"有一位不知道"被""所"叫什么名称的同志说，这里的"被"字用得不对。用了"被"好象不是专指被唐太宗征服的国家，而是泛指一切被征服的国家，这显然不是原句的意思，可是去掉"被"又很别扭。他认为这里应该把"被"改成"所"。我觉得这位同志是很有见地的。可见"所"并非在任何地方都可有可无。那么什么地方一定要用它呢？要是我们能说一说这条规律，我想是远比讨论"所"是什么词更能帮助那本历史书的作者把那个句子写对了的。

"的、地、得"该算哪类词，算不算词尾，这从来就是我们很感兴趣的问题。可是这些东西什么地方必须用，什么地方一定不用呢？我们谈得极少。最近听见三个编辑同志辩论这样一个问题："听得见听不见？"能不能说成"听见听不见？""听不听得见？"三个人三个意见：一位认为只有第一种说法是对的，一位认为前两种说法对，一位认为三种说法都行。这大概该算是语言规范问题。在我们已经严肃地提出促进汉

语规范化的口号之后，当书籍、报刊的编辑同志希望得到我们的帮助为
出版物中语言的纯洁健康而努力的时候，我们不能认为他们这一类讨论
是没有意义的。可是答案呢？我们不曾提出过。到现在似乎也还很少有
人企图为提出这样的答案而争论。我们的争论中心还是在"的、地、
得"是不是词尾或者是哪一类词上。

结束我的举例吧。为一种极普通的事实举很多的例子是没有必
要的。

语法研究工作脱离实际的倾向，在各个有关方面已经产生了十分可
虑的影响。

近两年来，我在工作中接触到跟语法有关系的好几种人。他们需要
通晓汉语语法；他们念了我们现有的某些语法书；他们称赞语法学家帮
助他们解决了一些问题；他们敬重我们的语法学家。但是，我也时常听
见他们对语法学家说些"抱怨"的话——不，应该说是些"期待、渴
望"的话：他们在工作上有不少的困难迫切地等待着语法学家帮助他们
去克服。我想，明了一下他们的情况，对我们是有好处的。

有一位念速成中学的工人同志在温习语法课，（用的是他们省里编
的一种语法教材，每星期上课一小时）我问他："这门功课好学吧？"
他回答说："诚难哩啊！"（他说的是山东话，意思是"实在难哪！"）我
说："学了有用，难一点怕什么？"他皱了皱眉头："用不杭（去声）
啊！"（意思是"用不上啊！"）我知道有不少的念速成中学的工人和机
关干部对语法课给了同样的两句评语。

教语法的语文教师近年来都为语法体系分歧、莫衷一是而苦恼，这
是人所共知的事，不去说它了。有些教师还有一个更大的苦恼：学生运
用语言的能力，看不出显著的提高，至少，提高的程度跟他们学习语法
所付出的劳动不相称。

编写语法教材的同志，包括人民教育出版社汉语课本的编者和我所

知道的别的地方编写语法教材的一些人，在他们编写工作之中遭遇了很大的困难。摆在他们面前的各家语法著作和论文之中，有一种材料多得使他们为难——分歧的术语和解释，另一种材料又少得使他们叹气——各类词和各种结构格式的具体用法。"墙上挂着一张画"这样一个句子，甲说"墙上"是主语，乙说"一张画"是主语，丙说这是个无主句，没有主语。甲说，说"一张画"是主语是纯从意念出发，这是什么主义；乙说，说"墙上"是主语是纯从形式出发，这是什么主义；又一个人说，说"墙上"是状语，全句是无主句，是折中，这是什么主义。教材的编者们十分苦恼了：这样说也是个主义，那样说也是个主义，他们的教材无论选择哪一种说法，都注定了要陷入一种主义，怎么办呢？能够让中学的孩子跟着专家们一块儿百家争鸣吗？编者们更困惑的是，无论哪个词是主语，难道语法教学可以讲到这里就拉倒吗？可是各家著作中的确是讲到这里——指出了哪个词是主语，哪个词是什么语就拉倒的。

书刊报纸的编辑们，青年作家们，这几年对作品语言的正确性越来越注意了。《人民日报》左一次右一次的号召，国务院关于推广普通话的指示，编辑们和作家们是十分重视的。自命是精通语言的或者视语言为雕虫小技的编辑和作家虽然不是没有，然而只是极少数。可是我确实知道有为数不少的编辑和作家在语法书的分歧繁复到难以理解的术语和解释面前却步，有为数不少的学习小组不能把学习坚持到底，还有为数不少的人参加语法讲习班之类，结果是"乘兴而来，败兴而归"，因为他们发现，学了一阵之后，除去知道了一些术语、解释之外，在运用语言上"依然故我"。当然，他们的学习不是毫无收获的，他们的学习方法也不是没有缺点的。然而，作为语法工作者队伍中的一员，回头看一看我们自己的语法书籍和论文的内容，责任感使我不愿意夸大他们的收获，更不忍去指责他们的学习方法。

更不好的影响表现在中等学校的语法教学上。前边说，有的语文教师为语法教学不能很好地提高学生的语言能力而苦恼。可惜的是，这样的教师在今天并不占多数。更多的教师却跟着专家们走上了为理论而谈理论的道路。尽管教学大纲上明白指出语法教学要密切联系实际，要重视练习作业，要善于启发学生的思维活动，可是不少教师往往还是习惯于开口先讲一个术语，说一套理论，然后举两个例子的教学方式。教师们聚在一起的时候，讨论得最热烈的不是怎样指导学生作练习，怎样让学生说得写得更好，而往往是"为什么说这个是词，不是词组呢？为什么说这个是主语，不是宾语呢？"这一类"理论"问题。作为语法工作者队伍中的一员，我不愿意责备教师不懂语法教学，我不赞成"教学问题是教师的事，不能让科学家兼作教师"这种说法。中学教师是从我们的语法著作里学到语法的，是从我们高等学校的课堂里出去的。在我们讲语法的著作里和课堂上，语法就是这样讲的，中学教师怎么会不跟着走呢！中学的语法教学要是不能收到够好的效果，我认为语法研究工作者是不能辞其咎的。

我想我不至于被误解为否认理论研究的重要性。有人把语法上的术语、解释看成累赘，讨厌术语、解释，也有人认为术语、解释无须讨论，讲语法的时候，无论对语言现象怎样解释，无论用什么术语，无论采取什么样的体系，都可以，都无关紧要。我不同意这一类的想法。果然是这样的话，我们又何必批判什么理性主义语法，批判什么三品说呢！我的意思是，我们的理论研究工作作得还太差，主要的缺点是不能结合实际，而不能结合实际的理论是靠不住的。我们的任务不是停止理论研究，绝对不是，而是要把理论研究在今天的基础上向前推进一步。我们不能停留在解释"这是什么，那是什么"上，我们还要往前走，要能找出"该怎么样，不该怎么样，什么时候怎么样"的规律。说得出"该怎么样，不该怎么样"，才能有力地证明"这是什么，那是什么"的论断的可靠性。试想，要是我们透彻地分析了什么时候该用"的"，什么时候不该用"的"，也就是说，当我们看清了"的"跟别的词的结合规律的时候，对于我们断定"的"的性质（是词尾，还是独立的词，如果是词，是哪类词）能够没有帮助吗？显然，不止有帮助，而且是强有力的论据。而同时，说得出"该怎么样，不该怎么样"，语法研究也就有了实践的意义。反之，如果我们只能凭着自己相信的道理断定"的"是什么，而说不出"的"该怎么用，这个论断不仅缺乏实践意义，同时也缺乏说服力，因为架空地谈道理，就必然"见仁见智"，各是其是。我想，我们的语法体系之所以如此分歧，对一些极普通的语言现象的解释之所以如此不一致，跟我们脱离实际的研究方法是大有关系的。

前边我声明过，在这篇短文里，我谈的着重在现代汉语语法的一般性的研究工作上。各种专题性质的研究，例如语法史的研究、方言比较语法的研究等等，我没有谈。那些工作显然都是必要的，可是我们不能简单地要求那一类的研究工作也能很直接地来指导我们今天的语言实践。然而，就是那一类的研究工作，它的理论意义和实用意义仍然是统一的。第一，例如，研究历史上的某一个语言现象，也得考查那个时候人们实际运用语言的规律，不能单凭自己相信的道理去论断、解释。第二，研究语法史，可以帮助我们理解古代语言；研究方言语法，可以帮助我们理解方言。第三，研究语法史或者方言语法或者别的什么，都能使我们更好地理解和掌握现代普通话的语法规律，因而对于指导今天的语言实践，仍旧是有意义的。从这几方面来说，在任何性质的语法研究工作中，让理论离开实际都是不足取的，那样进行研究工作，要有好的研究成果也是不可能的。

就是在语法教学方面，我也不是说，教给学生语法只是为了让他们知道话该怎么说、不该怎么说。知道了词可以分类，知道了汉语的词有哪几类，知道了句子可以分析，知道了汉语的句子有些什么成分，等等，这些知识本身就有用，而且对于培养认识能力和思维能力有很大的意义。忽视语法教学的这方面的作用，应该说是不正确的。然而语言是作为人类的交际工具而存在的，我们是为了掌握运用这个工具而学习它的，那么知道该怎么说、不该怎么说，这个要求就是正当的，必须满足的。

还得声明，我不是说追究"该怎么样、不该怎么样"的工作我们一点都没作，也不是说这项工作很容易，只要我们肯作，明天早晨就可以作得好。（自然更不是说我比别的语法学界的前辈们和同道们作得多些。前边说的那些问题，在我的一些浅薄的作品里也是同样找不到答案的。）我的意思是说，我们在这方面的成绩还嫌太小，跟起名目、下解释的工作比起来，我们所作的努力更嫌太少。尤其重要的是，我们作语法研究工作，必须从认识上到实践中把这个工作的理论意义和实用意义统一起来，不让它们分离，不让它们对立。我们应该迅速地前进，为了这一代和下一代的广大的语法学习者的利益，也为了语法理论的提高。

（本文是作者根据在中国语文社青岛语法座谈会上发言的大意改写而成的，原载于《中国语文》1957 年 1 月号）

关于汉语语法体系分歧问题

　　所谓汉语语法体系分歧的问题，存在了几十年了。大概可以说，一八九八年马健忠的《马氏文通》问世后不久就开始出现了分歧。到二十世纪三十年代后期，经过了一场"文法革新讨论"，在此前后，一些语法学者陆续引进了十九世纪末到二十世纪初西方语言学、语法学若干新的流派的观点和学说，使得语法体系分歧问题有了更复杂的内容。在新中国成立之前，只有极少数人研究语法，高等学校也不是每处都开设语言学和语法学课程的。部分高中和师范学校教过语法，不普遍，时间也不长。因此，语法体系分歧问题虽然存在着，但是不突出，在社会上没有受到注意。

　　新中国成立后，情形有了很大的变化。一九五〇年五月二十一日《人民日报》发表短评，说："不但要求报社自己的编辑、记者同志们，而且也要求报纸的一切投稿者和读者同志们，要求一切机关、团体的负责同志们，都来注意文法。"次年六月六日，《人民日报》发表社论《正确地使用祖国的语言，为语言的纯洁和健康而斗争!》指出："我们的学校无论小学、中学或大学都没有正式的内容完备的语法课程。"号召人们学习语法、修辞和逻辑。并且从这一天开始，连载发表吕叔湘、朱德熙二位先生的《语法修辞讲话》。从此，逐渐地在全国范围内掀起了学习语法、教学语法、研究语法的热潮。汉语语法学出现了空前的蓬蓬勃勃的大发展的局面。短短的几年内，出版了上百种的语法著作。中学在语文课里教语法；社会各方面，包括若干机关行政干部、部队政治和文化教育干部、编辑出版工作者、青年作家等，纷纷举办各种不同类型的语法学习班。学习语法，在语言运用中讲究语法，成了一种群众性的活动。探讨语法问题，不再是极端狭小的语法学界的事情，而是广大群众所关心的事情了。

在这样的新形势之下，语法体系分歧的问题突出了；学术研究上的分歧同群众需要之间的矛盾尖锐化了。

所谓语法体系分歧，用最简单的说法就是：不同的语法学者、语法著作，持有不同的语法观点，因而对于同一个语言现象做出很不一样的解释，使用不同的术语；若干语法著作，分别持有不同的语法观点，各自对语言有一整套的解释，使用一整套的名称术语，这一套和那一套之间，有同有异，既有名同实异，也有名异实同，纷纭错综，情况十分复杂。

例如，一个"的"字，就有十来个不同的名称：词尾，语尾，记号，助词，连词，介词，等等。这些名称，表明了使用者对这个虚字的解释是不同的；表明了他们的词类概念是不同的；甚至表明了他们对汉语这种语言的观察和理解是不同的。

又比如，"甲是乙"这种句子。有的书上说"是"是同动词，"乙"是补足语；有的说"是"是系词，"乙"是表语；有的说"是"就是动词，"乙"是宾语。

再比如，"这个字我不认识"这种句子。有的说"这个字"是宾语，倒置于句首；有的说它是主语，"我不认识"是一种主谓关系的构造，作"这个字"的谓语。

如此等等。这种现象当然使语法的教学者和学习者遭遇了很大的不便。逐渐，要求统一语法体系的呼声，来自全国各地，社会各个方面。这种呼声，愈来愈强烈。

一九五五年，当时由北京的人民教育出版社编辑出版的《语文学习》杂志五月号上，发表了一封读者来信和有关人士的答复，足以说明上述情况。下边是谈者来信摘要。

黎锦熙　王　力
吕叔湘　张志公　及语言研究语法小组等语法界的同志们：

……

现在学习语法的日益增多。……可是你们写出来的语法书，各有各的说法，很不统一……使人民群众在学习语法中碰到了很多的困难。我们认为这是很不应该的。……肯定地说，你们在群众中的威信是相当高的。但是如果你们不放弃自己的偏见，不肯诚恳地和别人研究，那么，也可以肯定地说，谁固执己见谁的威信必将大大地减低，终至为人民所唾弃。当然，我们并不是要求你们无原则地同意别人的意见，而是建议你们尽快地组织起来，共同研究，共同商讨，展开争论、辩论，以求达到思想统一，共同编写出一本语法书来，供给广大的人民群众学习和教学。……希望你们能公开地给我们答复。

敬礼

华东军区一群语法学习者

三月七日

下边是同时发表的答复。

亲爱的读者同志们：

……

汉语语法体系的过分分歧，的确给学语法和教语法的带来了很多的困难和很大的损失。……

语法体系之所以这样分歧，一方面固然因为汉语语法里有很多问题还没有解决；另一方面因为以往语法工作者，包括我们在内，在工作态度和工作方法上都有问题。……我们认为你们对我们的责备是完全正确的。我们欢迎并且感谢你们的督促；我们希望并且相信别的语法学者也会有同样的认识。

我们说语法体系"过分"分歧是不好的，意思是说，在语法学里，像在任何一门科学里一样，可以有，甚至需要有些不同的意见，不断地争辩讨论，在论争之中得到更圆满的结论，从而把这门科学更向前推进一步。但是在可以一致的地方，比如某些术语上，应该尽量求其一致。看法不能一致的地方，确有重大问题的地方，就应该深入钻研，展开讨论，求得解决，不能听之任之，各行其是。更重要的，讨论尽管讨论，在教学上和学习上必须有一致的准则，学术论坛上的争论不应该带到初学者面前，让他们迷乱疑惑。这就是说，应该把专门论著和初学用书分别开。写专门论著，各人在学术上有什么心得或见解都可以发挥，写初学用书，应该首先考虑学习者的便利。我们以往走的恰恰是相反的道路。在学术上，我们相互间的讨论和争辩不是太多而是太少，彼此采取了自由主义的态度，因而问题一直是问题，不得解决。临到写书的时候，未能守住专门论著和初学用书的界限，往往拿写专门论著的态度来写初学用书，甚至在术语的运用上也不肯稍微迁就。造成学习上的困难，这是一个重要的原因。你们要求有一本统一的语法书，从一般学校的教学需要来说，我们认为这个要求是完全正确的。

人民教育出版社正根据教学上的需要编写中学用的汉语教

科书，语法是其中一个重要部分。关于这套教科书如何编写，出版社正在广泛征求意见。我们愿意对教科书的语法部分充分提出意见，供编写教科书的同志参考，并且相信别的语法学者和语文教师也会充分提出意见，帮助编写的同志把教科书编好，使教科书出版以后，语法教学能有正确的依据，教学上的分歧现象自然就可以避免了。

……

语言研究所语法小组的工作同人愿意在此附带声明一下，《语法讲话》只代表编写人的意见，并不代表语言研究所的意见。将来单行本出版，署名要改用个人名义，不再用语法小组名义。

敬礼！

黎锦熙、王力、吕叔湘、张志公

及语言研究所语法小组同人

五月一日

上面引的答复中提到，那时正在编写一种中学用的汉语教科书。这在当时是一件重要事情。一九五四年初，中央决定在全国中学实行汉语、文学分科教学，责成人民教育出版社组织力量编写《汉语》和《文学》教科书。这是我国语文教学史上一次重大的改革试验。经过两年多的准备，于一九五六年秋季开学时在全国中学全面实行了分科教学。

在准备《汉语》教科书的过程中，面对的最大困难就是前边说的语法体系过分分歧那个问题。《汉语》教科书将在全国的中学里使用，既不是在局部地区、少数学校，又不是在高等学校，因此，它所采用的语法系统必须是能够为绝大多数教师和语法工作者所接受的，不能是百家争鸣中的一家之言。很明显，要完成这样一个任务，工作是异常艰巨的。经过全国语法学界和广大语文教师共同努力，团结合作，花了两年半左右的时间，经过规模大小不等的若干次集体讨论、争辩，两次把初步方案印发全国各地征求意见，在北京、天津两次试教，中间反复多次地修改，终于产生了一个绝大多数有关同志点头认可，认为可以暂时在教学中一致使用的语法体系，这就是那个《暂拟汉语教学语法系统》。它是"暂拟"的，意思是说，它不是固定不移的，而是有待改进的；它只是适用于学校的"汉语教学"的，语法研究不受此限；它只是一个"系统"，就是教学中用的这么"一套"讲法，还说不上是个严密的、完善的"体系"。"暂拟汉语教学语法系统"这个名称，包含着这样三层意思。这并不全是主持其事者的谦逊之词，而是符合实际情况的说法。这个《暂拟系统》被写成为一个纲要，由二十一位语法学者分头撰文就它的内容各部分做了阐述，合编为一本书《语法和语法教学》。以此为依据，编成《汉语》教科书的语法部分，即第三、四、五册。全国中学的汉语教学既然一致采用了这个系统，大多数高等学校中文系现代汉语课的语法部分也基本上采用了它，以便于那些日后到中学任教的毕业生可以把所学和所用衔接起来；社会上出版的若干一般语法著作，也采用了它。一九五八年，中学取消了"汉语""文学"分科教学的办法，恢复了"语文"课，《汉语》《文学》两种教科书停止使用（产生这个变化有一段经过，其中有一些值得探讨的问题，因为与这里要谈的语法体系问题关系不大，从略）。但是，《暂拟汉语教学语法系统》继续沿用了下来。在中学，凡教语法的，还是使用这个系统；在高等学校，有的继续使用或者基本上使用，有些则逐渐进行了程度不同的修改。

在拟定《暂拟系统》的时候，目的既在于为在全国范围内试行汉语教学寻求一个能够一致采用的办法，就必须把此前的主要语法学者及其著作的研究成果吸取进来，求同存异，力避偏执一端。在这样做的过程中，不能没有一定的原则，比如，要考虑哪种讲法比较地符合汉语的实际，对于语义和形式的关系处理得比较好，比较地便于教学；也不能不力求在采择综合之中保持本身的系统性，至少不自相矛盾；还不能不采取某些折中的办法，包括在互相矛盾、互不相下的几种说法之外寻求一种言之成理、能为诸家所接受的新的说法。《暂拟系统》大致就是基于这样几种考虑的一个产物。如果它有点可取之处，是从这里来的；它的某些缺点，大都也是从这里来的，自然，其中也包含着与其事者如我的水平不足的因素在内。

举几个例子。关于词的定义和单句、复句的界限，主要采取吕叔湘先生的讲法。关于兼语，主要采取王力先生的讲法。关于动词、形容词的名物化用法，是稍有变通地采用了黎锦熙先生的讲法。关于单部句、独词句，主要采取高名凯先生的讲法。关于词的重叠，主要采取陆宗达、俞敏先生的讲法。凡动词的后置成分一般归为宾语，主要采取丁声树先生等《现代汉语语法讲话》的讲法。又比如，前边提到过，"甲是乙"这种句子，有三种讲法，并且都是很有力量的讲法。同动词、补足语说创自黎锦熙先生，系词、表语说创自王力先生，动词、宾语说创自赵元任先生，为丁声树、李荣先生所采用。国内治语法者可以说不从此便从彼，互不相下。并且，这虽然只是一种句类的分析，然而在各自的体系中具有代表性，取此一说就几乎意味着是采用了这一种体系，至少是这种体系的大部分内容，对于别的体系多少具有排他性。《暂拟系统》三说都不取，把"是"归入动词的附类，叫"判断词"，后面的"乙"和判断词合在一起是"合成谓语"。再如那时作为典型例句争论不休的"台上坐着主席团"，有的说"台上"是主语，"坐着"是谓语，"主席团"是宾语；有的说，"台上"怎么是主语呢？坐着的是"主席团"嘛，所以"主席团"是主语。《暂拟系统》说，这是"无主句"，"台上"是状语，表示地点，"坐着"表示存在的方式。把"能、会、肯、敢、必须、可能"这一路词称为"能愿动词",和它后面的东西也构成一种合成谓语,这也是因为对这类词和这类构造有不同的意见,这样处理在当时容易为大家所接受。这里不可能,也不必要对《暂拟系统》的内容做全面的介绍,只是把它的产生经过和当时的一些考虑大略说了说。事隔多年,手头没带什么资料,说得不清楚,也不一定很准确。至于它曾经起过什么作用,有些什么优点、缺点和问题,不少同志过去就曾谈论过,我就不多说了。

想说这样一点意思。《暂拟系统》之所以能够产生,除了有语法学界和教师们的共同努力这个重要条件之外,所谓语法体系分歧问题实质上并不像所表现出来的那么严重,从学术上看,存在着寻求一致的可能性,这也是一个因素。所谓体系分歧问题的一部分,实际上只不过是名称术语的不同。最典型的例子就是"连词"和"连接词",多一字少一字有什么不一样呢?还有一些,看上去确是关系到语法观点的体系分歧,但是仔细追究一下,也并不完全是。五十年代有一场关于词类问题的大讨论。已故的高名凯先生说,汉语的实词是不能分类的,所有其他语法学者都不同意。高先生是这样得出结论的:划分词类的依据是形态,汉语无形态,所以汉语的词不能分类。不同意的有三种意见:(一)划分词类的依据是形态,汉语有形态(例如动词、形容词的重迭等),所以汉语的词可以分类。(二)划分词类的依据是形态,汉语虽无狭义形态,但有广义形态,所以汉语的词可以分类。(三)划分词类的依据本来是形态,汉语虽少严格意义的形态,但是词有不同的功能,组合能力不一样,其中也是有规律可循的,所以汉语的词可以划分词类。这些认为可以分类的主张与高先生的主张似乎是体系和理论上的巨大分歧,实际上大前提全一样——划分词类的依据是形态(只有第三种意见小有不同,实质性的区别也并不大)。分歧只在小前提上。而实际划分的时候,也并没有完全按照各自的小前提办。所以无论是持哪一种意见的，分出来的词类都是大同小异的十来类，高先生认为不能分类，也是说不能照形态语言的传统分类的办法来分为名词、动词、形容词等等那样八九类。汉语既然无形态，能不能不以形态为依据来划分词类呢？他认为不能。照我个人的看法，汉语语法中许多问题多年不得解决，恐怕问题恰恰出在那个大前提上。在大家都还或多或少地，或深或浅地，或明朗或朦胧地被"形态"那个幽灵管着的时候，各种体系的来路其实差不多，所谓分歧实际上相当多的不过是这样称说或者那样称说的问题，在这类问题上寻求一致的讲法并不是完全不可能的。

以上是对《暂拟汉语教学语法系统》一个简单的回顾。下边再谈谈目前的情况和今后的一些设想。当前有这么几种做法或趋势。一种是继续使用《暂拟系统》，例如从一九七七年秋季起新编的全国通用的中学语文教材就是这样，因为，作为一种通用教材，改变语法系统不是一件轻而易举的事，着手编这部教材的时候不具备这样做的条件。一种是以《暂拟系统》为基础，不同程度地加以修改，例如胡裕树先生主编的《现代汉语》以及其他高等学校使用的若干种现代汉语教材采用这种办法。特别值得重视的是吕叔湘先生的《汉语语法分析问题》，不仅仅就《暂拟系统》，而且就传统语法进行了全面的探讨。这对进一步研究汉语语法问题，必将产生重大推动作用。

有一种趋势是试图把语法、修辞、逻辑与语言运用有关的这几个部门结合起来。这本不自今日始。五十年代吕叔湘、朱德熙两位先生合写的《语法修辞讲话》就曾把语法、修辞合在一起讲述。近年来在不少地方"语修逻"几乎变成了一个名称。郭绍虞先生的新著《汉语语法修辞新探》，也是把语法修辞合在一起的，甚多卓见。

再一种趋势是试图引进某些比较新的学说、理论和方法，主要还是结构主义，以至于"转换—生成"语法。

我认为，这几条路子都可以走。

对于过去的《暂拟系统》进行修改，这是应当的，也是切实可行的。对传统语法进行全面探讨十分必要。把语法、修辞、逻辑综合起来研究很有意义。汉语本身，在运用中这种综合性很显著。传统的对偶是很好的说明。比如，杜甫的诗句"两个黄鹂鸣翠柳，一行白鹭上青天"，就是一副对子。"两个"对"一行"是数量词对数量词。"两"对"一"，"个"对"行"。"黄鹂"对"白鹭"，是名词对名词，而每个名词都是一个形、名结构。"鸣"对"上"是动词对动词。"翠柳"对"青天"又是形、名结构对形、名结构。这是从语法上讲。从逻辑上讲，是同类的概念对同类的概念。从声调来讲，是仄声对平声。（那个"一"稍微放宽了一点。）十四个字的一副对子，语法的因素、逻辑的因素、声韵的因素，都运用在里头了。这里有色彩（黄、白），有形象（翠柳、青天），有动作（上、鸣），非常协调，修辞手段很高。语法、修辞、逻辑都综合在一起了。这是从正面看。从反面来看，教学中常常要改病句。从语法角度说，有的是"主谓搭配不当"，有的是"动宾搭配不当"或者是"定语、状语与中心词搭配不当"，如此等等。这些"不当"，多半是概念不清造成的，反映了逻辑思维有问题，表达出来就是不合事理。所谓"纯粹"的语法错误，要是有的话，也是很少的。我们的语言综合性既然十分明显，那么，把语法、逻辑、修辞有关因素综合起来研究是可取的。当然，三者是不同的东西。词不等于概念，句子不等于判断。分合关系要处理好，当分者分，当合者合，可以分中有合，合中有分。从目前情况看，有的是"结而不合"。书名叫作"语法修辞逻辑"，里面是三大块，只不过放在一本书里而已，分开来还是三本。也有的似乎是"合"了，然而并没有真正合起来，比如讲"词类"，先照传统的办法一类一类地讲，最后一节讲"怎样用词"，知识还是讲原来那套东西，加上一块"运用"，并没有把有关系的东西融为一体。怎样合法，看来还需要好好地探索。

最后一种趋势不过是刚刚开始，现在就评论它的得失还不到时候，还须再看一看。作些尝试是应该的。引进点新东西搞一些试验，没有害处。

以上是我对当前语法研究和语法教学几种做法和趋势的一些看法。最后谈几点设想。

往前看，往根本处看，需要逐步地建立一个新的确实切合汉语实际的语法体系。这个语法体系应当跟过去的很不相同。二十年代有位陈承泽先生，他在《国文法草创》里说过，研究汉语语法有几件事应当注意：其一，"说明的非创造的"，就是去说明实际的语法现象，而不是在头脑里凭主观创造一些语法规则；其二，"独立的非摹仿的"，就是要自己搞汉语语法而不是只去摹仿人家；共三，"实用的非装饰的"，搞语法为了应用，不是为语法而语法。后来，陈望道先生在《文法革新论丛》里写了一个序，里边说，研究汉语语法应当"根据中国文法事实，借镜外来新知，参照前人成说，以科学的方法、谨严的态度，缔造中国文法体系"。不仅中国人，外国人也有这样的说法。英国《大百科全书》第十一版《语法》条的起草人是一位东方学家，名叫塞斯（A. H.Sayce），他说：Chinese grammar, for instance, can never be understood until we discard, not only the terminology of European grammar, but the very conceptions which underlie it… （要是我们不把欧洲语法的那些名称术语连同那些名称术语所表示的概念一起抛弃掉的话，我们就永远不会了解汉语语法）。这话说得也许有些过头，但是很值得注意。汉语是一种非形态语言，就是说，在这种语言里，怎样把词组织成句子，不依靠像印欧语言里所有的那种形态手段，即使它有某些同于或近于那种形态的东西的话。汉语靠另外一些语法手段，表示另外一些语法范畴。可是，对于这些语法手段和语法范畴，我们至今认识还是很不足的。比如一个"的"字的名称有那么一大堆，但是要说说哪些地方非用它不可，哪些地方不能用，我们能举出几条？"我弟弟""我的弟弟"，都行，为什么？"二十个学生家长"和"二十个学生的家长"不一样，这个"的"字不是可有可无的。不论是虚词还是词序，非这样用不可，不这样用就错了，这样的东西能说出多少来呢？有，但不是太多。总之，应该往前看，往根本处看。需要对汉语的实际作更全面的研究，从而得出一个真正切合汉语实际的全新的体系。

往近一点看，最需要做的是在原有基础上大家"百花齐放"。逐步寻求教学上的一个新的暂时一致的讲法。即使是高等院校，可以百家争鸣，但是能一致起来的东西还是一致起来好些。没有一个暂时的一致的东西，教学很不方便。分头探讨是必要的，但也不能搞得越来越分歧。

当前怎么办？我觉得，用哪一种体系都可以。因为真正说得上是体系分歧的东西不是太多的。有一些不同的讲法，用一些不同的术语，这没有多大关系。在教学上要多在应用方面着眼。比如前边举过的"甲是乙"这一格式，究竟解释为动词和宾语，还是判断合成谓语，都未始不可，关键在于"甲"必须是"乙"。如果"甲"不是"乙"，不管你叫动词和宾语也罢，叫判断合成谓语也罢，这句话总是错的。反之，如果"甲"确是"乙"，那么，不论你怎么解释，怎么称呼，这句话总是对的。我们在教学上要多多注意这个问题。体系问题、术语问题在教学中并不是最主要的。从教学和应用角度来说，最终还是希望学语法的人运用语言的能力有所提高。目前，我们与其把过多的注意放在语法体系的分歧上，不如多着眼于怎样教语法能使学生好懂，怎样教能使学生学会运用。所谓运用，不仅是指知道名称术语，句子分析，而且是使他能把学到的知识在说话、写作、阅读之中运用起来。例如，趋向动词，不管叫什么，也不管它与前面的动词合在一起叫什么，叫作一个单位也罢，叫作一个中心词加一个补足成分也罢，要紧的是什么时候运用它，什么时候不用，用了之后起什么作用。总之，我倾向于多从应用角度着眼。

对一些体系问题，可以也应该研究，但更重要的是语法教学中应用的问题。

以上这些想法不一定对，说一说，就正于语法学界的同志们。

（这是张志公先生 1979 年 5 月在上海的一次讲话，发表时作者根据原记录作了较大的修改。原载于《语言教学与研究》1980 年第 1 期，第 4—15 页）

语法研究和语法教学

一

先从一个老问题说起。我国从很古的时候就有了文字学、训诂学，后来又有了声韵学，在这几个方面，古人的研究有很高的成就，古人也说到一些属于语法性质的问题，但是很零碎，不系统。系统的专门的语法著作是从1898年马建忠的《马氏文通》开始的。那末，为什么在《马氏文通》以前，我国古代既有成就很高的文字、训诂、声韵之学，偏偏没有语法学呢？这个问题过去老早就提出过，有人也试图作出回答，但是都缺乏说服力。

有一种回答，说过去研究文字、训诂、声韵的都是些封建知识分子，他们只考虑到知识分子读书的需要，根本不去考虑广大群众学习语言的需要，因而不研究语法。我怀疑这种说法。印度在纪元前四世纪就有了波尼尼的梵语语法，古希腊在纪元前二世纪也有了语法，他们那个时候也还是奴隶社会。莫非说那些奴隶主阶级的知识分子反而比我国的封建知识分子更进步一些，已经考虑到了广大奴隶群众学习语言的需要了？恐怕不能这样设想。那些奴隶主阶级的知识分子搞语法，首先还是为了他们自己的需要。他们自己要读书，要写东西，需要语法，所以才研究语法。我国的封建知识分子为了读古书，需要文字学、训诂学，他们便搞文字学、训诂学。如果他们感到需要语法学，也自然会搞起来的。还有一种回答，说是我们用了表意的方块字，不是用的拼音文字，有些语法现象被掩盖了，不容易被察觉到，所以没有产生语法学。这个解释也值得怀疑。首先是，何者是因，何者是果，恐怕这种因果关系的推导需要斟酌。为什么我们的文字发展到表意文字这一步，就不再往前走了？我们的文字所走的道路，同我们使用的语言本身有没有关系呢？古代传说是仓颉造字。当然仓颉并不一定真有其人，文字也不会是一个人一天晚上造出来的，它总还是群众在使用中逐渐产生出来的，也许经过某一个人或者一些人一次一次地整理了一番。假定真有个仓颉的话，究竟是造二三十个字母容易呢，还是造几千几万个方块字容易呢？哪一个仓颉容易当一些？大概是造二三十个字母的仓颉容易当一些吧？所以，恐怕是我们的语言用这样的文字，至少在古代相当长的时间之内是可以过得下去的，决不会因为用了这种文字，便使语言里的语法消失了。我们现在知道，有些语法成分或者近于语法成分的东西，不是也用方块字把它表示出来了吗？只要语言里有那么一种语法现象，而那种语法现象必须在书面上表示出来的话，用方块字也可以表示。如果用方块字实在表示不出来，古人自然会想办法把它表示出来。我们的祖先不是那么笨的。

我觉得，比较解释得通的恐怕是古人没有迫切感觉到研究语法的必要性。客观的需要是科学发展的推动力。没有感到研究语法的需要，就不会产生语法学。当然，这并不意味着这种语言没有语法，而是说古人没有感到需要把它整理出来，系统化起来，成为一门专门的科学。那末这种语言怎么学法呢？那个时候的读书人，他们也总要学习语言，小时候学口头语言，长大了要学习书面语言。他们学习语言不靠语法靠什么手段呢？当然有一套办法，他们觉得用那一套办法就可以解决问题了。他们的感觉是不是全面，是不是对，不一定。总之他们有这样的感觉，而这种感觉是客观存在的语言本身使他们产生的。自然还有其他原因，比如封建知识分子特别重视书面语言，特别重视写文章，汉唐以下写的又是和实际语言脱节的"文言"等等。总之他们觉得搞点文字、训诂之学就能够基本上对付了。所以没有再前进一步，搞出系统的、完整的语法来。我想，这应当是一个比较说得过去的解释。

二

我们先这样设想，再来看一看实际的情况跟这种设想是不是符合。

实际的情况是什么呢？就是汉语的几个特点反映在语言运用中的一些情况。我这里不是全面地讲汉语的特点，只讲跟我们讨论的问题有关的几个特点。

第一个特点，汉语词汇以单音节词和双音节词为主，没有或者极少有多音节词。古代汉语以单音节词为主，发展到后来，双音节词逐渐多起来了。在现代汉语里，双音节词占了绝对优势，单音节词相对地比较少了，但是也还有许多。所谓基本词汇的很大一部分还是单音节词，虚词很多也是单音节的。在实际语言中，基本词和虚词的使用频率是很高的。另外，正像陆志韦先生讲过的，现代汉语中许多双音节词还有单音节化的倾向。例如"鞠躬"是个双音节词，可以说成"鞠一个躬"，实际上是把"鞠"和"躬"当作单音节词来用了。由于这几个原因，在语言运用中，尤其是在日常谈话中，实际出现的单音节词还很多，至少不少于双音节词。所以说以单音节词和双音节词为主是我们这种语言的一个特点。

第二个特点，汉语把词组织成句子不靠形态手段。这里所说的形态指的是本来意义的形态，即词形变化。

　　第三个特点是，汉语把比词小的单位（"词素"或"语素"）组合成词，把词组合成词组，把词、词组进一步组合成句子，以至把句子和句子组合成一小段话，手段是一致的，无非是那么几种关系，联合的、偏正的、动宾的、主谓的等。这跟别的语言也是不同的。

　　以上三个特点并不是汉语的全部特点。先拿这三个特点来说，它们反映在语言的实际运用中有些什么情况呢？

　　第一，组合很容易。因为它没有形态的约束，单音节词、双音节词音节很少，词形很短，而且关系就那么几种，所以很容易组合。"桌子"是一个词，可以说"大桌子""方桌子""圆桌子"。用现在的术语说，就是形容词加上个名词，组合成一个偏正结构，前边的形容词修饰后边的名词。只是形容词和名词才能这样组合吗？不是。"木头桌子""石头桌子""塑料桌子"都行，前边放个名词也能组合成这样的结构。按照某种语法体系的说法，"木头"放在名词前面就变成形容词了，或者当作形容词用了。怎么知道的呢？这里的"木头"，还是"木头"，一点也没有变样子嘛！要是在别的语言里，形容词有形容词的样子，名词有名词的样子，无可争辩。可这儿的"木头"原样不动，也跟"桌子"组合起来了。至于你管它叫什么，叫名词也罢，叫形容词也罢，那是你的叫法，反正它不变样子就组合起来了。这在别的许多语言里就不行。再如"折叠桌子"，"折叠"是个动词吧？它也跟桌子组合起来了，而且也是个偏正结构，不是动宾结构。你说它是动词也罢，形容词也罢，反正它不变样子。还有"桌子腿""桌子角""长方红木桌子腿旁边"都行，可见组合很容易。组合既然没有形态的约束，于是语义关系以至于逻辑事理就要起较大的作用。只要意义上联系得起来，逻辑事理也说得过去，就能组合，否则就不能组合。

　　举一个例子。一个文件里讲到农业生产要因地制宜，有一段话的前两句说："靠山吃山，靠水吃水。"这话带有比喻的意思，并不是真的

"吃山""吃水"，而是说在山区的要发展林业等山区的生产，靠水近的要发展渔业等与水有关的生产。下边第三句，文件的起草者很讲究，说"靠草吃肉"，不说"靠草吃草"了。如果说成"靠草吃草"，就很容易引起误会，"吃肉"的意思是要发展畜牧业。为什么同样的结构，那些地方可以说"吃山""吃水"，这个地方却不说"吃草"，而说"吃肉"呢？为什么一个动词跟这个名词可以组合，跟那个名词就不能组合呢？这不是从语法角度考虑的是从语义的关系和逻辑事理的角度来考虑的。

第二，更重要的一个情况是，以上所说的汉语的几个特点，使得汉语在组合的时候，从语言艺术的角度来考虑的余地特别大，或者说，从表达效果、修辞效果的角度来考虑的余地特别大。而且，从语音上看，汉语富有音乐性。元音比较发达；在现代普通话中没有复辅音，有的方言里可能还有复辅音的遗迹，也是越来越少；每一个音节都有声调，普通话有四个声调，有的方言多一些，有五个的，六个的，以至于八个的。把这些语音方面的特点加进去，就使得我们这种语言具有较高的艺术性，所以从语言艺术的角度考虑的余地特别大。

从语言艺术的角度考虑，问题就复杂了。从语法的角度考虑比较单纯。我们学外语觉得语法真难，那些形态变化实在麻烦，也没有多少道理，"桌子"在法语里是阴性（la table），在俄语里却是阳性（стол）；"书"在法语里是阳性（le livre），在俄语里却是阴性（книга），实在没有什么道理好讲。我们学起来很麻烦，他们自己也觉得很麻烦。他们的小孩子学自己的母语，十几岁了还经常出现语法错误。所以他们有的语言学家就说形态变化这套东西是"语法性的废话"（grammatical nonsense）。可是形态变化却制约了那些语言中词和词的组合。我们的语言里没有那一套形态变化，容易组合。由于容易组合，就从艺术的角度考虑得多了。从艺术角度一考虑，就麻烦了。所以事情都各有长短，一方面看去是组合起来很容易，另一方面看去又像是用起来很难，很复杂。

大概我们的古人自觉或不自觉地意识到了汉语的这种情况，认为搞了文字学，训诂学，声韵学，在语言艺术上多下点功夫就可以把语言运用好了，所以就从语言艺术的角度下的功夫大，而不怎么多去研究语法。

这并不意味着汉语没有语法。没有语法的语言是没有的。既称为语言，就是一个民族共用的交际工具，没有共同形成、共同遵守的语言之法，它怎么能成为共同使用、共同理解的交际工具呢？汉语的运用是颇有些规矩的，规矩就是法，运用语言的规矩就是语法。不过在汉语里，这些规矩之中有两种。一种是强制性的，就是说，合了这条规矩就对，不合就错，无可选择。一种是非强制性的，可以有选择余地的。例如，在文言里，"者""也"都不能用在句子头上，只能用在句尾或者句中有顿挫处，这一条是硬性的，有强制性的。可是比较起来，非强制性的似乎更多些。仍以"者""也"为例。像现代语"甲是乙"这种句子，文言的完整形式是"甲者，乙也"，若说成"甲、乙也""甲者，乙"也都能够成立。甚至"者""也"都不用，说成"甲，乙"也行。可见"者""也"这些语法成分的用法，部分地有强制性，但是强制性并不很大。在若干场合是有选择余地的。我们再拿《史记》和《汉书》上的一些话来比较比较看。《史记·淮阴侯列传》和《汉书·韩信传》内容基本相同，里边记载韩信率兵攻齐，楚国派龙且将兵二十万救齐。有人劝龙且不要跟韩信硬拼，可以采取"不战而降"的策略，龙且不同意这种意见，说了一句话，这句话，《史记》是这样写的："今战而胜之，齐之半可得，何为止？"同样还是这句话，《汉书》却写成："今战而胜之，齐半可得，何为而止？"比《史记》少了一个"之"字，多了一个"而"字。"之""而"是纯粹的虚词，都是语法成分，却可有可无。这些成分用与不用，这么用或那么用，仔细琢磨起来，只有语气上的不同，没有语法上的差别。再用一个明显的例子。宋朝王安石的《答司马谏议书》最后一句说："如曰今日当一切不事事，守前所为而已，则非某之所敢知。"清朝严复的《译〈天演论〉自序》最后一句话，调子跟王安石的差不多，说："有以多稗空言，无裨实政相稽者，则固不佞所不恤也。"王安石那句话开头有"如"，表示假设；严复的话开头没有"如"，意思也是假设。王安石的话后头没有"也"，严复的话后头有"也"。前者加一个"也"完全通，后者去掉"也"也站得住。前者不用"也"，语气比较强硬，给人一种非常倔强决绝的感觉；后者用了"也"语气就显得缓和多了。有人说"也"有舒缓语气的作用，是有道理的。一个虚词用与不用，并不影响语法结构，区别在于给人的语感不同，产生的效果不同，语气情调不同，这就是一种语言艺术。

以上是说虚词，再说词序。词序是汉语语法的重要手段，有的规矩是绝对的，带有强制性的；有的也不绝对，具有较大的选择性。例如旧社会判案子，如果写"其罪当诛，其情可悯"，这个人大概就能活了；如果倒过来写成"其情可悯，其罪当诛"，这个人恐怕要掉脑袋。还有过去传说的一个笑话：曾国藩是镇压太平天国农民起义的刽子手，他开始跟太平军交锋，老吃败仗，于是赶快向皇帝上奏章，请求援军。他的幕僚起了个稿子，有一句说："屡战屡败。"曾国藩看了，用笔一勾，便成了"屡败屡战"。照原稿，曾某至少要受申斥，处分，甚至要打屁股，罢官。"屡战屡败"，真没出息。勾过来，"屡败屡战"，意味大不相同，不仅能搬来援军，很可能还得受嘉奖。语法关系没有变，词序一倒，表达效果就不一样了。

这类现象在现代汉语里也可以举出不少例子。比如表示时间的状语要放在动词的前头，不能放在后头，这跟别的语言不同。有的语言时间词可以放在动词后头，有的甚至一定要放在动词后头，汉语则一律放在前头。这一条规矩是带有强制性的。至于放在动词前头的什么地方，如果动词前头不止一个词，就可以选择了。在这里有强制性的因素，必须放在主要动词的前头；但又有非强制性的因素。例如："明天我们去听报告""我们明天去听报告",两种说法都行。"明天"这个时间状语有两个位置可供选择。

根据什么来选择呢?大概前一种说法最普通,后一种说法是为了突出"明天"。还有一个原因,就是跟上下文有关。如问:"我们今天休息,明天干什么?"就得回答:"我们明天去听报告。""明天"受上下文的影响,要放在跟"今天"相同的位置上。这也是表达上的要求,不是语法上的要求。这是说词序。再说虚词。"二十个学生的家长"和"二十个学生家长",用"的",不用"的"大不一样。影响到语法关系,影响到句子的内容。这是带强制性的。但是在更多的场合,这个"的"用与不用一样。差别有没有呢?有,主要是音节多一个少一个的差别。汉语在运用上常常考虑音节方面的问题,怎么听起来更协调更悦耳,说起来更顺口,常常是从这个角度考虑的。

总之,由于汉语不用形态作为手段,组合比较容易,语法比较简易,从逻辑事理的角度考虑得多,从语言艺术的角度考虑的余地比较大,于是便产生了这么一种现象:我们语言里强制性的规矩有一些,但比较少,并且不难掌握;非强制性的规矩很多,很复杂,不好掌握。如果我们这里所说的汉语的几个特点及其反映在语言运用中的几种情况还可以考虑的话,那我们再回过头来看一看汉语语法学研究的情况,或许有助于对问题的认识。

三

汉语语法的研究从《马氏文通》算起,已经八十年出头了。历史地看,《马氏文通》是很有贡献的。马建忠是个维新派。搞维新运动的那些人,提出要学西方,并且要把西方资产阶级的自然科学、社会科学搬到中国来,这在那时是进步的,因为搬这些东西是为了对付封建主义。在马建忠以前我国没有系统的、完整的语法著作,他的《马氏文通》是第一部开创性的著作，从这个意义上讲，贡献确实很大。而且，他写这部书的动机也是很好的，这在《马氏文通·后序》里说得很明白。他说："余观泰西，童子入学，循序而进，未及志学之年，而观书为文无不明习；而后视其性之所近，肆力于数度、格致、法律、性理诸学而专精焉，故其国无不学之人，而人各学有用之学。"这话显然是夸张了，外国也有"不学之人"。他看见人家能够这样，觉得我们自己搞八股那套不行，所以就写这部书。他介绍自己的书说："斯书也，因西文已有之规矩，于经籍中求其所同所不同者，曲证繁引以确知华文义例之所在，而后童蒙入塾能循是而学文焉，其成就之速必无逊于西人。然后及其年力富强之时，以学道而明理焉，微特中国之书籍其理道可知，将由是而求西文所载之道，所明之理，亦不难精求而会通焉。"可见他写《马氏文通》的动机是为了帮助小孩子很快地掌握语文这个工具，好去学科学，学有用的东西，改变老在那儿搞八股、浪费人才的状况。这是学以致用的动机，在当时能有这样的眼光是很不错的。所以从历史上看，马建忠写《马氏文通》是很有贡献的。在《马氏文通》问世以后，相继出现了一些讲语法的书，大体上都是以《马氏文通》作基础，有所修改和变动。

五四运动提倡白话文，搞国语运动。从那时候起，白话文进入了学校的教材，不过还不是很有力量，并没有占重要的地位。但是究竟还是提倡学白话，这是一个很大的进步。在这种情况下，便产生了黎锦熙先生的《新著国语文法》。历史地看，这部书也是很有贡献的。从语法学的角度来说，它是从以文言为研究对象转而以现代汉语为研究对象的第一部最有影响的语法书。之后，研究语法的人逐渐地多起来了，写了一些语法著作。三十年代后期，经过了一场"文法革新讨论"，引进了二十世纪初叶前后的西方语言学、语法学，又产生了若干语法著作，重要的有王力先生的《中国现代语法》、吕叔湘先生的《中国文法要略》、高名凯先生的《汉语语法论》等。

新中国成立之后，一九五〇年五月二十一日《人民日报》发表短评，号召大家"都来注意文法"。一九五一年六月六日，《人民日报》发表了题为《正确地使用祖国的语言，为语言的纯洁和健康而斗争!》的社论，号召人们学习语法、修辞和逻辑。并且从同一天起，连载了吕叔湘、朱德熙两位先生的《语法修辞讲话》。《语法修辞讲话》的特点主要是结合实际，重视实用，并且把语法和修辞结合起来讲。过去研究语法都还是在比较狭小的范围之内搞的，这本书把语法修辞知识普及了，作用是很大的。从那以后，其他比较重要的语法著作，如丁声树等先生的《现代汉语语法讲话》有一些新的观点；还有陆宗达、俞敏两位先生的《现代汉语语法（上册）》，都是有特点的。当然也应当提到五十年代实行汉语、文学分科教学时，经过大家反复讨论，语法学界和语文教师共同商讨，最后拟定的那个《暂拟汉语教学语法系统》和以此为依据编出的一套教科书、教师参考用书和青年自学用书。那是一个集体的产物，把过去语法体系分歧的问题在普通教学中初步地统一起来，使得普通教育的教学工作能够有一个共同使用的语法系统。总之，这八十年来，语法学界做了一些贡献，研究的成果也很多。最初先从国外引进系统的语法学，以后逐渐地、更多地注意到汉语的特点。像三十年代后期的讨论，主要就是讨论汉语语法怎样才能更符合汉语的特点，怎样才能更切合实用，那次讨论是有成果的。

回顾八十来年的历史，首先应该看到：《马氏文通》《新著国语文法》，等等，就其语法体系而论，同西方传统语法相近的地方的确太多了一些，我们不能再运用那些体系了。但是作为语法研究，还需要了解那些语法著作和它们的体系。做任何研究都不能割断历史。在研究所有那些体系的时候，我们必然会看到另一个方面，就是这八十年来，我们的语法研究，不管哪种体系，不管哪一家，共同的不足的地方就是始终没有摆脱西方语法学的羁绊。西方语法学不论哪一个流派，都是以西方语言为基础建立起来的，而西方语言是以形态变化为主要的语法手段的，这跟我们的汉语差别很大。美国语言学家爱德华·萨丕尔在《语言论——言语研究导论》一书中说："我们的结论是：所有语言都是有形式的语言。……例如，汉语没有单纯的形式成分，没有'外部形式'，但是它对于关系、对于主语和宾语的区别，定语和述语的区别等等，都显得很敏感。换句话说，它具有'内部形式'，正像拉丁语一样，只是外表上是'没有形式的'，而拉丁语是外表上'有形式的'。"（见陆卓元译、陆志韦校订本，商务印书馆 1964 年版，第 77 页）萨丕尔对我国是有过影响的。我之所以要引这句话，是想说明外国语言学家形式的观念非常重。因为他们的语言是有形式的，所以他总认为语言非得有形式不可。没有形式就硬去找形式，于是有了"外在形式"和"内在形式"之说。那些西方语言学家有的对汉语并不十分了解。他想象中汉语也得跟他们的语言一样，也得有形式。我们的语法研究工作就是始终在这种影响下进行的，说得过火一点，可以说形式的幽灵一直在我国语法学家们的头上盘旋着，我们始终摆脱不了这个幽灵的控制。正因为如此，我们就没有能够抓住汉语的主要特点。像我前边所说的，汉语的那几个特点反映在语言运用中的那些情况，我们研究汉语语法时不能不理会。我们不能不看到汉语语法由于绝对的、强制性的规矩不很多所产生的简易性。请设想一下，任何一种西方语言的语法书，包括形态脱落得最多的英语语法书在内，倘若把涉及形态的部分统统删去，还会剩下多少东西？可是，我们又不能不看到汉语在运用中由于非强制性的规矩很多，艺术性很强所引起的复杂性。最近，郭绍虞先生的新著《汉语语法修辞新探》出版了。里边说，汉语语法的简易性和复杂性是结合在一起的，既有简易性的一面，又有复杂性的一面。我完全同意这个看法，认为是很有见地的。不过对复杂性这一面，我不认为都是语法问题，里边包含着不少非语法的因素。正因为我们对汉语的这些特点没有抓住，所以始终没有建立起具有我们自己特点的基本上准确的描写语法，当然也就不能在描写语法的基础上建立起教学语法。关于描写语法和教学语法的关系，赵元任先生在他的近作《中国话的文法》里有一段论述，我觉得是很对的。他说：教学语法常常是要来叙述什么是对的，什么是不对的，什么是合乎语法的，什么是不合乎语法的；而描写语法不是这样，它主要是叙述一种语言的事实，并不去对这些事实作出价值的判断。不过这种区别实际上主要是叙述的形式和相对的重点的差别，而不是内容的差别。叙述的形式，一种是描述的，重点在于把它描写清楚；一种是讲怎么合乎语法，怎么不合乎语法，重点在于怎么运用。由于我们没有建立起具有自己特点的描写语法和教学语法，就产生了这样的后果：一是汉语语法始终叫人觉得难学，学了之后好像用处也不大。我们中国学生学语法有这种感觉；外国学生通过学习语法著作来学习汉语也有这种感觉。外国学生觉得汉语比他们的语言难学。其实不然。汉语同他们的语言比较起来，在学习的初级阶段，在一些基本的方面是容易的，因为汉语没有他们语言的形态变化那个大包袱，基本语法是简易的，组合很容易，他们语言的组合就不这么随便。像前边举的"桌子"那个例子似的。学习汉语有没有难处呢？有，难在学透。真正从语言艺术来考虑，从语言表达效果来考虑，那就复杂多了，难多了。把基本的东西和非基本的东西杂糅在一起，所以让人觉得规律很难掌握；而那些涉及表达效果的东西又没讲透彻，所以让人觉得学了没有用，不解决问题。给人难而无用的感觉，正是因为我们没有准确地反映出汉语的实际情况的缘故。另一个后果是，产生了语法体系的严重的或者说过分的分歧。语法体系有分歧本来不足为怪，学术上完全可以有不同的体系，不同的观点存在；但是分歧到像我们这样的程度，的确是过分了。打个比方来说，生物学也有不同的流派，不同的体系，但其分歧毕竟是有限度的，比如从水里捞出一条鱼，一个专家说，这是鱼头，那是鱼尾；另一个专家总不会有相反的认识吧？我们语法学界就能分歧到这样的程度。对一个句子，甲说这是主语，那是宾语；乙说不，这是宾语，那是主语，叫宾语前置，宾踞句首。分歧到这样的程度就过分了。五十年代搞了个《暂拟汉语教学语法系统》，暂时统一了一阵子，现在又分歧了。有分有合，有合有分，分了合，合了再分，这是发展的正常现象，不过分歧得又似乎厉害了一点。为什么会有这种过分分歧的现象呢？恐怕也是因为我们的语法著作没有反映出汉语特点的缘故。

四

如果真正考虑到汉语的特点，恐怕汉语词类的划分就应该重新考虑。如上所说，我们的古人没有系统的语法著作，但是并非完全没有语法观念，包括词类的观念。我们古人进行语言训练的传统办法是对对子。对对子时要讲什么词对什么词。那时叫作字，字与词的界线那时是模糊的。他们首先把字分为实字、虚字和助字三大类。不过他们说的实、虚跟我们现在说的实词、虚词的概念不同。所谓"实字"，主要就是名词；"虚字"又分"虚死""虚活"。"虚死"就是形容词，因为它不是动的；"虚活"就是动词。当然我不是说汉语的词类就应当分成这么四类，但是古人的作法不是不可以参考的。很多人早已发现动词、形容词交错得很厉害，好些是划不开的。最近，吕叔湘先生在《汉语语法分析问题》一书中，就想把动词、形容词合到一块儿，不过合起来还要再分小类。我现在提不出一整套划分词类的办法，但是我总怀疑，是否非得以形态为依据，是否非得分出那么八类、九类、十类不可呢？我觉得可以从汉语的实际出发，作一些认真的研究探讨工作。

我们现在还常常用现代汉语的观点去解释古代汉语，说古代汉语词类活用的特别多。究竟是活用呢，还是原来就是那个样子呢？"学而时习之""学然后知不足""吾十有五而志于学""好学近乎知"……究竟"学"是动词可以活用为名词，还是"学"是名词可以活用为动词？好像很难说。柳宗元《黔之驴》中有一句话，说"驴不胜怒，蹄之"。这里的"蹄"是名词活用作动词呢，还是原先它就是那么用的？这个"蹄"字能够用别的动词去替换吗？名词、动词之间的界线尚且如此不清楚，更何况动词、形容词之间？在近现代汉语里，名词、动词似乎分工比较明确了，虽然仍旧有拉拉扯扯的现象。至于动词和形容词，简直是"你里有我，我里有你"，简直打不利落，在古汉语里就更不用说了。恐怕许多词是逐步逐步地分化的。耶斯泊森有一个理论，说原始语言综合性大，形态变化多，所以每个词多半很长；语言越进步，分析性越多，形态越来越脱落，词也就越来越短，所以英语就是很进步的语言，而汉语则是最进步的，因为它的形态变化几乎脱落光了。我不大想为我们汉语接受这种恭维，因为我不太相信这个理论。我不大相信原始人比现代人的头脑更复杂，"范畴"更多，恐怕是相反。我也不大相信形态多少、综合性或分析性大小是语言进步或不进步的标志，恐怕是不同的语言各有其不同的语法手段。事物的发展都不是那么笔直的，而往往是曲折反复的。《三国演义》开头说："话说天下大势，分久必合，合久必分。"如果说这句话用之于"天下大势"，带有点历史唯心主义的循环论的味道，那么，用之于词类的分合也许有点相近。恐怕原始语言比较简单，词类的区分也不那么细，后来逐渐分化，逐渐产生了许多变化，有的分化得多一些，有的分化得少一些。分来分去，太细了，又倾向于合，合多了用起来又不方便了，于是再分。是不是汉语基于它的特点，在有文字记载之后的这三四千年中，在词类的分化上，到了一定程度就不再大分了呢？古汉语中的数词后边可以带宾语，甚至可以单独作谓语（"人一能之吾十之""如是者三"），现代汉语就不大有这种情况了。古汉语中名词甚至专有名词的后边可以带宾语，可以单独作谓语

（前边有例，略），现代汉语也不大有这种用法了。可见，名词、数词和动词、形容词基本上区分开了。在现代汉语里，数词几乎总得和量词合在一起来用，至少在这一点上，名词和数词也区分开了。可是动词和形容词始终分不大开。名词和动词、形容虽然大体上区分开了，可是拉扯不断的情形仍旧有些。我这里只是举几个例子把问题提出来，至于汉语词类究竟应该怎么划分，词的组合、句的构成究竟应该怎样分析，大家可以共同研究、探讨。总之，大概只有建立起具有自己特点的基本准确的描写语法之后，汉语语法体系的分歧问题才能趋向于解决，否则恐怕是解决不了的。

英国十九世纪末有一个东方学家名叫塞斯（A. H. Sayce，1846—1933），他在英国《大百科全书》第十一版《语法》条中说："要是你不把欧洲语法的那些名称术语连同那些名称术语所表示的概念一起抛弃的话，你永远不会了解汉语语法。"这句话说得也许有点过头，但是很值得重视。我们自己的语法学家也讲过同样意思的话。二十年代有位陈承泽，他在《国文法草创》里就说过，研究汉语语法有几件事值得注意：其一，"说明的非创造的"，就是去说明客观存在的语法现象，而不是头脑中凭主观想象去创造语法规则；其二，"独立的非摹仿的"，就是要去搞具有自己特点的汉语语法，而不是只去摹仿西方语法；其三，"实用的非装饰的"，就是研究语法的目的是为了应用，而不是为语法而语法。陈望道先生在《中国文法革新论丛·序言》里说：研究语法应该"根据中国文法事实，借镜外来新知，参照前人成说，以科学的方法严谨的态度缔造中国文法体系"。我看这话说得相当全面，我们完全应当这样做。大概在这样做了之后，可以逐渐解决汉语语法学起来难，学了以后又不大管用的问题，而语法体系过分分歧的问题也就会逐步得到解决了。

五

最后，说一说现在怎么办和今后怎么办的问题。

现在，语法体系又分歧起来了，这是好现象。沉寂了一段时间现在应该再来讨论一番，争鸣一番。在体系分歧的情况下，我们的语法教学应该怎么办呢？目前大家采用得比较多的还是《暂拟汉语教学语法系统》，有的以这个系统为基础，作了这样那样的修补。我看教学中用哪种体系都可以，重要的是要在应用上着眼，不在体系上着眼，不在名词术语的解释上着眼。比如"是"后边带上个东西，这叫什么？当年讨论"暂拟系统"的时候争论很大。那时有三种权威说法：一种把"是"叫"同动词"，"是"后边的部分叫"补足语"，这是黎锦熙先生体系的讲法。另一种把"是"叫"系词"，"是"后边的部分叫"表语"，这是王力先生体系的讲法。第三种把"是"叫"动词"，"是"后边的叫"宾语"，赵元任先生就是这样讲的，丁声树、李荣诸位先生的《现代汉语语法讲话》采用了这个讲法。对这三种讲法，"暂拟系统"都没有采用，而是把"是"叫作判断词，"是"跟后头的部分合起来叫作"判断合成谓语"，于是就这样叫下来了。现在动词宾语说比较风行，有的地方仍旧用"判断词""合成谓语"的说法。依我说，再重新讨论一番也好，在教学中反正要从应用上着眼。重要的是"甲是乙"，甲必须是乙；如果甲不是乙，你说成"甲是乙"，无论叫动词、宾语也罢，叫判断词、合成谓语也罢，叫系词、表语也罢，这个句子总是错的。只要甲确实是乙，你说"甲是乙"，不论管它叫什么名称，这个句子总是对的。在教学中要告诉学生说："甲是乙"这种句子的基本用法有两个：一个是甲和乙是相等的、同一的关系；一个是甲属于乙。比如说"牛是动物"，"动物"是一个上位概念，"牛"是一个下位概念，"牛"属于"动物"这个范围。基本用法就这两条，另外有些特殊说法、习惯用语可以不合乎这两条。特殊的说法只能在特定的语言环境中说。比如三个人订了三份不同的报纸，送报的同志问："你们都订了什么报？"一个人回答："我是《人民日报》，他是《山西日报》，他是《太原日报》。"只是在这种特定场合，特定的语言环境中说。没有特定的语言环境，这个说法是不能成立的。我们在教学中就要把什么是一般的，什么是特殊的向学生讲清楚。习惯用语，例如"这个茶杯好是好，就是太贵。""好是好"就是习惯用语，"是"在这里表示"虽然"的意思。要紧的是向学生讲清楚这些地方。无论是教汉族学生，还是教少数民族，或是教外国的学生，都应该把重点放在这些地方，不要引导学生在名词术语等问题上去纠缠。

据我所接触到的来看，现在所谓语法体系分歧中的各种说法，各种争论，大概在讨论"暂拟系统"时没有涉及到的不多。比如"能、会、敢、肯"等词究竟叫什么？跟它后头的动词的关系是什么？那时争论过。有人把这些词叫"助动词"，有人说它做后边动词的修饰成分，有人说后边的动词是它的宾语，大家相持不下，所以"暂拟系统"就搞了个"能愿合成谓语"的说法。兼语式也叫递系式，这种句式跟主谓词组作宾语的句式，跟连动式怎么区别？那时也争论过。还有"台上坐着主席团"，有人说"台上"是主语，有人说主席团是主语，"暂拟系统"认为这是无主句，"台上"是表示地点的状语，等等。"暂拟系统"吸取了各家的说法，比如关于动词、形容词的名物化用法，那是有所变通地吸取了黎锦熙先生的讲法；关于无主句、独词句等，是吸取了高名凯先生的讲法；关于"兼语式"是采取了王力先生的讲法；关于词的定义、单句复句的区别，主要是采取了吕叔湘先生的讲法。吸取各家的讲法融合在一起，融合之中还要设法不要使自己自相矛盾。选择哪一种讲法还得照顾到语言的结构方面和意义方面，既不能只管结构完全不管意义，又不能只从意义来考虑而不管语法结构。另外，还采取了一些折中调和的办法，像"判断合成谓语""能愿合成谓语"就是如此。

我觉得，现在我们先在语法教学里多从应用方面着眼，慢慢地经过研究、讨论，把可以一致的地方一致起来。再往前，我们要做一些根本性的工作，就是真正设法建立起具有我们自己特点的、基本准确的语法体系。我设想，大概我们的汉语语法体系是比较简单的，也许将来我们编一本语法书比现在所有的语法书都薄，因为它比较简易。另外，还要编写另一种书，讲语言运用的书。内容应该是我们所说的有灵活性、选择性、非强制性的那些东西。它不限于讲语法规律，还必然涉及修辞的内容、逻辑的内容。把这些内容融合起来（是"融合"，不是一块一块地摞在一堆），创造出具有我们民族特点的有实际意义的一门新的学问。它相当复杂，但是相当有用，我给它起了个名字叫"词章学"。从六十年代起，我就提出可以建立"汉语词章学"这么一门学科。在我们的历史上，这方面的经验很丰富，但是资料比较零碎、庞杂，见于古代文人的诗话、词话、文话，笔记小说，诗文评之类，其中也是精华和糟粕并存，需要好好爬梳整理一番。这里包含着根据汉语特点运用汉语的丰富经验。我们运用现代科学的方法对这些资料加以研究，并且结合现代汉语运用的实际，"汉语词章学"是可以建立起来的。这样的书大概要比现在所有的语法书都厚得多。我们可以缩写出各种不同的本子——大型的，中型的，小型的；详本，略本，等等，以适应各种不同对象的用处。这种书对于人们学习汉语、运用汉语会有更多的实际的帮助。我个人正在从事这方面的探索，希望主观客观条件容许我在不太长的时间里拿点实在的东西出来向前辈和同道们请教，不要"雷声大，雨点小"，"只听楼梯响，不见人下来"。先开出这么一张"支票"，希望它不成为"空头"的。

至于语法书，要讲根本规律，也就是那些带有强制性的规矩，掌握这些根本规律对于本国人，外国人都有用。这个设想，我也在探索中。

做语法研究工作要参考外国经验。现在有人搞结构主义以至转换生成语法。我听见了一些非议之辞。我个人觉得，拿来参考参考，做一些试验，未尝不可，未尝不好。除了参考外国的经验，对我们前人的经验也应注意。主要是从我们自己语言的实际出发，对汉语多做一些实际调查，然后参考过去八十多年的经验和教训，真正建立起汉语的语法体系。对于现在的语法体系修修补补，理理改改，我觉得是需要的，但是要花太大的力气，在现在体系的基础上搞出点大名堂来，恐怕会是事倍功半，结果无非是在体系分歧之中再多生出几个新的分歧而已。总之，毋宁在现有体系的基础上修理修理，先在教学中使用着，同时大搞基本建设，搞比较深入一步、提高一步的研究，真正建立起我们自己的既有理论根据又切合实用的语法系统。马建忠写《马氏文通》的动机是很好的。我们应当比马建忠的见解、能力都更高，更强，他没有实现的愿望我们应该去实现，也必然能够实现。这样做对于帮助我们的下一代学好语言，早一点掌握好这个工具去学科学、学技术、搞现代化的建设大有好处。这是我们语文工作者应当做出的一点贡献。我愿追随诸位之后，为此努力。

（这是 1980 年 1 月 18 日张志公先生山西省语言学会组织的学术报告会上的讲话，由山西大学中文系现代汉语研究生根据录音记录，《语文研究》编辑部整理，并请张志公先生审阅后，载于《语文研究》1980 年第 1 期，第 8—18 页）

关于建立新的教学语法体系的问题

近来，关于现代汉语语法的研究，学术空气很浓，很多同志提出各种不同的观点，首先反映在一些高等学校的教学之中和所编的教材之中，以及一些科研单位的同志发表的论文之中，这些不同观点必然会在中小学的教学和社会上其他有关方面反映出来。这是一种很好的形势。在这种形势下，各级学校不少教师都希望在教学方面建立一个基本上共同一致的语法体系。他们认为，有了这样一个体系用之于教学，在语法的学术研究方面就可以更加放手地去探讨各种语法理论，互相讨论以至争辩，而不必顾虑这样做会给教学带来混乱、造成困难了。所以教学体系的相对一致性对于学术上的百家争鸣是有利的，这样更容易出成果。学术上的百家争鸣出了成果，回过来又有利于进一步改善、充实教学体系。一个统一的教学语法体系，一个语法研究中的百家争鸣，这两者相辅相成，相互为用，既有利于教学，也有利于学术的发展。在这一点上可以说，一致性和不一致性是辩证统一的。全都不一致，你这样教，他那样教，教学工作就会乱，都一致，连学术研究也完全跟着教学体系走，不争鸣，就框死了，这门科学就不易发展了。因此，决不能偏于一方面而忽视另一方面。我个人觉得，这种看法是正确的。

　　说到教学语法体系如何谋求一致，意见大致有三种：一种意见认为，二十世纪五十年代建立的"暂拟汉语教学语法系统"，经过二十多年教学实践的检验，证明是基本可行的，教师比较熟悉，学生也比较容易接受，因此，可以以"暂拟系统"为基础，稍加修改，不作大的更张；另一种意见认为，"暂拟系统"大体上是可行的，但是需要作大幅度的修改，还有一种意见认为，"暂拟系统"从五十年代到现在已经二十多年，语法学有了新的进展，不能以那个系统为基础，修修补补，而应该彻底推倒它，建立一个全新的更科学的教学体系。我觉得，这三种考虑都不是没有根据的，都有可取的方面。因此，这三种办法究竟采取哪一种，有待于大家商讨，我个人没有定见。不论用上述哪一种方式，建立一个大家共同使用的教学语法体系，恐怕都需要对以下几点适当加以考虑。

　　第一，作为一个体系（或称系统），首先要有科学性。要求这个体系根据我们今天所能认识到的是比较科学的。所谓比较科学，指的是互为表里的两个方面：一是这个体系比较准确地反映汉语的实际，在理论上是言之成理的，站得住脚的；一是能够把对汉语的认识以及它的理论根据比较准确地表述出来。我国的语法研究，从马建忠开始算起，至今不过八十多年，历史还很短，是一门比较年轻的科学。从《马氏文通》直到今天，对汉语语法的研究，从概念、术语到方法，基本上都是从国外引进的。所引进的这些东西，不论是对某种语言的语法的具体论述，或者是对于一般语法理论的探讨，都没有或者很少把汉语考虑在内，没有把汉语作为建立理论的基础。而汉语在世界各种主要语言中，具有较大的特殊性。因此，建立一个比较科学的汉语语法体系，是一项相当艰巨的工作。我们过去已经做过的工作和今天正在做着的工作，都带有开创性，应该说是披荆斩棘，很有成绩的。但是也不能不看到，我们要走的路还很长，一蹴而就是不可能的。

事物是不断发展的，人们对客观事物的认识是无止境的，而认识的道路并不是笔直的。随着事物的发展和人们对事物认识的加深，过去认为是科学的理论表述，今天看来可能不够了，从"金、木、水、火、土"到元素，到分子、原子、电子、基本粒子，以及爱因斯坦的"相对论"，动摇了牛顿三定律，就是一些明显的例子，过去曾经认为是有道理的，后来认为那种道理是不科学的，而今天又证明过去的那些道理之中，是有些科学根据的，这种情况也是有的，中医、针灸、气功，等等，就是一些明显的例子。所以，对于任何事物的认识以及对这种认识的表述，也就是说，科学的进展，既有一个一个不同阶段的不断向前发展以至于飞跃，后一阶段区别于前一阶段，高于前一阶段，又有历史的连续性和进展的曲折性。人类已经生存了若干万年，从有了近代和现代的生理学、病理学、解剖学以及各种检查、化验的手段以来也已经有几个世纪，可是至今我们对于人的生理、病理的许多问题还闹不清楚。另一方面，传说式的古代外科"神医"，直到近年我们才知道他们并不"神"，而是那时就会使用基本合乎科学要求的麻醉剂了；近年我们又不断发现，几百年前的李时珍对某些药物的性能的叙述竟然是与用现代手段进行分析的结果那么相近。语言，尽管我们和它朝夕与共，彻底认识清楚也并不是十分容易的。因此，对于教学语法体系的科学性的要求，只能是尽我们今天认识达到的程度来说。否定什么，肯定什么，都要有尽可能充分的根据，作尽可能全面的考虑，慎重从事，避免武断、片面，避免简单化和绝对化，因为这些态度是不科学的。

第二，作为一个科学体系，要注意到它的时代性。我们现在是在二十世纪八十年代来探讨建立一个汉语的教学语法体系的问题，我们的头脑里不能没有"八十年代"这个概念。由于十年内乱使我们的许多工作陷入混乱或停滞状态，我们往往有一种倾向，认为回到五十年代或者六十年代初那个时候去就很好了。这不仅在教学语法问题上，在教学的其他方面，以至于在教学工作以外的其他工作方面，都不同程度地有这种倾向。这种想法是可以理解的，然而是不可取的。历史在前进，科学在发展，我们不能满足于曾经取得过成绩的过去的某些作法，要跟着时代前进。说到时代性，首先是上边说到的科学性。这是个科学急速发展的时代，只有重视科学才符合时代的要求。有两点是特别值得我们重视的：一是语言的研究和学习，包括语法的研究和学习，越来越多地同现代化科学技术，例如人机对话、机器翻译、信息处理以至于人工智能等等发生了联系；一是现代科学（包括自然科学和社会科学）在向多科性的方向发展。在我们致力于建立一个新的教学语法体系的时候，不能不考虑到这种形势。我们现在建立起一个体系教给各级学校的学生，他们按照这个体系学会了这些知识，是要在几年乃至十几年之后去应用的。到那时，他们将面临许多新的要求。因此，只用一些旧的知识、技能来装备他们是不够的。我们在探讨一个新的教学语法体系的时候，头脑里不能不放进这样一个观念。但是在目前，我们主观上对上边这些进展还缺少研究，还很不熟悉；客观上还缺少许多物质条件；在一般的实际工作中，还没有产生上述这些需要的迫切感。因此，我们既要注意到语法体系的时代性，又不能脱离当前的现实操切从事，许多问题还只能列入研究的项目，不具备列入实际应用的条件。立足于现实，着眼于未来，大概这个精神也适用于建立教学语法体系这项工作。

第三，作为一个教学体系，应当具有教学性。教学语法同理论语法或描写语法既有联系，又有区别。理论语法和描写语法是教学语法的基础，教学语法是对理论语法和描写语法研究成果的普及、推广和应用，同时也是对理论语法和描写语法的验证。一个教学语法体系，应当注意到它的教学性，包括可接受性和实用性。可接受性，是指这样一种体系，它的整体的内容以至各个组成部分，它的内容以及表述方式以至于所使用的概念、术语、符号等等，它对语言所作的分析以至对运用这个体系的人提出的要求，都容易为教者和学者所接受，并且易于掌握。应当尽可能的简易，不宜烦细。应当在不违反科学的前提下，力求通俗、浅显。在能够准确地说明和分析语言现象的前提下，要力求避免过于抽象，过于理论化，避免晦涩难懂。要力求做到大学生不觉其浅，小学生不觉其难。语言本来是非常切近于人的生活的，每个人从小就学会听、说母语，但是其中确实有一些规律性的东西，是从小使用这种语言的人并没有自觉地掌握了的。因此，教学语法要使学者感到语言需要学，不因其切近生活，早已会用而轻视或放松对这种语言的理性认识的学习。然而，它毕竟是一种切近生活的东西，决不能使学习者感到这种语言本来能够熟练地运用，学了语法之后，反而越学越糊涂。

实用性，是指按照这样的体系学了语法，确实有助于学习者更好地运用语言，也就是说：有助于提高他们的听、说、读、写的能力。就我们当前的实际情况而论，很重要的一点是要使语法教学有助于推广普通话，促进现代汉语规范化，要使学习者不仅知道我们的语言中有些什么现象，不仅知道什么是什么，更需要使他们知道怎样说、怎样写是可取的，怎样是不可取的，为什么，怎样说、怎样写是比较好的，怎样是比较差的，为什么。换言之，要使教学语法对于学习者确实有点用处。

可接受性和实用性是相互为用的，可接受才能实用，实用才更好接受。可接受性和实用性不是很容易做到的事情，需要下大功夫，花大气力去探索。教者本人对语言掌握得不充分，不具备足够的理论知识和素养，就不容易教得使学习者感到易于接受而又能实用，或者仅仅凭着朴素的经验也能够做到，但是这样做到的往往不是有充分把握的、很科学的，并且对于发展学生的智力，提高学生的学习能力，可能帮助不大。相反，不从可接受性和实用性着眼，那样进行理论研究和探索，即使这种理论研究和探索的成果不容易普及和推广，也失去了或至少减少了用实践检验自己的研究成果的机会，从而使自己的理论研究成果的可靠性缺少了一个重要的依据。因此，把理论研究和教学研究分割开来，甚至对立起来，各搞各的，互不相谋，甚至于彼此轻视，研究理论的说研究教学的是搞些卑之无甚高论的幼稚的东西，不屑一顾，研究教学的说研究理论的是不务实际，好高骛远，毫无用处。这两种看法，都是不可取的。吕叔湘先生在中国语言学会成立大会上的讲话，以及在华中师院向中文系师生的讲话，都谈到了这个问题，值得我们重视。

第四，作为教学体系，要有群众性。教学语法体系涉及的对象范围很广，它面向数以百万计的教师和以千万计的学生，因此，建立教学语法体系要有群众观点。这和个人或者少数人作某种专题的研究或者新的理论、观点、流派的探索，性质是不同的。群众所熟悉的，认为行之有效的，除非已经充分证明是错误的东西，不宜轻率地改变；群众所不熟悉的，还没有充分的把握断定确实是正确的，必须采用的，而是还在探索、试验之中的，可以让群众了解以至于在比较小的范围内试行，但是不宜遽然要求所有的人接受；群众所熟悉的，已经充分证明其为错误的，而一种新的认识已经有充分的根据证明是正确的，那就应当采取有效的办法，宣传、普及，使群众逐步能够理解它，接受它。正如地球围绕太阳运行这个学说刚刚提出来的时候，群众是不肯接受的，宗教界甚至是打击、压制的。然而，已经有了充分的依据断定这个学说是正确的，科学家们不惜任何代价地坚持宣传它，终于使它被群众所接受，成为共同相信的常识。换言之，建立教学语法体系，心目中要有群众，要为群众着想，要使建立的体系为群众所用，但是也不能完全迁就群众。这是科学工作者和教育工作者应当共同担负的一项严肃的责任。在这里，我想到了"曲高和寡"这个话。"曲高"的确往往或者可能"和寡"，至少在一个时期之内，在一定的范围之内是"和寡"的。所以我们决不能因为对某种"曲"的"和者寡"，就遽然排斥这种"曲"，认为它荒诞不经。要认真地分析它，研究它。对于新的"曲"，我们首先应当持欢迎的态度。另一方面，作曲者、奏曲者如果确信自己的曲是高的，就不应该安于"和寡"这种状态，而要以自己的工作，力求达到"曲高和众"。再则，"曲高"固然往往"和寡"，可是"和寡"不能证明其"曲"必"高"。用"和者寡"来证明自己的"曲高"，这种证明是没有力量的。

最后还想说一个想法：教学中需要有一个共同使用的体系，然而，第一，就教学工作而论，体系是工具，不是目的；第二，科学体系不是法律，没有也不应当有绝对的强制性。如果大家能够接受这个想法，那么，对于建立一个基本上一致的、共同使用的教学语法体系这件事也许可以不看得十分严重，因而也就不会十分困难了。在探讨建立新的教学语法体系的工作中，要力求各个有关的方面协同工作，使大家能够共同前进，共同提高，使这项工作对语法科学的发展，对语法教育工作的发展，起更大的推动作用。

（本文是由黄成稳根据讲话录音整理成文的，原载于《中学语文教学》1981 年第 6 期）

汉语语法的再研究

首先提一个问题：为什么在马建忠以前中国没有系统的语法、语法学、语法著作、语法研究？（这个"语法"，就是我们现在熟悉的：词类，句子成分，单句，复句等等。）古代的希腊，印度，早在纪元前几世纪就有了他们的语法学。而我们中国，人文工艺都曾经领先于世界，为什么独独中国没有产生过这样的语法学？

我想，是因为中国人一直没有感觉到需要，所以就不去研究它，所以就不可能产生这样的学科。如果进一步问：为什么我们没有感到这样的需要呢？以下就是我的一些不成熟的看法和推论。我认为语言诸要素当中，无论针对语言事实本身，还是针对语言所体现的交际功能来说，第一位的因素是语汇，而不是语法。语言功能，无非是交流信息，或者说表情达意。这"信息"和"情意"的载体，正是语汇。这种认识和分析，应该适用于任何一种语言。而汉语由于自身的特点，这种认识和分析显得尤为重要。

北京孩子管交际受阻、张不开嘴，叫"没词儿了"。可见有词儿没词儿，比什么都重要。普通话说"你先走"，广东话说"你行先"。语序颠倒，但照样能明白。大街上的广告："齐洛瓦电冰箱百货大楼有售。"什么叫"有售"？"有"是动词，"售"也是动词，这算什么组合？什么语法关系？这本是广东说法，但大家都懂，都接受，所以各处都用开了。

大家都把语音、语汇、语法并列为语言的三要素。我对这个提法表示怀疑。我认为这三者并非处于同一平面上。我认为第一个层面是语汇，这是概念、思维的物质基础，是信息的载体。第二个层面是语音和文字。此二者把语言的交际过程现实化，前者形于口语，后者成为书面语言。近年来，研究语言的有忽视文字的倾向。其实文字的创造可以看作人类的第一次信息技术革命，它极大地扩大和加强了语言的表达功能，其效果是难以衡量、计算的。人们对此往往估计不足。语言的第三个层面是语法。有了语汇，总还须要组合，这就要讲组合的法则，这就产生了语法。

由于语汇、文字在语言诸因素的地位很重要，更由于汉语缺乏通过形态来表现的相当复杂的、外在的语法条例和规则，所以我国古代学者把注意力集中在最迫切需要的方面，搞起了文字训诂之学。我国学者一开始就把注意力集中于语言较深的层面，这是很有眼光的，至今仍然领先于世界。我国古代文字训诂之学形成了独特完整的理论、方法和体系，与希腊、印度一起，形成早期世界语言学的三个中心。两汉以后，由于翻译佛教经典的推动，又搞起了音韵之学。近百年来，才引进了西方的语法学。

"传统的文字、训诂、音韵之学，属于前科学的范畴"。这又是一个流行的观点。我对此历来未敢苟同。历史长河是无尽头的，科学的发展也是无止境的。任何光辉的科学成果总会被后人所超过。"后之视今，亦犹今之视昔"。在无尽止的、不断更新的历史中划定一条鸿沟，并以此划分科学与前科学的界限，这种做法本身就是不科学的。

至于语法，我把它放在第三个层面。时至今日，我们对汉语语法的本质，了解得并不清楚。我这里提出对汉语语法要"再认识"，就是说对一些根本性的问题，还须要做进一步探讨。

随着科学的发展、信息技术的突飞猛进，语言学领域的一些基本概念也随之须得更新，一些基本法则可能也要从新估计。比如我们历来都说，语言是人和人之间互相交际、交流思想、达到相互了解的工具。这里所说的交际功能，是语言的原始功能，指人际的、面对面的交际。而今天，人可以和海底交际；可以和太空交际；人不仅同人，还可以同机器交际；语言不仅可以转换为文字，还可以转换成数码和公式，等等。在这种情况下，我们对语言的功能、语言的定义是否要作一番新的考虑呢？

对待现代汉语语法，就更加需要跟现代科技的进展联系起来，对它进行更加深入的，更为切合汉语实际的研究。例如现在讲语法，讲究搞切分，不断地一分为二，一直切割到最小。但用之于计算机，就不是分得越碎越好。计算机比较擅长识别和理解大一点的语言单位，而很难分辨碎小的部件。比如专有名称"中华人民共和国"，作为一个单位来处理，只用一个数码代替，就比较好办。如只出现一个"中"，是"中华"的"中"，或是"钟表"的"钟"？机器就难以判断。

再研究，并非蓄意标新立异，而是现实生活提出了需要。再研究，也并不意味着否定前人的一切成果。我们感谢马建忠为代表的老一辈学者率先引进了西方的语法学体系，我们充分肯定他们巨大的历史功绩。但事情并非到此为止。作为后人，我们有我们要干的事，我们要完成我们的任务。引进之后，应该进一步消化，改造，创造出适合我们民族特点的，可以算做是我们自己的一套来。

以印欧语系的语言为基础而产生的语法框架和语言学理论，从根本上同汉语不相适应。印欧语都是形态语，所以他们的语法框架照例包括形态学和造句法两大部分，尽管两部分内容有时相互交错。这个框架从根本上说是不适用于汉语的。汉语本身是"非形态语言"。形态语和非形态语是明显不同的两种语言体系，我们应当理直气壮、明白无误地确认汉语"非形态"这一事实，从而有勇气打破印欧语的语法框架，探索和建立汉语自己的语法体系。但摆脱传统观念是困难的。人们的研究工作，似乎总在自觉或不自觉地弥补汉语无形态的"缺憾"，在那里用心良苦地寻找，发现汉语的"广义的形态"，或"不太严格的意义下的形态"。这是否是一种先入为主的"凡语言必有形态"的观念在作祟呢？难道凡语言必有形态吗？这是从归纳语言事实的基础上得出的科学结论吗？至少没有把汉语考虑进去。

从形态语和非形态语对立的角度去观察，就会发现汉语和欧洲语言有许多根本不同的性质和现象。这种观察和思考，有助于我们在汉语语法的研究中别开新的生面，有助于我们对一些传统的、先入为主的观念进行反思。

从历史的观点看，英语的形态已日趋脱落和简化，但英语仍然有形态，因而保持了形态语言的基本特征，因此，汉语和英语词类的语法功能就有很大差别。英语的名词可以很方便地拿来作动词用。例如："to water the flower"（浇花），名词"水"直接用成动词。为什么呢？因为它有形态。每当变化的时候，它就按动词的规则来变化。如："She watered the flowers"（她浇过花了）。有了"ed"，就有了形态标志。就比如花木兰，本是闺中女子，一旦穿上甲胄，她就成了男人、士兵、元帅。这样的例子还很多，例如扔石头去打一个东西，可以说"to stone it"；用电烙铁烫衣服，可以说"Iron the shirt"。一则小故事说，一个孩子老缠着父亲，嘴里不断"爸爸、爸爸"地叫，叫得父亲心烦，于是父亲说："Don't papa me all day long!"这些说法汉语可以吗？"石头它""铁衬衫""别爸爸我!"这成什么话呢？

相反的情况是，汉语的动词、形容词可以很方便地放在主语或宾语的位置上，可以当成名词来用。例如我们既可以说"学习语文"，又可以说"语文学习"，两个"学习"有什么不同？又比如，我们可以说"方桌子"，又可以说"木头桌子"，还可以说"折叠桌子"。"方""木头""折叠"分别是形容词、名词和动词，但却出现在相同的位置上，充当相同的句子成分。英语里面却不行。因为英语的名词、动词和形容词分别有不同的形态特征。英语要把动词拿过来当名词用，一般就得在原形动词前加个"to"，变成"infinitive"（动词不定式），或者在尾巴上加个"ing"变成"gerund"（动名词）。例如"折叠桌子"，英语大概就要说"folding table"。

英语的名词、动词和形容词由于各自具备不同的形态特征，所以它们的区分界限一般是很清楚的。就是在"跨类"或"兼类"的情况下，也是履行了"合法程序"，因而是"手续完备"的。汉语却不是这样。汉语的"动词""名词""形容词"的界限本来不那么清楚，而且进行英语那样的词类区分，实际意义也是不太大的，因此汉语的词是否有必要按传统的做法那样，分作八大类或九大类，这也是值得重新研究的。

说到这里，可以探讨一下所谓汉语自身的语法规则到底是指什么？我认为它既不是通过形态表现出来的语法规范和条例，也不是用语序虚词就能包纳尽罄的东西。它实际上就是汉语各级语言单位加以组合和使用时的一些规则。这种规则可分为两类。一类是强制性的规则。所谓强制性规则是说非这样用不可的规则。这类规则如加以归纳整理，可以预见是数量有限，不会很多的。第二类规则是选择性规则。有些规则一般来说应当这样用，但在一定条件下可以变通，这样就有选择的余地。或者说同时存在着几种相近或相似的表达公式，可供选择，可以替换。相似与相近之间，又存在着微妙而复杂的差异，在语法、逻辑、修辞、语气等诸多方面表现出来。如何选择，虽不一定涉及正误的问题，却有优劣、巧拙、高下之分。这一类规则可以预料是数量很多，而且相当复杂的。汉语的灵活、丰富、准确、多变的特点都表现在这里。这是使用汉语时的要点和难点，也是研究汉语时的要点和难点。

这就是我对汉语语法的理解，它是各级语言单位的组合法则，把小单位组合成大单位，而不是把大单位切割成小单位。这样理解，也并不和形态语法相矛盾。形态语言同样要进行组合，不组合就不成其为语言，只不过各自的组合手段不同罢了。正如把木料组合成家具，可以使用钉子，可以使用胶合剂，也可以使用镶嵌法。形态语的组合主要靠形态变化，汉语则依靠语序和辅助词多一些，还有其他一些因素。

约俗就是语法，看来似乎没有道理，但它就是法则。50 年代曾讨论"恢复疲劳"的说法是否合理：使疲劳恢复，这不正和原意相背吗？后来《北京日报》让我写篇文章作为结束。我在文章中曾举例说，我们经常说"养花""养鱼""养鸟"，是越养越大；但我们又经常说"养病""养伤"，是越养越小，直到完全消失。两者都符合习惯、符合语法。同样，我们一面说"恢复健康"，又一面说"恢复疲劳"，就没有什么可奇怪的了。北方说"喝茶"，长江流域说"吃茶"，广东说"饮茶"，为什么？就是约定俗成。所以约束就是法则，约束是最高权威，有时义理都要向它让步。

义理和修辞都不是语法，但对于汉语，义理（逻辑）修辞和语法实在不可分家。王力、吕叔湘先生都说过同样意思的话：我们讲语法，实在是用语法术语在讲逻辑。所以吕叔湘先生因此而编写《语法修辞讲话》。这都说明我们在讲汉语语法时，要回避和绕开逻辑与修辞是不必要的，也是办不到的。

语言单位内部、语言单位之间的组合方式、组合关系如何呢？首先一个特点是，汉语的各级单位的组合关系，大体上是一以贯之的。各级语言单位，基本上遵循同一套组合方法。这种组合法则归纳起来就是两大类：联合关系的、非联合关系的。再细分，还可分出若干小类。联合关系，表明参加组合的成分在语法上关系平等。联合的成分并非都是两部分，有二合、三合乃至多合。现在有一种受结构主义影响的倾向，用切分的办法分析句子，总是不断地一分为二，好像汉语的结构都是两分的，其实不然。至少有一种到今天并未被大家否定的结构方式，叫"递系式"或"递谓式"。这种结构就很难用一分为二的方式切割开。联合关系还有不同情况，有的是正联，如"高大""雄伟"；有的是负联，如"好歹""死活"，等等。非联合式的组合，即成分之间有主次、轻重之分。但这是从语法角度看问题。语法上的主次、轻重在义理、逻辑的观点来看，往往不是一回事。非联合关系又可分为两大类：陈述关系和修饰关系。再细致一点，还可以再分。以上是关于组合关系的轮廓叙述。

组合的结果可产生语组、语句，还可产生更大的单位。各级语言单位中，语组这一级是最核心的，是中坚部分。它是组合起来进行交际的基本单位和材料。我们以语组为原料，才能组合成更大的单位。而语组在一定条件下（放在一定环境中，加上一定的语气），它本身就可以成为交际的单位，完成一定的交际任务。语组当中，数量最大、地位最重要的是词，成语、习惯语等都难以和它相比。语法研究当中，产生问题最多的也是词。

要不要给汉语的词进行分类呢？我认为还是要分的。至于是否还照欧洲语言的模式，分作名、动、形等八类、九类或十类？我看可以研究。我认为现实可分的首先是四大类。

第一类是实体词，即表示事物的实体，或附着于事物的某些功能、性质、状态等。这类词事实上包括了传统所谓的名词、动词和形容词。这类词从语法上说，有一些共同的、主要的特点。

第二大类是关系词，它不是实体，但可以表示实体之间的种种关系，如联缀、领属、修饰、补充等种种关系。

第三大类是辅助词。它不仅不是实体，甚至连表示关系的作用也说不上。它们常常依附在词、词组和语句之后，表示一定的附加意义。

第四大类是孤立词。它的特点是不和任何别的成分组合，也不和它们发生什么关系。如叹语。

把词分作这样四大类，对汉语来说是比较有用的，也是比较可行的。如果考虑到各大类内部的一些差别，也不排斥考虑作相对细一点的内部区分。

以上所讲仅是一个轮廓。也许连轮廓也说不上，仅是一些念头和设想。谨以此就教于今天到会的老年和少年的朋友。

（这是张志公先生于 1990 年 3 月在北京外国语学院所做的学术报告。原载于《外语教学与研究》1990 年第 3 期）

《修辞概要》小引

一、什么是修辞

一提起修辞，立刻有人觉得这玩意儿很高深，是文学家的事，跟我没关系，我用不着它，也学不会它。另外一些人认为修辞是"咬文嚼字"，是"卖弄文字技巧"，没有什么用处。这两种认识都不正确。

修辞一点都不高深。不但文学家们会修辞，不是文学家的人也都会；不但作文章的时候用得着修辞，说话的时候也用得着；不但念过书的人懂修辞，不识字的人也懂修辞。

瞅那红骟马，膘多厚，毛色多光，跑起来，蹄子好像不沾地似的。

（周立波：《暴风骤雨》）

郭三旦生得脸绯红，一对大眼像灯笼一样亮。

（杨朔：《金星奖章》）

这是人人都会说的口语，可是"蹄子好像不沾地似的""一对大眼像灯笼一样亮"这些说法都是修辞的说法。

文化教员收起笑脸说："想看信吗？讲个条件：你得念给

我听。"

　　〔李班长答道:〕"你这不是赶着鸭子上架吗?"

　　　　　　　　　　　　　（宋文茂:《李班长学文化》）

这句答话也是修辞的说法。

　　举这两个例子是为了说明一件事:修辞不高深,人人都会。当然,修辞不单是这么一种办法,更不单是为了把话说得俏皮、漂亮才要讲修辞。

　　哥哥和弟弟在街上走了个碰头儿。他一看见他立刻就把这个好消息告诉了他。

这两句话说得不明白:到底是哥哥把消息告诉了弟弟呢,还是弟弟把消息告诉了哥哥? 毛病出在什么地方呢? 原来是三个"他"字用得不合适了。用词合适不合适也是修辞的问题。所谓修辞学,一部分责任就是来讨论这类问题的。

　　这样又说明了一件事:修辞的知识是很有用处的。

　　认为修辞学没用的人也许会说:"我不想写小说,也用不着把话说得那么漂亮,讲修辞干什么?"

　　不。不仅文艺作品里用得着修辞,说理的文章也要用。

　　如果我们既放下了包袱,又开动了机器,既是轻装,又会思考,那我们就会胜利。

　　　　　　　　　　　　　（毛泽东:《学习和时局》）

　　对于好谈这种空洞理论的人,应该伸出一个指头向他刮脸皮。

　　　　　　　　　　　　　（毛泽东:《整顿党的作风》）

"放下了包袱""开动了机器""伸出一个指头向他刮脸皮",这些都是修辞的说法。

二、为什么要讲修辞

说话和写文章，都是为了表达意思。所谓表达意思，不外这么几种：告诉人家一件事或者一个道理，问人家一个问题，要求人家或是制止人家作某件事，或是发抒自己的一种情感。告诉人家什么，一定要叫人家懂；问人家问题，一定要把问题说明白；要人家作什么，一定得把自己的要求讲清楚；发抒情感，一定得把情感表露得很真切。总起来说，说话或者作文章有两点应该做到：起码得清楚明白，让人家懂；进一步要生动有力，好叫人家信服、听从、感动。作不到这两点，说话或是作文章的目的就达不到；至少，达到得不圆满。

把话说得清楚明白、生动有力，不仅是为了达到自己说话或者作文章的目的；更重要的，这是对听话或者看文章的人必须尽到的责任。把话说得胡里胡涂，无疑的就要叫人家费时费劲去猜想意会；说得松懈无力、枯燥乏味，人家就白费了半天劲，收不到什么效果，甚至于弄得头昏脑涨，疲倦得不得了。一句话，那样就是对人家不负责，对不起人家。

再进一步说，还不单是对得起人对不起人的问题。语言是人们交流思想的工具，它在人们的共同生活里，在文化、科学、教育发展的道路上，负有很重要的任务。为了使它好好地完成任务，不能不好好地使用它。

讲修辞，就是为了这些目的。

三、修辞学讲些什么

前面那几段话可以说已经把修辞学的基本任务交代出来了。从消极的一面说，它要讨论怎样把话说得清楚明白，别让听或读的人去猜想甚至发生误解；从积极的一面说，它要讨论怎样把话说得生动有力，使听或读的人有兴趣，而且了解得透彻。

讲些什么内容才能完成这样的任务呢？

说话就是把表示各种概念的词组合起来，组织成句，进一步把许多句组织成一段一篇的话，来表达我们的思想情感。要把话说得清楚明白，生动有力，首先就得选用恰当的词，造成通顺的句子，安排成有条理有层次的段落篇章。因此，修辞学头一样要讲的就是用词、造句、成篇的一些基本原则。单单注意选词、造句、成篇，有时还不够。为了收到更好的效果，还需要在句子和篇章里用些办法把说的话作些必要的加工、润饰，进一步还需要养成一定的风格。这些——修饰的方法和风格的养成，是修辞学的又一部分内容。

这样说起来，修辞学显然跟词汇学、语法学和逻辑学有些瓜葛。那么这几样东西的界线是怎样划分的呢？

逻辑学所讨论的是思维形式的规律。话的内容对不对，合不合客观的现实情况，也就是平常所说的"想法对不对""合不合事理"，这是属于逻辑学的范围的。语法学所讨论的是语言里词的组合和组词成句的规律。词的组合对不对，句子造得通不通，合不合一般的习惯，这是属于语法学的范围的。运用恰当的词以至组词成句，都离不开词。词义，词的使用，词的配合，词的发展变化，很有些讲究。这是属于词汇学的范围的。修辞学的内容前边说过，它所讨论的是怎样选择合适的词，怎样整饰句子组成篇章，怎样运用修饰的方法，怎样养成说话作文的风格这些问题。字眼用得妥帖不妥帖，句子造得有没有力量，整篇话的条理清楚不清楚，生动不生动，能不能感人，能不能服人，有没有风格——简言之，话说得好不好，这是属于修辞学的范围的。

这么看起来，逻辑、词汇、语法和修辞这四样东西，各有各的任务，界线很分明。是的。不过，它们并不是各自孤立的，而是互有关联的。一个句子如果错了，一段话如果说得不好，往往会牵涉到逻辑、词汇、语法和修辞四方面或者两三个方面。从运用语言的角度来说，逻辑、词汇、语法、修辞这几样东西的相互关系是很密切的。至于篇章、风格之学与修辞学有关，那就更不在话下了。

四、修辞学能作到些什么

假定读者已经相信，修辞是可以学习而且是需要学习的，这里倒又要提醒读者一句了：不要对修辞学抱过高的希望，不要以为学学修辞就一定能写出很好的文章来。

文章是思想的表现，思想是内容很复杂的综合体，包含着生活经验、文化、科学知识，思维能力，道德和情操，信念和理想，等等。要写出好文章来，先要有丰富的、正确的、高尚的思想；这要从各方面去充实，培养。修辞学所能作到的，只是就我们现有的思想境界，应用一些选词炼句的原则，使我们说话写文章叫人家容易懂，进一步说得或写得好一点儿；尽可能的多收到点效果。但是无论如何，修辞不可能把我们的文章提高到我们的思想境界以上去。如果不从思想上下功夫，单靠修辞的帮助，写出来的文章尽管文理通顺，辞藻活泼，而内容空空洞洞，思想境界卑俗，那就至多成为没有什么真实价值的"绣花枕头"了。

（原载于《张志公文集》第 2 卷，广东教育出版社 1991 年版，第 1—6 页。《修辞概要》一书于 1953 年由中国青年出版社出版，1982 年经过修订由上海教育出版社再版。编入本文集时，编者征得张志公先生同意，对书中的引例作了一些删改）

修辞是一个选择过程

　　什么是修辞？修辞就是在运用语言的时候，根据一定的目的精心地选择语言材料这样一个工作过程。无论说话，还是写文章，就是把语言材料组织起来，表达自己的思想感情，或者告诉别人一件事，说明一个问题，或者表示一个意见。语言材料很多，在表达的时候，有很大的选择余地。比如说，有个小孩很灵敏，很好玩，我很喜欢他。要把我对他的印象说出来，用什么词儿呢？用"灵""机灵""伶俐""很鬼""很有心眼儿"？或者用一般常说的"聪明"？这就有个选择，从中选一个最足以表示我对他的印象的说法。说一句话，可以有不同的说法，比如，可以说"这个小孩真聪明"，也可以说"这个小孩真不笨"，这又有所选择。"他心灵手巧，样样都行"，这句话很整齐；"他干什么都很出色，真行"，这句话不像上一句四个字四个字的，不整齐，但是也可以，也不错。我们可以很平实地说出对一个孩子的印象，"他举止动作活泼灵敏"，也可以打个比方，"这小孩真麻利，活像个小猴子"。这是随便举几个例子，从用词到说一句话，一段话，这里边可以选择的方面很多很多。认真细致地选择，并且能很迅速地选出最需要、最适当的说法，就是修辞的能力。上面举的是日常生活中不关重要的话。说重要的话，讲重要的道理，发表重要的意见，也需要选择，越是内容重要，越需要选择。从这个意义上说，修辞很重要，应该具有这种能力。

修辞不是把话这么装饰那么装饰，更不是自己制造什么花样翻新的说法，只不过是从现有的语言材料中精心选择而已。创造性地运用是可以的。所谓创造性，是指在选择运用之中有独到之处。

修辞既是选择的过程，就得有选择标准。怎么选择？根据什么选择？怎么叫选择得好？怎么叫选择得不好？

选择语言材料是为了使我们说的话、写的文章具有准确性，就是能够把客观事物在我们头脑里的反映准确地表达出来。不仅准确，并且富有表现力。准确，富有表现力，这是我们选择语言材料最根本的考虑。就拿上面的例子说，说一个小孩"灵""机灵""伶俐""很鬼""很有心眼儿"，这些词语并不是毫无差别的，用哪一个能最准确地表达出我对这个小孩的印象呢？选择首先要从这里考虑：哪一种说法最准确。同样都准确，用这个说法是准确的，用另一个说法也是准确的，那就要考虑，用哪一个说法表现力更强，能够把我对小孩的很好的印象有力量地表达出来，使听的人、读的人受到更大的影响，能够和我产生共鸣呢？

所谓准确性、表现力，不能单单从自己主观方面考虑。语言是交际工具，有说的一方，有听的一方；有写的一方，有读的一方。说的人、写的人不仅要考虑主观方面的目的，也要考虑客观方面的要求。只有主客观统一，表达效果才会更好。比如，你说一件事，听的人在工作很忙、时间很紧的情况下听，希望你简明扼要地说，这是客观的希望和要求。在这种情况下，如果你左用一个比方，右用一个形容，希望自己说得生动形象，活灵活现。你的主观愿望不能说不好，但是不符合客观的要求，效果就不好。不论你的形象生动的语言选择得多么好，也达不到目的，作用会打折扣。听的人性急，不耐烦，反而可能听不清楚，同你的主观愿望恰恰相反。所以，选择语言材料，进行修辞工作，既要考虑主观，又要考虑客观，力求主客观的统一。

这就涉及到对象和场合的问题了。如果你对一些孩子们讲一件事，用了一些抽象的、比较难懂的字眼，用了一些复杂的句子，总之，要很费一些思索才能够理解清楚。尽管你所选择的词、句子都不错，话组织得也不错，但是效果并不好，因为不适合对象。相反，如果你是对一些理解能力比较强的青年人、成年人说同一件事，几句话就可以说得清楚，你却反复解释，这样说了那样说，反反复复，效果也不会好，因为不适合对象。同样的一件事，对家里的人随便说说，向熟识的同志介绍介绍，或者你觉得需要向领导反映一下，汇报汇报，在这些不同的场合，就需要有一定区别的讲法，就是说要得体。对你的家里人和熟识的同志，很严肃，煞有介事，或者向领导汇报，嘻嘻哈哈，"谈笑风生"，都不得体。所以，修辞，也就是选择语言材料，组织语言材料，要考虑对象，注意场合。话说得体是很重要的。所谓得体并不是矫揉造作，更不是虚伪，说些言不由衷的话，那样根本谈不到得体与不得体。所谓得体，就是在这样的场合，同这样有关系的一些人说一件事，怎样说最恰当，合乎这种场合的要求，合乎听话人和说话人相互关系的要求。这可并不是对于什么样的人说话可以大模大样，对于什么样的人说话要低三下四，不是指这种区别。对任何人说话都不应该大模大样，也不需要低三下四。不过，对象不同，说话总应该有些区别。无论对长者、老者说话，对年轻人或者比自己小得多的人说话，都需要诚实、亲切。对长者、老者，总要多一点尊敬的神态吧，对年轻人或者比自己小得多的人，总要多一点关切爱抚的神态吧，这就是得体的问题。对长者、老者、老师、长辈说话，缺少应有的尊敬的表示；对一个孩子说话，缺少应有的关切爱抚的表示，那能够说是得体的吗？当别人称赞自己的时候，总应该有点谦逊的表示，但是，也得实事求是，谦逊过头，达到了不合事实的虚假程度，也就不得体了。相反，不谦逊，很不客气，哪怕自己确实做了一点有成绩的事情，不论对谁，表现了不谦逊，不客气，也是一种不得体。所谓得体，就是在真实的、实事求是的前提之下，根据具体的场合、具体的对象，采取恰当的说法，表现出自己一种应有的修养，一种比较高尚的思想精神面貌，这就是得体。不论口头上说话，书面上写文章，都应该考虑这个问题。所谓要讲点精神文明，要讲点语言美，并不是要学点花巧，而是要实事求是，要真实，亲切，而又得体。

说到这里，就自然要联系到选择语言材料，也就是说进行修辞工作的又一个重要的标准。那就是：修辞有时代性，有社会性。语言有一个很长久的历史发展过程，从古到今，语言是一步一步发展过来的。语言材料有不少是从古到今一直沿用的，也有不少是逐渐产生的一些新的材料，所以，它既有历史的连贯性，又有不同时代性。语言是一种社会现象，语言交流思想感情，是一种社会活动。那么，它不能不受社会发展变革的影响。然而，语言又是一个全民性的交际工具，它不像社会变革那么剧烈。所以，在各个不同的社会里，它既有某些共同性的东西，又有不同社会的一些不同风习、特点的反映。因此，选择语言材料，怎么叫作选择得好，怎么叫作选择得不够好，或者不好，不同的时代、不同的社会，既有要求相同的一面，又有不同的一面。学习修辞，不能完全没有时代观点，不能完全没有社会观点。静止地讲，说某种修辞方法好，不考虑时代和社会的因素，这种讲法是不够准确的。我们今天的社会对于语言的运用，首先要求准确性，也就是要求实事求是，要求朴实。当然也要求有表现力。然而，必须明确，表现力是在准确性的基础上存在的，失去了准确性，谈不到表现力。假话、大话、空话不论装饰得多么好，因为它是不准确的，所以它是缺乏表现力的，是我们不仅不提倡，并且反对的。一提到学习修辞，往往引起联想，就是怎么把话说得漂亮一些，怎样把文章写得漂亮一些。我们不反对说话说得漂亮，文章写得漂亮。美，优美，是我们所提倡的。但是，必须首先记住，只有在实事求是、准确、严密的基础上才能谈得到漂亮、优美。假话、大话、空话是最不优美的话，最不漂亮的话。当我们学习修辞的时候，这是首先要明确的。此外，现代化要求一切讲究速度，讲究效率。说话，写文章，也是这样。因此，我们提倡简洁，明快。像"推敲"的故事，像"吟安一个字，捻断数茎须""两句三年得，一吟双泪流"这些名句，作为认真仔细、一字不苟的写作态度，说明写作是一种艰苦的脑力劳动，不是马马虎虎就可以取得成就的，讲讲未尝不好。但是，在我们的写作实践中，需要的是既严肃而又敏捷的态度和能力。为一个字琢磨好半天，以至穷年累月地去下修辞的功夫，我们不去过多地提倡。这也可以认为是修辞有时代性的一个方面。

最后要说到，修辞既是一个选择过程，那么，只有我们对于语言知道得多，在我们头脑里有丰富的积累，才有选择的余地。如果头脑里的语言材料很贫乏，总共就知道那么一点点，就会那么一点点，还说得上什么选择呢？要达到基本上准确都很困难，因为语言材料不够用，表现力就更谈不上了。所以，通过广泛阅读优秀的读物，平时从各个渠道留心生活里的那些优美的有用的语言材料，不断地充实自己的语言积累，才能使自己的头脑里有一个丰富的语言宝库。在这种情况之下，当我们需要的时候，才能从这个宝库中选择出所需要的材料。因此，学习修辞，先决的条件是要丰富自己的语言，不这样，谈不到修辞能力。所以，仅仅把修辞看成为一种技巧或技术是不够的。丰富语言不是一件孤立的事情，它同思想的提高，知识的充实，生活经验的积累，关系非常密切。在这样的基础上，语言会逐渐地丰富起来。有了丰富的语言积累，同时学习一点修辞知识，这时，修辞知识才会更好地发挥作用，使我们运用语言的能力提高起来。

（原载于《修辞和修辞教学》，上海教育出版社 1985 年版）

汉语修辞

修辞是使用语言的过程中，利用多种语言手段收到尽可能好的表达效果的一种语言活动。所谓好的表达，包括它的准确性，可理解性和感染力，并且是符合自己的表达目的，适合对象和场合的得体的、适度的表达。修辞有民族性，不同民族各有自己的修辞习尚。修辞有社会性和历史性，修辞的习尚与社会历史发展有密切关系。研究这种语言活动及其规律的科学是修辞学。它是语言科学的一个分支。它与逻辑学、心理学、社会学、历史学、民俗学、美学、文艺学等多种学科有关联。

一、汉语与修辞

修辞运用语言（包括它的书面形式即文字）的特点，同时也受语言特点的制约。汉语的语素以单音节的为主，词以单音节的和双音节的为主，而汉语又是非形态语言，没有词形变化的约束。这两个特点，一向被充分运用于修辞，反映在如下几个方面。

1. 语言单位的组合灵便。《孟子》"老吾老以及人之老"，"老"本是形容词，这里第一个"老"当动词用，第二、第三个"老"当名词用。现代汉语中某些说法如"他铁了心了""母亲情词恳切的来信温暖了她被多次挫折冷透了的心"等等，都有浓厚的修辞色彩，描写景物，抒发感情，都有明显的特殊效果。"铁"原本是名词，"温暖"是形容词，"冷透"是短语性的词，在这里所举的例句中都带了宾语，这正是汉语的特点提供的便利。

不仅实词，虚词也可以产生修辞效果。唐代韩愈的名句"吾年未四十而视茫茫，而发苍苍，而齿牙动摇"就是一个很好的例证。在这个句子里，可以只用第一个"而"，后面不再重复它，或者重复用三个"而"，二者使句子在节奏快慢，语调舒畅或迟滞等方面有差异，从而在听者或读者的心理上引起的反响不同。韩愈用了后一种说法，使人感受到他当时的沉郁心情。现代汉语的某些虚词在有些场合也有修辞作用。比较："你放心，我不会让他逃掉。""你放心吧，我不会让他逃掉的！"用不用"吧"和"的"表示不同的语气。

2. 非常容易组合成音节数目相同而结构上平行的语句，通常称为对偶。并且很容易押韵。大量运用整齐押韵的语言结构是汉语修辞的特色之一。《诗经》《楚辞》有大量整齐、对偶、押韵的句子，就连先秦诸子和史传的散文里也夹用了不少。从古及今，无论口头上还是书面上，无不大量使用。魏晋南北朝时期甚至产生了一种全篇整齐、对偶押韵的文体——骈体文。启蒙的识字教材和阅读教材也大量使用。各行各业往往各有自己的一套口诀，都是整齐押韵的，如医药有"汤头"歌诀，珠算有"九九"歌诀，打拳练功的有拳诀，例如最普及的"八段锦"歌诀，等等。这些，至少有容易上口记诵的作用，有的还能起些概括性强，以至谐趣幽默的作用。许多谚语俗语，这后一种作用就非常显著。在封建社会，官府的公文书，通令告示，以及诉状判词之类，也大量运用。后来在20世纪30年代前后的苏区、解放区，扫除文盲，普及教育以及政府公告等等也常用，主要是为了易于记诵传播，对于识字不多的群众很有便利之处。在生活和各种实际工作中这样大量使用整齐、对偶、押韵的语言形式以达到特定的目的是汉字特点提供的一种独特的实用性修辞手段，为别种语言社会中所少见（见修辞格）。

3. 汉语里陆续出现并且积累了数量可观的"四字成语"，这些成语中绝大部分富于显著的修辞效果。从修辞的角度对汉语成语进行深入研究，是汉语修辞学中重要课题之一（见成语）。

除上述几个大的方面之外，运用汉字的特点还产生了若干特殊的修辞技法，如回文、顶针、谐音双关，等等（见修辞格）。

二、汉民族文化传统与汉语修辞

修辞与一个民族的文化传统有密切的关系。这里所谓文化传统，包括由种种因素形成的民族心理特征，思维习惯，哲学观点，审美观点，以及反映这些特征、习惯、观点的各种文化成就。

1. 在汉语修辞中大量用"比"，用得多，用的方面广。"比"的方式有种种，总的就是不直说，而以此喻彼，让听者或读者自己去理解。一般修辞学上讲的"明喻、隐喻、借喻"等都是"比"，就连"夸张""移就"等，往往也是"比"或者包含有"比"的因素；各种成语，许多都是"比"的运用。大量的、多方面的用"比"，反映汉民族文化传统的一个侧面。有些比，许多年来长期使用，几乎成了一种定型的惯用语，甚至浓缩成为一个常用词，如"推敲""琢磨"等。在汉语词汇里有一部分词，实质上就是用比的方法构成的。这样的词并不是先有一个基本义或本义，然后才孳生出来一个比喻义（如"扣帽子"的"帽子"，"背包袱"的"包袱"），而是即以比喻义为本义的，如"蚕食""鲸吞""瓜分""席卷""囊括""海碗""海量""童心""水蛇腰""八字脚""漆黑""焦黄"等。动词、名词、形容词各类里都不少。不少文章整篇是一个比喻，用来阐明一种道理。这个事实是汉语用比特别多的一个有力证明。喜欢用比，善于用比，既是民族智力和语言素养的反映，也有某些社会历史因素，并且产生某些社会影响。历代很多关于婉言进谏，以至像《史记·滑稽列传》中那些俳优用幽默的比况向君主进谏成功的例子。同时，探求"弦外之音"，向字里行间揣测含有什么深文大义，以至流于牵强附会的风气也很盛。《诗经》里不少民歌以及历史上其他一些状物抒情的诗文被解释成为称颂在上者的事情很多；被解释成为讽刺在上者因而遭受贬谪以至酿成文字狱的事例也不少。这种风气，一直影响到现代。借助心理语言学、社会语言学、语义学的研究方法对汉语修辞的这种习尚进行研究，是汉语修辞学研究的一个新的领域。

2. 以整齐、对称为主，以参差错落为辅的审美观，在民族文化传统的好些方面有所反映，例如音乐、绘画、雕塑、建筑等。修辞，特别是书面语言的修辞，具有同样的特点。无论诗、赋、词、曲、各体散文，都是一样，既见于整首、整篇的总的结构，也见于段落语句的局部组织。不仅古文如此，而且从早期的比较接近口语的白话散文小说，包括中短篇的所谓话本小说和长篇的所谓章回小说，直到五四运动之后，以至目前，各体散文都已使用白话，这种整齐对称和参差错落相间杂的特点，始终明显地存在。这是一种具有民族特点的审美观在语言运用中的反映。探讨这种审美观的形成，是美学研究对象之一。

3. 在汉民族文化传统的许多领域中，广泛运用一种朴素的辩证观点。事物被认为是包含着两种对立因素的统一体。这两种因素被概括为"虚"和"实"两个范畴。"虚"与"实"的关系被说成是"虚中有实，实中有虚，虚实相生"。修辞，同样运用这种观点。无论诗、文，都有"虚写"和"实写"之分。整首，整篇，有虚写部分和实写部分。虚的部分和实的部分相资相生，相辅相成，或足以引起读者的悬念，或有助于读者理解而又节省笔墨，或足以引起读者深思与感情上的共鸣。在语言表达中有意识地运用"虚实"观点，取得某种效果，这是汉语修辞的又一个特点。

三、汉语修辞学中古今一贯的两个基本观点

历史上，汉语修辞学专著极少，直到 20 世纪初叶之后才渐渐增多。在历代的各种论著中，有关修辞的论述并不少见。集中起来，可以看出，有两个基本观点是从古到今一脉相承的。

1. 自古以来，有关语言表达的有两组概念。一组包括"道，义，理，情，志，意"等，都属于思想、感情之类，也就是表达的内容方面；另一组包括"文，辞，章，文辞，文章，辞章"等，都属于言辞组织之类，也就是表达的语言形式方面。前者概括称之为"质"，后者概括称之为"文"。总的要求是"质文相资"，也就是形式和内容要相适应，相协调，相辅相成。其后，在"质"的方面，逐渐突出了"道"，于是有"文以载道""文以明道"等说法。再后，又有"义理，辞章，考据"的说法，针对往往陷于空疏说教的所谓"道"，改为突出"义理"，并且加上"考据"或"考证"，实指清代经学家的考证之学，也泛指踏踏实实地作学问，实际上仍是两个方面：内容（义理、考据）和形式（辞章）。到当代，就直截了当地说成"内容决定形式""形式与内容统一"。无论对"修辞"两个字作怎样的解释，都离不开语言的运用。语言的运用要为表达内容服务。这是汉语修辞古今一贯的主导的基本观点。

2. 文体、风格、技法三者可以分别研究，但以联系、统一为主，着重对全诗、全文的考察，重视三者的相互作用。这里所谓技法，主要指现在所说的"修辞格"，还包括别的一些运用语言的方法在内。《文心雕龙》除了讲文章的起源和作文的基本原则之外，既讲文体，也讲风格，也讲技法。曹丕的《典论·论文》更是明确地讲技法和文体、风格的关系的。宋代陈骙的《文则》，讲技法比较多，也讲了文体和风格。王构的《修辞鉴衡》是 20 世纪之前唯一用"修辞"命名的一部

书。他引《珊瑚钩诗话》中的一段话，列举了几十种不同的文体，并多处讲到了风格和技法。很明显，王构认为"修辞"是文体、风格、技法三者的综合。清代章学诚的《文史通义》，也兼论文体、风格和技法。陈望道的《修辞学发凡》运用了现代语言学的若干理论，运用了比前人的论著更为科学的研究方法。在内容上，则依然是文体、风格、技法三者综合论述的，尽管技法方面的修辞格分析论列最为详备，文体虽涉及，没有列为专题来讲。陈望道自己评论《修辞学发凡》时，说它"没有深入地谈文体"，是不足之处，可见，他也认为研究文体是修辞学分内的事。

文体、风格、技法三个方面需要综合研究，这是自古及今治汉语修辞学的一个共同一致的基本观点。

四、汉语修辞学的历史发展

1. 修辞有社会性和历史性。从文字记载日渐丰富的先秦时代起直到 20 世纪初，社会性质没有根本性的变化，文化生活也不会有本质的变化。但是，两三千年那么长的历史，在社会性质基本不变的条件下人们的风俗习惯必然也会有些变化发展。这种变化一定会反映到文化生活，包括文艺创作和修辞习尚中来。宋、元、明、清四代，市民文学有很大发展，从"说话"（后代称为"说书"）起，逐步有了多种类型的讲唱文学，有了相当发达的戏曲和长篇章回体小说。文学的发展，必然对修辞的发展有影响。这些文学形式在语言上不同程度地向口头语言（白话）靠近。这些新的文学形式（有的论著中称之为俗文学）不再只是写出来供人阅读，而是在相当大的程度上成了口耳之事，要好讲，好唱，让尽可能多的各阶层的人，包括文盲，能够听得懂。这种作品写出来也要让"略识之无"的人大概能看得懂。这些特点无疑会产生若干新的修辞手段。从文艺学的角度研究这些新的文学形式的已经很不少，并且取得了成果。但专门从修辞学角度来研究的，至今似乎还是个空白。汉语修辞研究者需要在这方面加以弥补。

2. 从古代到近代，研究汉语修辞的都忽略了口头语言和俗文学里的修辞现象，研究对象都是书面上的诗赋词章史传典籍中的"雅言"。两部影响最大的著作是：

刘勰的《文心雕龙》，成书于公元 6 世纪初年，南朝齐末梁初，共十卷，50 篇。第 1 卷的五篇，总论辞章的本源和基本原则，发挥了"质文相资"的基本观点。第 2~5 卷的 20 篇，列出了 20 种文体，其中既有诗、赋等文学体裁，也有史传、论说，以至诏策、奏启等实用文体，每种文体既叙其源流，也品评了前人的作品。第 6~8 卷的 15 篇讲风格和技法，其中包括如现在所说的辞格。以下两卷十篇讲对辞章的鉴别，其中《时序》篇提出了辞章与社会的关系。这是一部承前启后的巨著。它是先秦以来探讨辞章之学的总结，开此后 1000 多年研究辞章之学的先河。

陈骙的《文则》成书于南宋乾道六年（1170 年）。它把比喻细分为直喻、隐喻、类喻、诘喻、对喻、博喻、简喻、详喻、引喻、虚喻十类，是古代修辞学著作中讲比喻讲得最为详备的。它不只讲应当怎么样，还讲了不应当怎么样，或者在什么情况应当怎么样。它讲到用语要注意搭配得当，避免语病，以至讲到语助词的修辞表达效果。这些都是对《文心雕龙》以下有关修辞学的各种著作的重要补充，并且影响到后世以至现代。有人认为《文则》是历史上第一部名副其实的修辞学专著。

从北宋欧阳修的《六一诗话》开始，经宋、元、明、清四代，陆续出现了一大批诗话、词话、文话一类的著作和论述文章作法的著作，虽然其中有很多芜杂庸劣之作，但是也有不少精到的见解，特别是在修辞技法方面。

3. 20 世纪初叶，五四运动前后，汉语修辞学的研究有了一个重大的发展和突破。主要表现在两个方面。一是引进或参考了欧洲和日本的修辞学，开始建立了系统的汉语修辞学学科，并且在有的高等学校开设了修辞学课程；二是逐渐有了专以现代白话文为研究对象的现代汉语修辞学。从 20 ~ 30 年代，陆续出现一批修辞学专著。可举以下三种为代表：

（1）唐钺《修辞格》（1923 年）。主要参考了欧洲传统修辞学，专讲修辞格（见《修辞格》）。

（2）陈望道《修辞学发凡》（1932 年）。这部书参考日本修辞学较多，但是有自己的创见。它继承并发扬了《文则》和元代王若虚《滹南遗老集》中指瑕、正误的传统，把修辞区分为积极修辞和消极修辞；它继承古代著作中讲比喻、夸饰、偶俪等修辞技法的传统，参考东西方修辞格的讲法，条分缕析，列为 38 格；这些，对此后的汉语修辞学研究有很大影响（见陈望道）。

（3）汪震《国语修辞学》（1935 年），全讲白话文。第一章里说"国语修辞学限于中国标准的语言，既不是某处的方言，也不是专为读阅而不能用来讲话的文言，……我们为活人，说活话，把活人要说出的话用一种技术写出而没有讹谬，有效而没有误会。这就是国语修辞学的意义。"这个出发点和当时国语运动的历史形势是合拍的。

4. 1949 年中华人民共和国成立后，修辞学研究也有了一些新的发展。

《文则》《滹南遗老集》里那些正误指谬的部分以及《修辞学发凡》概括为消极修辞的部分，不少地方是和语法交错着的。在汉语这种非形态语言里，语法、修辞以至逻辑的相互关系，比在西方语言里更为密切一些。这个事实逐渐被语言学界感受到，从而有了为致用的目的把它们结合起来讲述的设想和尝试。1951 年发表了吕叔湘、朱德熙《语法修辞讲话》。这里所谓修辞，比较侧重《修辞学发凡》所说的消极修辞那类内容，结合着语法来讲述的。《语法修辞讲话》在序言里明白指出，这书以"匡谬正俗"为主要任务（见《语法修辞讲话》）。

50年代，参考苏联的学术发展的比较多。当时苏联修辞学界有一种区分语言修辞和艺术修辞的主张。鉴于中国古代修辞学中就有讲句法、字法的传统，而在汉语里语法与修辞的关系又很密切，因而也有人作了参考所谓语言修辞的主张，把用词、造句的某些内容从积极的表达效果方面纳入修辞学里讲述的尝试。

60年代，语言学界在《中国语文》上发起了关于修辞学研究的讨论。出现了一些新的观点、新的尝试和设想。

1979年，郭绍虞《汉语语法修辞新探》出版。这是又一部试图把语法和修辞融汇探讨的著作。

80年代，汉语修辞学的研究重新蓬勃开展起来了。许多年轻一代的学者正分头从不同的角度进行着新的探索。有的更为广泛深入地探讨汉语修辞技法，特别是修辞格；有的把注意力指向对近代汉语的全面研究，包括对近代汉语修辞以及修辞专书的研究；有的着重对现代和当代作家作品的修辞的研究；有的试图探讨密切结合写作训练的实用修辞学，或者称之为文章学；有的着重探讨不同文体的不同交际功能的所谓功能修辞学；有的侧重探讨处于语法学和修辞学边缘的以连贯语言的运用为研究对象的所谓话语语言学，等等。成熟还需要时间。不过形势已使人们预感到，一种或几种新的汉语修辞学体系正在孕育形成之中，一些新的领域正在开拓之中。

（选自《中国大百科全书·语言文字》，中国大百科全书出版社1988年版。这是张志公先生为《中国大百科全书》"汉语修辞"词条所撰写的内容）

汉语修辞概说

第一节　修辞是运用语言的艺术

一、运用语言要求规范性和艺术性的统一

运用语言首先要求合乎规范。只有合乎规范的语言才是最容易达到互相了解，产生交际效能的。但是运用语言仅仅达到互相了解有时还不够，人们希望自己所用的语言能够产生更高的效能——不仅能让人懂，并且让人懂得容易，透彻；不仅懂了而已，并且发生兴趣，愿意听（或读）；从而不仅使人听进去了，并且使他信服，感动，产生共鸣，乐于接受；同时，使用的语言又很经济，表达很敏捷，不笨重，不迟滞。这样运用语言才是高效率，高效能的。简言之，讲究修辞就是要用最经济的语言材料，传递尽可能大的信息量，达到尽可能高的准确性和可理解性，收到尽可能好的表达效果。自古以来，人们运用语言都是抱有这样的希望，努力这样作的，无论是自觉的或者不自觉的。在现代化的社会里，一切活动，一切工作，都要求高效率，高效能，运用语言也不例外。因而我们需要自觉的学习，锻炼，朝着这样的目标去努力。这就要求运用语言不仅讲究规范性，还得讲究点艺术性。

不要把艺术性看得高不可攀。两个孩子向妈妈要点糖果，甲小孩三言两语妈妈就同意了，给了，乙小孩闹得挺厉害，却失败了，没要到。甲小孩很可能比乙小孩的语言艺术高一些。小孩子并不是不懂艺术的，不仅在语言方面，只不过他们小，他们有他们的艺术境界，和成年人不同就是了。古代留下来的壁画、雕塑，旧时过春节时的剪纸、年画，很多是拙中有美，谁都承认那些作品的艺术价值是很高的，然而，那些作品的作者并不是我们今天观念里的艺术家。

不要把语言的艺术性理解为只是文学作品才有的要求。我们说"文学是语言的艺术"，并不意味着在文学创作以外的其他场合运用语言就全然不考虑语言的艺术方面。古往今来，凡是为人们传诵不息的作品，无论是文学性的，哲学性的，科学性的，无一不是在语言运用上具有高度艺术性的。

也不要把"艺术性"理解为在规范性的语言上再涂抹点脂粉，加上点花哨。效能最高的语言是规范性和艺术性的统一，不是二者相加。

就实际运用中的语言来说，大别之有二，一种是应用性的，处理具体问题的；一种是文艺性的，从思想感情上感染别人，产生某种影响的。我国历史上有过一些文章，既是应用性的，又有很强的艺术性，正因为这样，这些文章在当时来说，解决问题的效率高，在后世也还具有生命力。如果只是单纯地解决某一具体问题，没有很强的艺术性，事过境迁就被人遗忘了。宋代著名政治家、文学家王安石，写过很多好文章，《答司马谏议书》就是其一。王安石推行新法，司马光（司马光当时的官职是"谏议大夫"，这里省称为"谏议"）给他写信，反对新法，说王安石"侵官、生事、征利、拒谏"。《答司马谏议书》是王安石给司马光的回信。语言简练刚劲，三言两语就反驳了司马光加给他的四个罪名：

　　某则以为受命于人主，议法度而修之于朝廷，以授之于有

司，不为侵官；举先王之政，以兴利除弊，不为生事；为天下

理财，不为征利；辟邪说，难壬人，不为拒谏。

总共才 61 个字。信的最后说："如曰今日当一切不事事，守前所为而已，则非某之所敢知。"斩钉截铁，表示了坚持革新的执著态度。最后一句连助词"也"也不加，戛然而止，毫无舒缓之气，那股决绝劲，让读者如见其人，如闻其声。

王安石是历史上有作为的政治家，离我们已经很远很远了，我们今天绝不会同意他的什么主张了；但是，他这篇文章至今读起来还很有感染力，我们还经常把它选入教科书让年轻的人们诵读，就是因为从中让人感觉到他不计个人得失，敢于坚持自己认为是正确的主张那种刚直的态度是可贵的，使我们受到感染，产生了共鸣。而这种感染力主要是来自语言的艺术性，并非他所主张的那些内容，虽说就其内容而论，历史地来看，在他所处的那个时代里也是比较先进的。可见，传之久远的文章，在语言上一定是规范性和艺术性高度统一的，这种文章产生的效能是很大的。讲修辞，就是讲运用语言的艺术，并不是说在运用语言中加点花巧。

二、语言能力和语言修养

语言能力首先指的是运用语言具有规范性，包括语音、语汇、语法各方面；并且掌握的语言材料够用，口头上、书面上运用起来没有困难，没有多少毛病。所谓语言修养就不是一般的能够运用，而是说运用得很高明，大体上也就是如前边所说，达到了规范性和艺术性的统一。

一般来说，掌握母语的语言能力并不难，两岁以上的孩子就逐渐具备了基本的语言能力，进入小学时，语言能力应该是相当不错了。随着进一步的学习，知识面的开阔，认识水平的提高，语言能力也会越来越强。照说，到初中毕业，一般的语言能力就应当管用了。目前还作不到，甚至高中毕了业还不怎么管用，进了大学还需要补课。这种现象表

明我们普通教育阶段的语文教学还有缺点，有待改正，教学质量有待提高。比如，中小学的语文教学还应进一步发挥儿童、少年的语言潜力，就是一端。小学入学后所学的语文课本提供的语言材料，和儿童已经具备的语言能力相差很大，远远低于他们的语言水平、认识能力和求知愿望。这里有汉字的问题，也还有别的问题可以研究。中学阶段口头语言和书面语言的训练还缺少有效的办法。经过研究、实验和教学改革，这些问题都是能够解决的。

至于语言修养就不是可以划个阶段，一定要到什么时候才能具备的。语言修养以一般的语言能力为基础。语言能力逐步提高，语言修养也会随之而逐步提高。所以总的说来，所谓语言修养是高于语言能力的一个概念。比如，书面上或向人传授必要的知识，说明科学道理，或向人宣传正确的道理，反驳错误的论调，运用语言都能得心应手，不仅文从字顺，明白晓畅，并且繁简适当，雅俗、轻重得体；口头上有捷辩之才，出口成章，能感染人，说服人。同时，在语言交际中很敏感，对于别人的语言有鉴别能力，欣赏能力。

具有一定的语言修养很重要。语言修养高，处理工作可以处理得快；说明科学道理，有时甚至是很深奥的科学道理，容易让人明白；进行辩论，可以使对方无言以对；进行宣传，使人信服，等等。这才叫艺术的运用语言。这种修养对于任何人都是需要的，从孩童起就要培养训练。

我国传统上十分重视语言的艺术，两千多年前的先秦时代，那些思想家、政治家，个个都有捷辩之才。如《晏子春秋》里记载的晏婴使楚的故事。晏子矮，楚人在大门旁开了小门让晏子进，晏子说："使狗国者从狗门入；今臣使楚，不当从此门入。"迫使楚人请他从大门入。楚王见晏子，问："齐无人耶？""然则子何为使乎？"晏子回答："齐命使各有所主，其贤者使使贤王，不肖者使使不肖王。婴最不肖，故直使楚矣！"晏子是齐国国相，楚王有意侮辱他，他从容不迫，用巧妙的辞令反击楚廷，保持了齐国的尊严。这是语言艺术在外交场合产生的巨大效能。同类的故事，如《战国策》中的唐雎不辱使命等，很多很多。此外，像韩非子、孙子、苏秦、张仪等都有很高的语言修养。

　　讲究修辞，注重语言修养，在长期的封建社会里，还常常是政治上的需要。因为君臣上下界限很严，一句话说不好就会招来大祸，所以常常需要用比。有人说，传统上运用的修辞手法说来说去是一大"比"，这是不无道理的。《愚公移山》（《列子》）整篇是比，《孟子》里，往往用比开始，说明一个道理。艺术地运用语言，可以说明道理，甚至深刻的哲理，这是值得借鉴的传统。

　　为了适应现代社会交际的需要，要培养自己具有较高的语言能力和语言修养。语言能力是基础，在这个基础上，不断提高语言修养。前边说过，语言丰富，基本功过硬，是提高语言修养必要的基础，因此需要积累丰富的词语，能够熟练的运用语法，善于驾驭词句。

第二节　修辞的性质和内容

一、修辞有民族性、社会性、时代性

（一）修辞有民族性

修辞是运用语言的艺术。艺术讲美。美学观点是有民族性的，修辞也必然有民族性。

各个民族常常有自己独特的一些审美观点，这和这个民族历史的传统、居住的区域等等都有关系。古代交通不发达，各民族交往很少，一个民族长期居住在一定的地域，有的在一望无际的平原或草原，有的在多山的岛上，有的在内陆，有的靠大海，这些不同的自然环境对一个民族的审美观点的形成很有影响。历史传统中的种种其他因素也影响到各个民族的审美观。

中华民族在运用语言上很讲究，有优良的艺术传统。讲到艺术性、审美观，在许多方面是有共同性的。比如，我国的绘画、雕塑、书法等，都讲究虚实，讲究实中有虚，虚中有实，虚实相生，这种审美观带有朴素的辩证法的因素。中国画不同于西方的油画，画面上总留下一定的空白，"这空白里还有画"，也就是留给你联想和想象的余地；中国的雕塑也不同于西方团块式的雕塑，讲究玲珑剔透，像镂空式的雕塑，就是实虚相间的。作诗作文也讲虚实。又比如，传统上喜欢用比，这也是有民族特色的。各民族语言里都用比，但是像我国传统上用得那么多，是比较少见的。拙与巧的统一，也可以说是特点之一。比如，唐朝诗人王维写的"大漠孤烟直，长河落日圆"两句，简直是大实话，大白话，丝毫不加修饰，说得上是个拙句，但是拙中有巧，给你画出了一幅优美的风景图。

总的看来，我们有悠久的民族文化传统，其中有许多精华可以吸取。我们要发扬好的传统，运用多种方式讲究语言艺术，提高全民族的语言艺术水平。正因为修辞具有民族性，所以在修辞学研究上必须也一定可以走出自己的路子来。

（二）修辞有社会性

《毛诗》① 序中说："治世之音安以乐，乱世之音怨以怒，亡国之音哀以思。""音"，狭义的理解是讲诗歌，广义地讲就是运用语言。这话说明运用语言的艺术和社会有密切的关系，语言风格反映社会面貌。

我国现在进入了社会主义现代化建设的新时期，全国人民为建设社会主义的物质文明和精神文明努力工作。社会上大力提倡"五讲四美"，其中包括语言美。美的语言首先是真实的语言，是十分得体的语言，是讲究艺术的语言。竭力清除说假话，说大话，说空话的流毒。报

---

① 《毛诗》，《诗经》古文学派，相传为秦汉间人毛亨和毛苌所传。盛行于东汉以后，魏晋后通行的《诗经》就是"毛诗"。

纸杂志上的许多文章越来越注意语言的运用，注意讲究表达的效能。这些都和当前社会上的新风尚分不开。

乱世之音怨以怒。比一比盛唐和中、晚唐的诗，我们不难发现，在后一时期，忧伤愤激之作远比前一时期多。

亡国之音哀以思。李煜的词可以说是相当典型的。这种语言风格也在元明清的一些戏曲、小说中反映出来。当然，今天看，那时的民族间的争战是"兄弟阋于墙"的性质，不是两个国家的争战。不过也从一个角度反映出一个民族战败后的"哀以思"的语言风格。马致远的《天净沙》："枯藤，老树，昏鸦；小桥，流水，人家。古道，西风，瘦马；夕阳西下，断肠人在天涯。"一个名词，一幅画，合起来构成了一幅十分凄凉的图景，经过这样的渲染，点明"断肠人在天涯"，使人不忍卒读。孔尚任《桃花扇·余韵》的"山松野草带花挑，猛抬头，秣陵重到。残军留废垒，瘦马卧空壕，城对着夕阳道。……"也很足以引起人的"哀思"。

社会性包括的方面是很广的。前边说到地域差别对审美观的影响。在一个人口多、住地辽阔的民族内部，不同地域会有不同的修辞风格，《诗经》和《楚辞》语言艺术的差异中就不无地域因素在内。地域性也是社会性的一个侧面。一个社会内部，不同阶级、阶层，乃至同一个阶级、阶层而具有不同的文化背景的人们，使用语言也会有不同的修辞风格。一部《明太祖高皇帝御制文集》里，异常明显的两种文章，一小部分语言粗犷，直用大白话，那些是朱元璋自己写的，其余则庄重典雅，显然出自他左右"学士"之手。这些也都是修辞的社会性的反映。

（三）修辞有时代性

时代在不断前进，语言在不断发展变化，这都不能不影响到修辞的变化。试比较先秦诸子的文章和魏晋南北朝文人的文章，比较初唐和晚唐的文章，比较唐宋和明清时的文章，都能看出，一个时代有一个时代的文风，有它运用语言艺术上独特的地方。读过中国文学史，读过各个朝代的名家名作后，更能体会到这一点。

总之，研究修辞学要注意到修辞有民族性、社会性、时代性。当然，我们得不出某民族必然有某种修辞风尚，某种社会因素必然产生某种修辞因素，某时代必然有某种修辞方式方法的各种"公式"。然而，美，艺术，这些东西都不是超民族、超社会、超时代的抽象的自然存在。研究讲语言美、语言艺术的修辞，不能置民族性、社会性、时代性于不顾。我们研究现代汉语修辞，要结合现代社会的特点和我国社会主义现代化建设的要求。这些特点和要求必然会在修辞领域里有所反映。

二、结合汉语的特点研究修辞

一个民族的语言有自己的特点，利用本民族语言的特点，形成了许多修辞的方式。汉语和印欧语系的一些语言比较，很有些独特的地方，在语音、语汇、语法几方面，汉语都有显著的特点。这些特点在语言运用中得到了充分的发挥。

汉语是声调语言，古代汉语有平上去入四种主要声调，现代汉语普通话有阴平、阳平、上声、去声四种声调，有的方言调类还要多一些。汉语的声调由语音的高低、升降、长短构成的。汉语修辞就充分运用了这个特点。所以不仅诗、词、曲讲究平（阴平、阳平）仄（上、去、入），连散文也注意到这个问题。平仄两类声调调配得好（诗、词、曲里在声调的配合上是有格律的），读起来铿锵有节奏，能显示出语言的音乐美。

汉语语素的基本形式是单音节语素，古汉语中单音节词居多，现代汉语中双音节词占了优势，单音节词也还很多。这就产生了两个特点，一是比较容易押韵，一是很容易构成对偶。诗词中的对偶叫对仗，把同类的概念或者对立的概念并列起来，形成对偶。例如：

两个黄鹂鸣翠柳，

　　　　一行白鹭上青天。(杜甫《绝句》)

这两句诗中,"两个"对"一行"(数量短语相对),"黄鹂"对"白鹭"(名词相对,名词内部组合一致),"鸣"对"上"(动词相对),"翠柳"对"青天"(名词相对,内部组合一致)。这是"工对",对得十分工整。对偶的作用是形成语言整齐的美,不仅诗词里常用,散文中也常用。例如,欧阳修《醉翁亭记》中的一段,就有不少对偶句。

　　　　至于负者歌于途,行者休于树。前者呼,后者应,伛偻提携,往来而不绝者,滁人游也。临溪而渔,溪深而鱼肥;酿泉为酒,泉香而酒洌,山肴野蔌,杂然而前陈者,太守宴也。

利用汉语的单音节语素的特点,历代的初级启蒙识字课本大量使用对偶,并且押韵,因而容易上口,容易背诵。

　　语法编里谈到,汉语没有什么形态变化,修辞上充分地利用了这一点。古汉语中,名词用作谓语,相当普遍,有的还带宾语,产生了特殊的修辞效果。如:

　　　　孟子曰:"许子必种粟而后食乎?"曰:"然。""许子必织布而后衣乎?"曰:"否,许子衣褐。""许子冠乎?"曰:"冠。"曰:"奚冠?"曰:"冠素。"(《孟子·滕文公上》)

"衣""冠"表示穿(衣)、戴(帽)的意思。

　　此外,像形容词带宾语,动词作定语,名语作状语,等等,例子极多,举不胜举,大都有修辞效果。

　　总之,修辞学必须结合汉语特点来研究,很多修辞手法是靠了汉语的特点才形成的,古代文人运用这些修辞手法很高明,像唐诗宋词,就是在世界文库中也是闪闪发光的瑰宝。

　　由上所述,可以看出修辞学是多科性的,它介于文艺学和语言学之间。它和语言学中的语法学、音韵学、语汇学有关,和社会语言学、心理语言学有关,和文艺学、美学、普通心理学、教育学有关。因而研究修辞不要孤立起来研究，要注意到它的多科性。

三、修辞学的系统问题

修辞学和语法学一样，也有体系分歧问题。理论基础不同，研究方法不同，对象不同，加上每个人掌握的材料不同（偏于古或今，偏于中或外），体系就不一样。

由于修辞学是门边缘学科，研究语言学的人认为它不是纯语言的东西，研究文艺学的人认为它不是纯文艺的东西，因而不被重视，研究得少，比较薄弱。也正因为这样，体系分歧的问题似乎不很突出。近年来修辞学研究有了较大的发展，已经开始就修辞学研究的目的、任务、对象等问题开展了讨论。希望经过商讨、研究，建立起比较科学的修辞学体系。

（选自《张志公文集》第 2 卷，广东教育出版社 1991 年版，第 179—189 页。原编者按：这是张志公主编《现代汉语·下册》第一章，题目是编者加的。《现代汉语》上、中、下三册，主编张志公，编者有田小琳、庄文中、黄成稳、刘振铎，1982 年人民教育出版社初版，1984 年修订再版，本文据再版本。《现代汉语·下册》是《汉语修辞》，第一章《概论》是张志公先生执笔的，一定程度地反映他近年的修辞学观点，所以收在这里，编者作了小的删改）

词章学？ 修辞学？ 风格学？

在我们近年来的语言研究和语言教育工作之中，有一个比较薄弱的方面，那就是：探讨运用语言的技巧和效果等等这一路的问题。近来，大家开始注意到这个方面。这是十分可喜的现象。要研究这方面的问题，当然首先要确定研究的对象、范围、内容和方法，少不了也要定定名目，商量商量各个有关部门之间怎样"分工合作"等等。于是，关于"修辞学""风格学""文体学""词章学"这些名称的讨论，被提到日程上来了。在目前阶段，讨论讨论这类问题是必要的。"名不正则言不顺"。正正名，有助于明确研究的对象和内容，有利于研究工作的开展。这里就这个问题提出一点极不成熟的看法，就教于从事语言研究和语言教育工作的同志们。

谈的虽然是名目，但是最好把名目暂且搁在一边，先看看在运用语言的技巧和效果等等这一路上有些什么需要研究的问题，这些问题宜于怎样排队归类才比较合理，比较便于研究，然后考虑各队各类各用什么名称比较恰当。可以先取好名字等着生小孩儿，更普通的情形是生下小孩儿来再取名字。本文想试着用后一种办法。

在运用语言的技巧和效果等等这方面，是不是有下边这样一些问题需要研究？

A₁ 语言里有些词语，在一般情形下可以附带表示使用者的某种感情。有些词语，本来具有这种色彩，可是采取某些特定的办法，可以使它具有另一种色彩；有些词语，本来没有这种性质，可是采取某些特定的办法，可以使它获得这种性质。比较：节俭—吝啬，勇敢—冒失；谨慎—谨小慎微，惊动—惊天动地；形式—形式主义，神气—神里神气。

A₂ 有些词语，在一般情形下不附带任何色彩，可是用在特定的场合（现实环境或者上下文），会带上某种色彩。比较：平常说"水"—闹水灾的时候，看见河堤冲裂，喊"水！"—在沙漠里旅行，发现前面有条小溪流，喊"水！"又，回答"你在这里住了多久？"这个问题："才七八年"—"已经七八年了"。

A₃ 有的词语，不同的变化形式，附有不同的色彩。比较：大眼睛—大大儿的眼睛；只说"大大地迈进了一步"，不说"大大儿地迈进了一步"。

A₄ 有的词语，常用于某种场合，少用于另外的场合。例如：说"进行研究""加以讨论"，不说"进行看""加以吃"；公文里边说"请尽快回信为荷"，孩子请妈妈给买个小皮球，不说"请快点买来为荷"。

A₅ 有某些场合，偶然不照语法的常规用词，能产生特殊的表达效果。例如：

是欲臣妾我也，是欲刘豫我也。①

其次便是一同去放牛，但或者因为高等动物了的缘故吧，黄牛水牛都欺生，敢于欺侮我……②

B₁ 有的句子可以把两个成分倒过来说，跟顺着说的表达效果不

---

① ［清］毕沅：《上宋高宗议除奸疏》，《续资治通鉴》卷一百二十一。
② 鲁迅：《呐喊·社戏》。

同；可以想法把同一个成分说两遍，跟只说一遍不同。比较：我们马上就去。——我们去，马上就去。

B₂ 有的句子可以略去一些成分不说，跟说全了的表达效果不同；把要说的意思合成一个简单的句子或者分成比较复杂的句子，效果也不同。比较：他们不避困难和危险，一气爬上山顶。——他们不避困难，不怕危险。他们一气爬上山顶。

B₃ 用不同的格式表达相同的意思，意味不同。比较：我说了他几句。——我把他说了几句。——他被我说了几句。

B₄ 相连而意义相关的句子，用相同的结构，使之整齐，或者用不同的结构，使之参差，表达效果不同。这就是平常说的骈散的问题，无需举例。

C₁ 叙述事物，多用或者少用形容修饰的话，表达效果不同。

C₂ 不把要说的意思直接说出来，用别的事物打比方。可以只用一句话打比方，可以整段是一个比方，也可以整篇是一个比方。这就是平常说的种种比喻，以及所谓讽喻、寓言等。运用这些方法能产生特定的表达效果。

C₃ 歇后语，"顶针续麻"，回文，双关等等，利用汉语汉字的某些特点，能产生某种表达效果。

D₁ 韵文和散文运用语言有不同的特点。

D₂ 文艺作品和非文艺作品运用语言有不同的特点。

D₃ 科学作品和非科学作品运用语言有不同的特点。

D₄ 公文的语言有某些特点。

E₁ 不同的作家运用语言有某些不同的特点。

E₂ 不同的民族运用语言有某些不同的特点。

E₃ 不同的时代运用语言有某些不同的特点。

E₄ 不同的阶级运用语言有某些不同的特点。

E₅ 怎样运用语言才能达到准确、鲜明、生动的要求。

上边列出的这些问题远不是全面的，需要研究的问题还很多。姑且拿这些问题来试试吧。

这些问题需要研究，想来不大会有异议。不同的意见在于，这些问题各该归哪些科学部门研究。可以讨论的有两个方面：

（1）上列 A 类问题显然跟词汇学有瓜葛，A、B 两类问题显然都跟语法学有瓜葛；A、B、C、D、E 各类问题显然都或多或少地跟文艺学有瓜葛。那末，这些问题是应该分别并合在词汇学、语法学、文艺学里去研究呢，还是应该由独立的科学部门来研究？

（2）假定应该并合，那末，怎么并合法？哪些问题应该并入哪些科学部门？假定应该有独立的科学部门来研究，那末，该有多少部门？一个？两个？还是更多个？

先谈第一个问题。

确定这些问题该不该分别并入词汇学、语法学、文艺学的研究范围，需要从两方面看。第一，词汇学、语法学、文艺学那些部门能不能把上列这些问题都包下来。包得下来，合伙何尝不好？包不下来，那就只好另立门户。第二，上列这些问题，够不够自立门户，就是说，它们有没有一定的规律性，是否可以构成一定的系统，研究起来能不能解决一定的实际问题。

照我的粗浅的看法，上列这些问题，别的几个有关的科学部门恐怕包不下来。拿 A 类问题来说，像 A₂，词汇学和语法学都不大好谈；A₅是语法问题，可是语法书里谈这类问题怕也不大方便。再如 D 类，文艺作品的语言运用问题，文艺学应该研究，可是非文艺作品的语言运用问题，文艺学就管不着。看来有另立门户的必要。立不立得起来呢？立得起来。语言是交际工具。任何一种工具，不但制造的方法有规律性，怎样使用也是有规律性的，是有整套的操作程序的，掌握了这些规律和程序，就能解决一定的实际问题。从事实上看，也确实立得起来。中外古今有过"修辞学""风格学"等等，这些事实就是证明。

另立门户，并不意味着井水不犯河水。为特定对象和特定目的编写的语法书，如果适当包括 A、B 两类问题中可以包括的部分，不仅是可能的，甚至是必要的。反之，以研究 A、B 两类问题为主的部门，也不能不以词汇学和语法学为基础。研究 A、B 两类问题的部门跟词汇学和语法学，既有区别，又有联系。有区别，因为它们研究的内容、目的、所解决的问题、所用的方法，都有所不同；有联系，因为它们处理的材料是一个：语言里的词语和句子。各类问题跟文艺学的关系也大致如此。

第二个问题比较麻烦些。既然要另立门户，怎么立法呢？是立一户，还是立几户？是立一个集体户，再分别立几个小户，还是干脆就分立几小户？

我想，可以，也需要立个集体户。就是说，应该有一门科学，全面地研究从 A 到 E 这五类问题。因为：

（1）五类问题有一个很显著的共同性，那就是，都属于语言运用的问题——语言运用的技巧和语言运用的效果。既然是语言运用的问题，那末，运用离不开人，因此这五类问题又都与人有关。它们都有一些规律，可是那规律不像语法那么抽象，不能列出像数学公式一样的东西。它们具有显著的时代性，社会性，乃至阶级性。李肇《唐国史补》说：

> 元和已后，为文笔，则学奇诡于韩愈，学苦涩于樊宗师。
> 歌行则学流荡于张籍。诗章则学矫激于孟郊，学浅切于白居
> 易。学淫靡于元稹。俱名为元和体。大抵天宝之风尚党，大历
> 之风尚浮，贞元之风尚荡，元和之风尚怪也。

姑无论他的论断是否完全恰当，这段话总说明了一个问题：运用语言，一时有一时的风尚。离开时代精神去谈语言运用，在若干问题上是谈不

通的。同时，语言的运用，不仅是语言本身的对错好坏问题，而且具有很大的社会意义。罗大经批评白居易晚年那些颓废作品的话是很有见地的。他说：

> 白乐天对酒诗曰："蜗牛角上争何事，石火光中寄此身，随富随贫且欢喜，不开口笑是痴人。"又曰："百岁无多时壮健，一春能几日晴明。相逢且莫推辞醉，听唱阳关第四声。"又曰："昨日低眉问疾来，今朝收泪吊人回，眼前见例君看取，且遣琵琶送一杯。"自诗家言之，可谓流丽旷达，词旨俱美矣。然读之者，将必起其颓惰废放之意，而汲汲于此快乐。惜流光，则人之职分，与夫古之所谓三不朽者，将何时而可为哉！……①

更突出的一个例子是太平天国时候下过的一道《戒浮文巧言谕》：

> 照得文以纪实，浮文所在必删；言贵从心，巧言由来当禁。……现当开国之际，一应奏章文谕，尤属政治所关，更当朴实明晓，不得稍有激刺，挑唆反间，故令人惊奇危惧之笔。且具本章，不得用龙德、龙颜及百灵承运、社稷、宗庙等妖魔字样。至祝寿浮词，如鹤算、龟年、岳降、嵩生及三生有幸字样，尤属不伦，且涉妄诞。推原其故，盖由文墨之士，或少年气盛，喜聘雄谈，或新进恃才，欲夸学富。甚至舞文弄墨，一语也而抑扬其词，则低昂遂判。一事也而参差其说，则曲直难分。倘或听之不聪，即将贻误非浅。可见用浮文者不惟无益于事，而且有害于事也。……嗣后本章禀奏，以及文移书启，总须切实明透，使人一目了然，才合天情，才符真道。……②

这个文告涉及的方面很广，从词语的运用直到整个公文书的写作要求，

---

① ［宋］罗大经著：《鹤林玉露》第三卷。
② 罗尔纲编注：《太平天国文选》，上海人民出版社1957年版，第99页。

都有关系，就是说，涉及全部的语言运用问题。而从文告的精神可以看出来，反对封建统治的起义者对于运用语言的要求，与封建统治阶级有多么大的区别。

（2）五类问题相互间有非常密切的联系。A、B 两类问题关系很近，这是十分明显的。其实，就连 D、E 之类的问题，与 A、B 两类问题也是密切相关的。比如，文学作品与非文学作品运用语言各有特点，这特点从哪里表现出来呢？一个重要方面是遣词造句有些不同。又比如，甲作家与乙作家运用语言各有特点，表现这特点的一个方面也在遣词造句。明人王文禄评论陶诗和杜诗说：

> 魏晋以来诗多矣，独称陶诗。陶辞过淡，不及曹刘之雄，谢江之丽，然多寓怀之作，故诵者慨然有尘外之思。唐以诗取士，诗盛矣，独称杜诗。杜调太重，不及陈李之逸，王骆之华，然多述怀之作，故诵者恻然有由中之感。①

所谓"淡"和"重"，所谓"雄""丽""逸""华"，从哪里表现出来？重要的方面之一显然是遣词造句。研究作家运用语言的特点，不能不研究他遣词造句的特点，也就不能不研究遣词造句在形成语言特点上有些什么作用。反过来，研究遣词造句的问题，又不能不落实到不同的作品上和时代、社会以及作家上，因为，前边说过，运用语言的规律不是那么抽象的东西，它与时代、社会、作家、作品有密切的关系。

（3）从实用的角度考虑，或者说，从语言教育的需要考虑，全面地探讨五类问题，是有很大方便的。因为在实际运用语言的时候，决不是孤立地一时考虑遣词造句的规律，一时考虑作品的特点，而是综合地应用各个有关方面的原则、规律、方法、技巧的。当然，科学研究和教育工作不是一回事，二者不能混同起来，然而中间又确乎有密切的联

---

① ［明］文禄著：《文脉》，第二卷。

系，也不容彻底割裂。研究语言运用的种种问题，应该有它的实用目的，不能是为研究而研究。

如果上述这些理由可以成立，那末，这全面研究五类问题的科学是不是可以称之为"词章学"呢？

既然立了集体户，还要不要再分立几个小户？我看要的。科学研究，需要适当细致的分工。分工细致才能研究得深入。从 A 到 E 五类问题，尽管有密切的联系，毕竟还各有特定的内容。其实，不仅五类问题之间是这样，就是一类问题之内的几个方面，又何尝不然。陈善《扪虱新话》里有一段话，说得很有意思：

> 韩以文为诗，杜以诗为文，世传以为戏。然文中要自有诗，诗中要自有文，亦相生法也。文中有诗，则句语精确；诗中有文，则词调流畅。谢元晖曰："好诗圆美流畅如弹丸。"此所谓诗中有文也。唐子西曰："古人虽不用偶俪，而散句之中暗有声调，步骤驰骋，亦有节奏。"此所谓文中有诗也。

诗与文不是绝对对立的，而是"相生"的，诗中可以有文，文中可以有诗；然而诗毕竟是诗，文毕竟是文，陈善只是说诗文可以"相生"，不是说诗即是文，文即是诗。诗也罢，文也罢，都是文学作品，都是语言的艺术，因此可以合起来研究；可是诗自有诗的格律，文自有文的法则，又可以分开来探讨。五类问题也是这样。

那末分立几个小户呢？恐怕两个总是要分的。A、B、C 三类是一般的语言运用的方法和技巧问题，侧重在分析的研究，可以作为一个部门；D、E 两类是特定的作品形式和作家运用语言的特点，也包括我们对运用语言的总的看法和要求，侧重在综合的研究，可以另作一个部门。

如果这个分法可以考虑，那末研究 A、B、C 三类问题的也许可以沿用"修辞学"这个名称，研究 D、E 两类问题的，也许可以叫作"风格学"。

可以不可以再分呢？可能性当然有的。比如，C 类也许可以单独研究，过去的所谓"修辞学"就是以研究这类问题为主要内容的。D 类也可以单独研究。在历史上，从陆机写《文赋》到姚鼐编选《古文辞类纂》，前人在文体问题上是作过不少分析研究工作的。研究文体问题，各种体裁运用语言的特点——文体风格，应该是主要的内容，所以跟 E 类问题是相通的；不过，也还包括文体的流传演变、文体的应用等等不属于风格范围的问题，所以跟 E 类也有不合之处。

科学研究，往往是越分越细的。在词章学（这里只好就用一下这个综合的名目了）这个方面，我们现有的基础还比较薄弱。在这样一个基础上，也许可以先分得粗一点，作下去试试看，先把一些密切相关的问题作些综合的考察，得出一些初步的成果之后，再根据实际情况看看哪一部分还需要分出来单独进行研究。这样，也许比一上来就分得太细，把研究的面划得太窄，把力量分得太散好一些。

讨论讨论名目，划划范围，分分工，在目前来说是必要的。但是，我觉得，在这上面花费的力气不宜太多。要紧的事情是赶快动起手来，研究实际的问题。我想，要是把实际问题研究出个眉目来，比如说，在遣词造句方面能够提出些有助于运用语言的规律，可是名目取得不大妥帖，放的地方不大稳当，也总比取了个好名目，放在个合适的地方，可是还没有具体内容，要好得多。为了语言教育工作的需要，真得向语言科学工作者提出个呼吁：赶紧编出几本书来——叫"词章学"也好，"修辞学"也好，"文体学"也好，"风格学"也好，或者别的什么学也好，总之，给解决一些运用语言的实际问题！

（原载于《中国语文》1961 年 8 月号）

汉语语法与汉语辞章学

一

1. 1961~1962 年，本文作者在《中国语文》和另一份刊物上发表了《修辞学？风格学？辞章学?》《谈辞章之学》两篇文章，提出了"辞章学"的构想，建议建立"汉语辞章学"这样一门学科。此后间断地作了一些探索。1981 年春，应邀在北京大学中国语言文学系为三年级学生开设了一门选修课《汉语辞章学讲话》。全部教程包括六部分：绪论、章法论、句法论、比兴论、风格论、文体论。句法论之后有一题"字法论"（这是用的传统的术语，实际上就是词法论），最后有一题"汉语辞章学的今昔观"，由于时间不够，略去没讲。这是本文作者初步设计的汉语辞章学的一个极粗的轮廓。用一句话来概括它的内容，可以这样说：辞章学是研究诗文写作中运用语言的艺术之学。如果用英语来称说，大致可以称之为 The Art of Writing：a Linguistic Approach。

2. 在进入本文所要论述的主要问题之前，这里有必要就汉语辞章学的来龙去脉再稍作一些说明。

辞章之学在我国有悠久的历史传统。先秦两汉的文献里，"文、辞、章；文辞、文章"① 就已频繁出现，人所共知，不待例证。同时对这些东西本身以及它们同所表现的内容之间的关系的探讨研究也相继发达起来：

> 子曰："君子进德修业。忠信，所以进德也；修辞立其诚，所以居业也。"（《易·乾·文言》）

> 情欲信，辞欲巧。（《礼记·三十二表记》）

> 《离骚》……其文约，其辞微，其志洁，其行廉，其称文小而其指极大，举类迩而见义远。（司马迁《史记·屈原贾生列传》）

> 徒雕文饰辞，苟为华叶之文哉？（王充《论衡·自纪》）

> 或调辞以巧文，或辨伪以实事。（同上）

魏晋隋唐以下，又出现了"辞章"的说法：

> 好辞章、数术、天文。（范晔《后汉书·蔡邕传》）

> 五声比而成韶夏，五情发而为辞章。（刘勰《文心雕龙·情采》）

> 居间益自刻苦，务记览，为词章。（韩愈《柳子厚墓志铭》）

同时出现了讨论这些问题的专门论著，如曹丕《典论·论文》、陆机《文赋》、刘勰《文心雕龙》等。此后，论文评诗之作，重见迭出，数量之多，方面之广，都称大观。

最后，出现了"辞章之学"这个概念：

> 梦楼尝言：词章之学，见之易尽，搜之无穷。今聪明才学

---

① "辞"，有的认为指口头语言。刘勰《文心雕龙·书记》："辞者，舌端之文，通己于人。"有的认为兼指书面语言。王应麟《困学纪闻·卷一易》："辞非止语言，今之文，古人所谓辞也。"有人用"言"指口头语言，"文辞"指书面语言。韩愈《送孟东野序》："文辞之于言，又其精者也。"

之士，往往薄视诗文，遁而穷经注史。……著作如流水，自为
江海；考证如火，必附柴薪。作者之谓圣，词章是也；述者之
谓明，考证是也。（梁章钜《退庵论文》）

此外，还有许多有关的论述，不备举。

文、辞、章、文辞、文章、辞章，可以统称为文，或者用比较后起
的概念，统称为辞章。同文或辞章相对待的，历来有三组概念。一组是
"道、德、义、理"等，可总称为"道"；一组是"意、志、才、情"
等，可总称为"情"；一组是"学、学问、考证"等，可总称为"学"。
这三组合起来可统称为"实"或"质"。文（辞章）与质（实）相对
待，用现在的话来说，前者是语言形式，后者是思想内容，二者是对立
统一的，两千多年来一直是这样看法：

子曰："质胜文则野，文胜质则史，文质彬彬，然后君
子。"（《论语·雍也》）

情者文之经，辞者理之纬，经正而后纬成，理定而后辞
畅，此立文之本源也。（《文心雕龙·情采》）

文辞，艺也；道德，实也。笃其实，而艺者书之。（周敦
颐《文辞·通书》）

道者文之根本，文者道之枝叶，所以发之于文，皆道也。
三代圣贤文章，皆从此心写出，文便是道。（《朱子语录》）

论道而专求诸语言文字间，则道泯矣；抑论道而不求诸语
言文字间，则道亦晦矣。（张伯行《朱子语类辑略·序》）

总而言之，历代学者都主张"文质相资"（刘勰）。所谓辞章之学，就
是研究这个对立统一体中"文"（"辞章"）这个方面的。

辞章之学讲究"连接篇章"（王充）；"联辞结采"（刘勰）；讲究
"谋篇""著文""酌字""修辞"；要求"巧""约""微""畅""达""简"
"妍""丽雅"等等，反对"拙""繁""冗长""相袭"等等。这些词语，

有的含义很清楚，有的有些抽象或模糊，但是总的来看，都是关于语言的运用和语言艺术的。

讲到艺术，我们知道，无论是造型艺术、表演艺术、语言艺术、综合艺术，它们中间有若干共同性的因素，它们都是多方面的观念形态的综合，它们都有民族性、社会性和时代性，反映人们的哲学观和审美观。

辞章学既是语言艺术之学，必然和语言特点，包括语音的、语汇的、语法的特点有密切的关系。在"辞章学"的上面冠以"汉语"，称"汉语辞章学"，因为要研究的是汉语的语言艺术，而不是一般的语言艺术。

汉语辞章学是企图用现代科学观点，其中包括并且着重运用现代语言学观点整理探讨我国传统的辞章之学的一门语言应用学科。

3. 在研究汉语辞章学的过程中，可以愈来愈清楚地看到，汉语的语言艺术在利用着汉语各方面的特点，发挥着这些特点的艺术功能，同时也受着这些特点的影响和制约。

更显著的是，汉语的语言艺术敏锐而深刻地反映着汉语各方面的特点，为我们研究汉语的若干重要问题提供了线索。目前，我们对汉语的某些方面，特别是语法方面的了解，在若干重要问题上还处于若明若暗的状态。研究汉语语言艺术得到的那些线索，对于揭示汉语语法的某些特点，帮助我们深入钻研那些特点，是很有意义的。如果说汉语辞章学的研究所提供的线索还不足以解决至今尚未解决的一些问题，至少这些线索向我们提出了值得进一步思考的问题，向着解决那些悬而未决的问题接近了一步。

本文不是专门讨论汉语辞章学的。要讨论的，是汉语辞章学的研究所提供的有助于揭示汉语语法某些特点的一些线索。

二

1. 在汉语辞章学里研究字法的时候，自然会注意到这些脍炙人口的著名用例：

> 京口瓜州一水间，钟山只隔数重山。春风又绿江南岸，明月何时照我还？（王安石《泊船瓜州》）
>
> （虎）往来视之（驴），觉无异能者。益习其声，又近出前后，终不敢搏。稍近，益狎，荡倚冲冒。驴不胜怒，蹄之。
>
> （柳宗元《三戒》之二《黔之驴》）

人们都认为"绿""蹄"这两个词用得好：形象、生动、情趣深厚。关于那个"绿"，还有这样的记载：据说，有人发现了王安石的手稿，最初写的是"春风又到江南岸"，这位政治家兼诗人自己把"到"字划掉，批曰"不好"，改为"过"，然后又改为"入"，再改为"满"，最后定为"绿"。

2. 研究辞章学就要提出这样的问题：这两个词为什么用得好？为什么会产生辞章效果？语法学者通常是这样解释这些现象的："绿"是形容词用如（或活用为）动词，"蹄"是名词用如（或活用为）动词。看来，这两个词的辞章效果是由"用如"或"活用为"这种灵活变通的手段产生的。

问题还没有解决，还需要继续问下去：这样"用如"或"活用为"是汉语语法的基本法则所容许的呢，还是本不容许，这里是破例这样用的？这种用例是偶见的呢，还是经见、多见的？从辞章学角度考虑，凡破例的、偶见的语言形式会给人以新颖感，而新颖的表达能够传达比较丰富的信息，引起人们比较多的联想和想象。如果"绿""蹄"这种用法是破例的，偶见的，那么，它们的辞章效果是产生于新颖；如果不是，对于它们的辞章效果之所由生，就还需要进一步从别的方面去探求。为此，研究辞章学不得不追问上边提出的问题。

3. 我们发现——其实，并不是什么新的发现，大家早就知道，像"绿"那样的所谓形容词用如（或活用为）动词的现象是大量的、十分普通的。既是大量的、普通的，本来就不需要举例了，姑且摘列几条如下：

> 冉有曰："既庶矣，又何加焉?"曰："富之。"曰："既富矣，又何加焉?"曰："教之。"（《论语·子路》）
>
> 凡大者小邻国也。（《吕氏春秋·慎大览》）
>
> 吾妻之美我者，私我也。（《战国策·齐策一》）
>
> 始皇尝议大苑囿，东至函谷关，西至雍陈仓县。（司马迁《史记·滑稽列传·优旃》）
>
> 于是废先王之道，焚百家之言，以愚黔首。（贾谊《过秦论》）
>
> 此皆以白为黑，欺天罔君者也。吾欲整齐风俗，四者不除，吾以为羞。（曹操《整齐风俗令》）
>
> 且秦无已而帝，……彼将夺其所不肖而与其所贤，夺其所憎而与其所爱。（《通鉴五·周纪五》）

像"蹄"那样的所谓"名词用如（或活用为）动词"的现象，也是很不少见的，这里也姑且摘列几条：

> 入其门，无人门焉者。（《公羊传》）
>
> 贫穷则父母不子。（《战国策·秦策一》）
>
> 太后怒，不食，曰："今我在也，而人皆藉吾弟，令我百岁后皆鱼肉之矣。"（司马迁《史记·魏其武安侯列传》）
>
> 何者? 诚恐己离兵为人所祸也。（曹操《自明平志令》）
>
> 白石如玉，愚者宝之；鱼目似珠，愚者取之，狐貉似犬，愚者蓄之；枯萎似爪，愚者食之。（诸葛亮《便宜十六策·察

疑》）

愿陛下托臣以讨贼兴复之效；不效，则治臣之罪，以告先帝之灵。（诸葛亮《出师表》）

不仅普通名词可以这样用，专有名词这样用的也不是偶见：

公若曰："尔欲吴王我乎？"（《左传·定公十年》）

夷而进于中国，则中国之。（韩愈《原道》）

今者无故诱致敌使，以诏谕江南为名，是欲臣妾我也，是欲刘豫我也。（胡铨《戊午上高宗封事》）

所谓"形容词用如（或活用为）动词"的现象，直到现代汉语，还是大量的，普通的，无需举例。所谓"名词用如（或活用为）动词"的现象，现代汉语里好像比较少见了，然而并非没有：

其次便是一同去放牛，但或者因为高等动物了的缘故吧，黄牛水牛都欺生，敢于欺侮我。（鲁迅《呐喊·社戏》）

这样用，似乎有点破例，其实并不。在口头语言里，像"铁了心"之类的说法还有；至于"这个人好本领""今天都星期三了，他还不来"这样的句子更不少见，只是大家已经倾向于称之为名词谓语句，承认名词可以充当谓语，不愿意说成"名词用如动词"了。（如果说"今天已经星期三了"是名词谓语句，那么，"牛已经高等动物了"为什么不可以是名词谓语句呢？这是个值得思考的问题。）

上边这些人所共知的事实回答了汉语辞章学研究者提出的问题："春风又绿江南岸""（驴）蹄之"这些用例是汉语语法的基本法则所容许的，是经见多见的，是普通的。得到了这个回答之后，辞章学怎么处理这些现象，怎么进一步探求它们的辞章效果之所由生，那就不在本文讨论范围之内了，因为，再讨论下去就成了专门讨论辞章学问题，离开本文的题目了。

需要讨论下去的是汉语辞章学由于要研究字法而向汉语语法学提出

的问题。

4. 这里作一个小统计：

"学"这个词在《论语》里出现65次。

"学而时习之"这一类（包括"未学、能学、愿学"等等），17次。

"行有余力，则以学文"这一类（包括"学稼、学为圃、学干禄、军旅之事未尝学、焉学、焉不学"等等），17次。

"多学而识之"这一类（包括"下学、三年学"等等），6次。

"博学"，4次。

"十有五而志于学"这一类，5次。

"好学"，16次。

因为"好学"出现的次数相当多，再查一下"好"，看看它后边还有些什么。

"好之"，5次。

"好犯上"之类，6次。

"所好"，1次。

"好礼"之类，14次。

"好勇"之类，6次。

这里主要是查考"学"和"好"两个词在《论语》这部书里的活动情况，连带牵涉到别的一些词。作为一种抽样统计，这里抽样的范围太小，数量太少，远不足据以得出什么结论。

不过，把这个小小的统计和前一节说明的那些现象联系起来看，所谓名词、动词、形容词，就其语法功能（或者说活动情况或分布情况）而论，给人一种界限相当模糊的印象。这种印象不能不使我们对名词、动词、形容词的分类和"本用、变用、活用"的解说产生怀疑。所谓名词、动词、形容词，合起来占全部语汇的很大的比例，可以说是语汇的主体。可是这个语汇主体的分类却是外来的，是把印欧语言的名词、动词、形容词的概念强加于汉语的。科学无国界，只要是于我们有用的学说、理论或方法，尽管拿来使用；无需追问它来自何方。可惜的是，印欧语言是形态语言，而汉语是非形态语言——没有严格意义的形态，不依靠形态作为重要的语法手段。这样两种截然不同的语言，它们的语汇主体可以进行同样的语法分类，根据是不足的。即使在英语里，noun，verb，adjective 的界限也远没有汉语"名词""动词""形容词"的界限那么模糊。这是任何一位知道这两种语言的语言学者都了解的事实。"初学游泳的人虽然很喜欢游泳，也不敢到大海里去游（泳），即使在游泳池里已经游（泳）得很好。""游泳"既是 to swim，也是 swimming，又是 to have swum。"新学了（一个）歌儿""喜欢海"，"游泳"可以用在"歌儿"和"海"的位置上；"在大海里航行"，"游泳"可以用在"航行"的位置上；"在小池（子）里"，"游泳"可以用在"小"的位置上，它无疑可以用在"荷花池"的"荷花"那个位置上。这种现象不能不使我们困惑。我们不禁想起七十年前英国东方学家 Archibald Henry Sayce 的话。他说：Chinese grammar, for instance, can never be understood until we discard not only the terminology of European grammar, but the very conceptions which underlie it……①Sayce 先生的话可能说得严重了一些，然而是发人深省的，今天再读这句话，并不觉得过时。

　　这并不意味着汉语词汇的主体是不能进行语法分类的，像 Maspero 先生和高名凯先生说过的那样；而是意味着，汉语的词类问题，像汉语语法中其他一些重要问题一样，是一个有待努力寻求更合理的解决的问题。本文作者是出于研究汉语辞章学的需要，重新接触了这个老问题的。有一些设想，还很不成熟。述说那些不成熟的想法是本文的题目和

---

① 见 *Grammar. The Encyclopedia Britannica* 11th ed. 1910~1911。

篇幅都不容许的。

从辞章学的角度看，毋宁感谢汉语语汇的这种语法特点。不仅开头举的"春风又绿江南岸"和"（驴）蹄之"，就连接下去讨论的时候举的那些例子，大多数都由于这种特点产生了语言艺术效果。唐代诗人王维有一首著名的《山中送别》诗，Herbert Giles 作了很好的翻译，对照如下：

原诗	**译文**
山中相送罢，	We parted at the gorge and cried good cheer.
日暮掩柴扉；	The Sun was setting as I closed the door.
春草年年绿，	Methought spring will come the next year.
王孙归不归？	But he may come no more.

把一首绝句翻译成一首英语的格律诗，很不容易。Giles 先生的译文是值得赞赏的；有些译得不确切的地方，或由于韵律的需要不得不活译，或由于两种语言的语汇差异难于确切，这里无意作全面的评述。要指出的是第三行。这里的译文之所以不够确切，韵味之所以不如原诗，既不能归之于上述原因，也不能归咎于译者。"春草每年都要绿一次"，显然比"春天明年还要来"蕴含丰富得多。这又是"绿"那个词的这种用法起的作用。

三

1. 我们都知道，汉语的虚词具有组合实词、表示语法意义和语法关系的作用，是一种语法成分。有些虚词的使用是带有强制性的：非用不可，非用这一个不可，非用在这个地方不可，或者非同另一个以一定的方式配合使用不可；或者相反，非不用不可。

在研究辞章学的过程中，另一种现象，虽然也是素常大体知道的，引起了更多的注意，那就是：相当多的虚词，不止那些半虚半实或者偶尔虚化的虚词，就连某些经常虚、完全虚的虚词，它们的使用不是强制性的，而是可选择性的。虚词的这种可选择性提供辞章手段，产生辞章效果，成为辞章学的研究对象。辞章学对虚词的研究同样为语法学对它们进行更深入的研究提供了线索。

2. 虚词表示语气情态的作用，有很大的辞章价值。请看：

如曰今日当一切不事事，守前所为而已，则非某之所敢知。（王安石《答司马谏议书》）

有以多符空言，无裨实政相稽者，则固不佞所不恤也。（严复《译天演论自序》）

这两句的结构很相像（内容、意境、态度也相近），但是前一句末尾没用"也"，后一句用了。这种结构的句子，用"也"是常例。然而，用或不用并没有产生语法上的重大差异，倒是引起了读者很不相同的感觉。前句不用"也"，让人读下来似乎听见一种强烈决断的语气，仿佛看见一种以掌击案或者拂袖而去的神情。略去这一个虚词，显示出王安石这位"拗相公"的"拗"劲。后句用了"也"，全句表示的意思虽然也是强硬的，态度是坚决的，但是语气却平和多了，似乎是娓娓而谈，不是疾言厉色的争辩。再请看：

吾年未四十，而视茫茫，而发苍苍，而齿牙动摇。（韩愈《祭十二郎文》）

在这个句子里，只留第一个"而"，略去后两个，完全可以，并且更合常例。重复用三个"而"，使人读下来清楚地感觉到，韩愈在说这话的时候对自己过早衰老的感触是深重的，从而说的语气是低沉的、缓慢的。只用一个"而"，成了很流畅的一个转折句，即便念得慢一点，调子低一点，也还不足以显示出那么深重而低沉的语气神情。

我们还知道，"A者，B也"是一种表示判断的句式，以"者"

"也"两个虚词为句法标志。然而这个句式可以有五种变化式。请看：

常式:A 者,B 也。　　蔺相如者,赵人也。(《史记·廉颇蔺相如列传》)

变式(一):A,B 也。　　秦,虎狼之国也。(《史记·屈原贾生列传》)

我,子瑜友也。(《通鉴·赤壁之战》)

(二):A 者,B。　　陈婴者,故东阳令史。(《史记·项羽本纪》)

(三):A,B 者也。　　城北徐公,齐国之美丽者也。(《战国策·齐策》)

(四):A 者,B 者也。　齐谐者,志怪者也。(《庄子·逍遥游》)

(五):A,B。　　　　班超,字仲升,扶风平陵人。(《后汉书·班超传》)

常式与变式，以及五种变式，都是可选择的（只有个别情形下有强制性，如变式（一）两个例句，"秦""我"后边不用"者"，但是大多数情况下，A 后边都可以用"者"，也都是常见的，并不是少见或偶见的。多排列一些例句可以看出来，"者"和"也"无论用或不用，用一个、两个或者三个，都不影响句子的基本结构，不产生重大的语法差异，而在许多情况下会产生不同的语气情态。变式（一）两个例句中的"秦"和"我"后边不用"者"。读前一句，我们仿佛听见了一种恨恨之声；读后一句，我们似乎看见了一副趾高气扬的神态。从这里我们更可以感觉到，历史书上常常把刘备说成是"天下枭雄"，然而三种说法传达的语气是不同的。请比较：刘备，天下枭雄。—刘备，天下枭雄也。—刘备者，天下枭雄也。

有的虚词在有的情形下，用或不用既产生语法差异，也产生不同的语气情态。请比较：

  恨相知晚也。(《史记》)

  恨相知之晚。(《汉书》)

《汉书》省去"也",主要产生不同的语气情态;加了一个"之",同时改变了句子结构。两个句子给人截然不同的语感。

  虚词的使用既是语法问题,又是辞章问题。从辞章学的需要来研究虚词,有助于更深入细致地探索汉语虚词的语法特点。无论从哪个角度着眼,停留于描述汉语虚词在语言中活动的各种现象是不够的。语法的研究和辞章的研究相辅相成,相互依存。

  连虚词这种语法成分也有辞章效果,有语言艺术的作用,这个事实可以增进我们对汉语的认识。

四

  1. 句法与辞章的关系无疑更为密切,情况也更为复杂。从辞章学的角度看汉语句法,有不少问题值得深入探讨。

  2. 名词或名词短语(这里姑且使用这些大家习用的术语,下同)连属成句在诗词曲里常见。请看几个著名的用例:

  鸡声茅店月,人迹板桥霜。(温庭筠《商山早行》)

  七八个星天外,两三点雨山前。(辛弃疾《西江月·夜行

黄沙道中》)

  枯藤老树昏鸦,小桥流水人家,古道西风瘦马,……(马

致远《天净沙》)

不能认为用逗号隔开的每个组合不是句子,然而它同任何其他类型的句子都不一样。它不是由主谓短语构成的主谓句,不是由动词短语(开门!)、形容词短语(好极了!)、单个的名词短语(好小伙子!)或者单个的词(走!)构成的非主谓句。虽然这类句子多见于诗词曲,但是它们的存在表明汉语容许几个名词(或名词短语)连属起来构成意思明

白的一个句子。这种句子用于静态描写，形成一幅形象、色彩、意趣都很鲜明的画面，唤起读者某种感觉、情绪或者联想、想象。单独一个不行，一定得几个配合起来才能产生这种效果。单独一个"鸡声"，或者一个"茅店"，或者一个"月"，给人的印象很单薄，甚至是模糊的。三样连在一起，使读者想象出赶路的人听见黎明的鸡叫声，从荒山村野的小旅店里走出来，抬头望见还没有落下去的夜月。倘若读者有过相同或者近似的生活经验，他甚至会感到寒风吹在他的脸上，使他冷得有点微微颤抖。马致远小令里那三句立即在读者眼前展示出一副荒漠萧索的景象，引起一种凄清、孤独、悲凉的情怀。这种句子的构造是特殊的，艺术效果和感染力是强烈的。汉语为什么能够容许这种句子，这种句子成立的诸种条件是什么，是汉语语法学应当研究的问题。

3. 语序在汉语里的重要性是人所共知的。但是语序并不都是强制性的，大有选择的余地。在许多情况下，语序变换造成的语法差异并不影响句意的表达，而是产生不同的辞章效果。饶有趣味并且值得从语法和辞章两方面深入探讨的事例很多。

4. 对偶的辞章效果是大家所熟知的。易成对偶，多用对偶，既反映汉语语音、语素和汉字的特点，也反映汉语语法常被人们忽视的或者还有待探讨的若干特点。

以上两点，还有其他几个问题，限于篇幅，这里无法申说，容另文讨论。

（原载于《语文研究》1983 年第 2 期，第 184—191 页）

非常需要一种桥梁性学科

在语言学界和语文教学界，多年来存在着一个令人头疼的问题，那就是怎样把汉语语言学的基础知识、基础理论同培养听说读写的应用能力（也就是语文教学）实实在在地结合起来。这个"老大难"问题困扰着许多希望语言学的基础知识、基础理论能够为语言应用服务的语言学家，也困扰着许多感到语文教学需要语言学基础理论指导的语文教育家。

认真想一想就不难理解，语言学的基础知识、基础理论同语言应用的确不容易直接挂起钩来。比如讲语音知识，无论是按传统的声韵学的讲法，还是按现代的语音学的讲法，都与实际的听话和说话关系不大。这里姑且按语音学的讲法吧，讲什么叫语音，什么是音素，什么是音位，什么是元音，什么是辅音，什么是音节，什么是声调，什么是调类，什么是调值，汉语普通话有四个声调加一个轻声，有的方言也有四个声调，但调值不同，不少方言有五六个以至八九个声调，等等。这种基础知识还有很多，教起来和学起来都相当吃力，可怎么为培养提高听、说能力服务呢？两三岁的孩子没有学过这些知识，不是照样会听会说吗？再比如，语法的基础知识，讲什么是语素，什么是词，词是怎样构成的，词有多少类，什么是句子，什么是句子成分，句子成分有主语、谓语、宾语等六种，什么是单句，什么是复句，等等，这些知识又怎么为培养提高读、写能力服务呢？要说完全没用倒也不是，可是用处实在不大。从积极方面说，大概遇见长而复杂的句子可以分解分解；从消极方面说，大概会挑挑毛病（平常叫作改病句）。这点用处同学它的时候所费的力气很不相称，有时候甚至于让人感到它毫无用处。

好些年前就有人论证说：司马迁没学过语法，曹雪芹没学过语法，文章写得都那么漂亮；可是有的人语法讲得头头是道，照样写不好文章。学语法又有什么用呢？直到今天，许多人还是认为语法是难学而无用的。于是有的人忽视它，有的人讨厌它，有的人甚至痛恨它。最近有些人很委婉地说"要淡化语法"。实在的意思就是不要语法。听说有位作家不那么委婉，干脆要"扭断语法的脖子"，表明他对语法恨之入骨。当然，这里边有两种误解。其一，两三岁的小孩也好，司马迁、曹雪芹也好，他们都学过语法，是在语言活动中学的，只是没念过语法书而已。其二，文章写得好或者不好，原因是多方面的，懂不懂点语法，只是其中之一。没有任何一本语法书上宣称："好好学语法，包你的文章写得好。"学了语法不一定写出好文章，的确如此；可也得不出这样的结论：不学语法一定写得出好文章。不过，说实在的，语言学自语言学，语言教学自教学，互不相干，互不相谋，这种现象确实存在，那么，教语文的教师用什么方法来培养提高学生的读写能力呢？没有理论指导，只能各行其是：或者全凭个人瞎摸索，凭个人经验；或者是使用"祖传秘方"——多读，多背，自然会写得好，不是说"读书破万卷，下笔如有神"吗？那么，要读哪些东西呢？要读多少才管用呢？怎样读法呢？又是各人有各人的选法，算法，教法，各行其是。

在这种情况下，出现了这样的苗头：理论研究有所前进，也越来越深入，各种理论观点，各种流派越来越多，越复杂，使语文教师感到目不暇接，可望而不可即，跟语文教学似乎越来越疏远了。而青少年以至成年的语文工作者之中，有不小的一部分，语文水平有向下倾斜之势。我们不应讳言，而应面对这个现实。

难道这种两头不能直接挂起钩来的问题是个不治之症吗？

不是。这里需要运用我们的一句老格言：研究任何问题要能"入乎其内，出乎其外"，既要能对问题本身深入钻研进去，又要能从问题本身跳出来，前后左右张望张望，这样才有可能找到解决问题的路子。不能"入乎其内"不行，不能"出乎其外"也不行。经过这样思考，就不难想到像这样一类事实，比如一头是物理学的基础理论科学的一部分——力学，一头是应用科学——建筑，盖房子。力学的基础知识同盖房子怎么挂起钩来呢？我们知道，需要经过一个中间站，比如"材料力学""结构力学"等。物理学中力学的基础知识与"材料""结构"结合起来研究，才能把两头拉到一起来。又比如，一头是生理学，解剖学，一头是绘画中的人物画法，两头看来也不搭界。但是有了"艺用人体解剖学"这个中间站，就把基础理论的生理学、解剖学同应用领域的绘画联系起来了。像"材料力学""结构力学""艺用人体解剖学"这类学科，我们可以称之为"桥梁性学科"。桥梁是过渡用的，从此岸到达彼岸。没有这个桥梁，就只好望河兴叹了。

从上面说的两个事例，我们发现：原来在基础知识、基础理论这一端与实际应用那一端，需要有也可能有一种桥梁性学科把两端挂起钩来。我们应该从这里得到启发，提出一个问题：在语言学的各种基础知识、基础理论这一端，同培养提高听、说、读、写能力这实际应用的另一端，是不是也需要，而且也有可能建立一种桥梁性学科呢？答案是：十分需要，也完全可能。我们的前人早就这样做过，也许并不是十分自觉的。我国从很早的年代开始，就有我们的古代语言学，包括训诂学、文字学，以及稍后一点儿出现的声韵学，这是一端；我们自古以来也就有语文教学，虽然没有这样称呼，但实际是在这样做，也就是培养提高听、说、读、写的实际运用能力，这是另一端。只不过，从封建社会中期以下，对听、说越来越忽视，而侧重在读、写。这是有缘故的。一个原因是从秦汉以下，书面语言逐渐定型，就是我们现在说的"文言"，它同生活实际中使用的不断变化着的口头语言逐渐脱节，并且距离越来越大。而封建社会的当权者要选拔他们所需要的人才，只能通过书面语言，这就是平常说的"以文取士"。"文"就是书面语言，文言既和口头上实际使用的语言差距越来越大，因此，它无法从生活实践中直接学到，只能靠阅读尽可能多的用文言写的作品。这样，随着时代的发展，文言就越来越难学，读写的难度也越来越大。于是，给了人们这样一种错觉，仿佛口头语言是不需要学、不需要教的，几岁的孩子就能听能说很多的话，甚至连文盲的口头语言也可能是很流畅的，那还学它干什么呢？因此，无论是教的人、学的人统统把注意力集中到书面语言上去。另一个原因，汉字是一种独特的文字系统，学习掌握起来有它的难处，特别是在初学阶段，这也助长了人们忽视口头语言、只重视书面语言的这种想法和做法。恰巧，古代汉语语言学的两个最重要的部门——训诂学和文字学，又都是跟书面语言有密切关系的。后来有了声韵学，声韵学本来和诗歌（包括诗、词、曲）关系密切，也就是比较接近口头语言——诗歌是可以唱的，有些甚至是可以半说半唱的，所以诗歌中往往有口头语言成分，或者很接近口头语言的成分。但是，如上所述，文言、书面语言力量那么强大，所以除了民歌民谣之类的诗歌形式外，知识分子的诗、词、曲也逐渐书面化了。这样，就全面形成了以读写为主要内容的语文教学这种情形一直影响到现在，语文教学一直以读写为主，忽视口头语言的训练。

　　既然我国很早就有自己的古代语言学——训诂学、文字学和声韵学，同时也有我们自己的语文教学——以读、写为主的语文教学，于是就发生了语言学的基础知识、基础理论怎样同应用领域——语文教学的培养提高读、写能力挂起钩来的问题。我们的古人对这个问题显然是感觉到了，并且不断地尝试把这两方面挂起钩来的办法，也就是想出一种桥梁性的、过渡性的办法。南朝刘勰的《文心雕龙》就是一部承前启后的桥梁性学科的巨著。它总结前人的经验，开辟其后的道路，把古代语言学的基础知识、基础理论的内容同读和写这种语言应用方面的内容熔于一炉。此后，沿着刘勰所开辟的道路前进的很有一些，例如金元时期王若虚的《滹南遗老集》、王构的《修辞鉴衡》就都属于这一类。一直到清代唐彪的《读书作文谱》，也应该说是属于这一类的。更值得注意的是，明清两代在启蒙教育阶段设置了一门课——"属对"，或称"对课"，这是非常显著的一种桥梁性学科。由于汉语汉字的特点，自古以来在各种著作中经常运用对偶这种形式，到了骈体文时代，发展到极度，许多文章全篇通通是对偶。这种完全流于形式的文风当然是不可取的，所以不久之后就产生了古文运动，反对那种做法。不过，就是在古文运动时期以及其后，对偶还是被经常使用的一种表达形式，韩愈、柳宗元的文章中都有，至于《滕王阁序》《醉翁亭记》《岳阳楼记》等等，也几乎是句句成对的，只是不那么严格就是了。特别是在近体诗形成以后，在律诗和绝句里，规定某两句必须是对偶。再加上唐代近体诗非常发达，当权者又极其重视，以至"以诗取士"，经常通过诗歌的写作能力选拔人才，这样教书的和读书的教学对偶当然也就逐渐多起来了。到了明代，索性把训练对偶列为蒙学阶段的一门必修课，这门课的作用就超越了为作诗做准备的范围，成为一门综合性的语文基础训练课。这种基础训练的性质可以说是典型的桥梁性的，把训诂学、文字学、声韵学等古代语言学的基础知识、基础理论，同读书为文的语言应用训练紧密地挂起钩来了——"对课"既有选字用词的训练，又有声韵的训练，语法的训练以至逻辑的训练。对此有兴趣的同志可参阅拙作

《传统语文教育初探》，1962年上海教育出版社初版，1980年再版；也收入广东教育出版社出版的《张志公文集》第三卷；不久之后，将仍由上海教育出版社出版改定本《传统语文教学教材论》。

以上谈了我国古代探讨、尝试在语言学的基础知识、基础理论同语言应用之间挂起钩来的一些办法，值得我们参考、研究。本文作者曾经倡议建立一门学科——辞章学，从1980年起，先后在北京大学、北京外国语学院、北京师范学院等处试讲过几次，目前再次试讲，讲完之后也许可能出版一本"辞章学摘要"之类。这门课就是试图在汉语语言学及其各分支学科的基础知识基础理论同培养提高听、说、读、写的语言应用能力之间起一些桥梁性作用。前边说的一些事实表明，建立桥梁性学科有必要性，也有可能性，如果这个问题能引起一些同志的兴趣，大家多方尝试、试验，很可能会产生出不只一两种适合于当前实际情况的起桥梁性、过渡性作用的办法。前人的许多做法可以供我们参考，作者本人的尝试只是抛砖引玉而已。

必须说明，这里只是着重指出建立"桥梁性学科"的必要性和可能性，并不是说，语言学及其分支学科的研究和教学不需要了，也不是说语文教学不需要结合教育学、心理学等研究自己的内容、程序、方法等等，只要等待那种"桥梁性学科"来临就行了。架桥需要桥两头的人合力来办。不过在今天这个场合——以理论工作的专家学者为主的学术座谈会上（当然有教师，然而都是大学的教授、副教授们，属于专家之流，和理论工作更接近些），我这个杂而不专、杂而不成家的语文工作者愿意代中小幼教育工作者向在座诸位呼吁，多关心一点儿童的语言教育和对青少年的语文教学吧。我希望，也相信，今后不再会时常听见"这是他们中小学教师的事，不是我们的事"这种说法了。平心而论，架桥工程恐怕主要靠科学家、理论家设计、施工，教师们提供一些材料，提出问题和要求，然后正确使用架起来的桥，并且在使用中检验它，提出如何改进、加固的建议。

贸然提出如上一个构想，请多多指教。

（以上系王本华根据讲话记录整理）

补记：在语言学基础知识、基础理论和语文教学之间建立一种桥梁性学科的构想，是受到钱学森同志在全国政协常委会上一次重要讲话的启发而产生的。特此说明并致谢。（他不是讲语言学、语文教学问题，讲的是科技兴农问题，中间提到"流体力学"产生的前前后后。他的讲话没有单独作为论文公开发表，所以本文没有引用他的原话和原则。）

又，目前正在北京举行的国际声学会第 13 次年会，议题中有这样一系列课题：海洋声学、浅海声学、超声学等；联想到从声学这门基础知识、基础理论学科还可以派生出艺术声学，言语声学，语音合成等多门学科，好像都属于桥梁性学科，把声学和相关的某种应用学科挂起钩来，从这里还可以推及其他。因而愈益感到，在语言学和语文教学之间构建桥梁性学科是一个很值得进一步探索的课题。

1992 年 9 月志公补记

（原载于《中国语文研究四十年纪念文集》，北京语言学院出版社 1993 年版，第 313—319 页，王本华记录整理）

语汇重要，语汇难

词是构成语言的原材料。语言的表情达意功能主要是靠词来实现的。语气、语调、语序，多少也有表情达意的作用，然而必须附丽在词或词的组合体上，作用才能显示出来，否则，没有词，没有词的组合体，根本就谈不上什么语气、语调、语序。它们不能离开词单独存在。构成语言，词的重要性是显而易见的。认真说起来，在语言里，语汇是一种性质，语音和文字另是一种性质，语法又是一种性质。这是三种不同性质的东西，它们不是等价的。我们一向说惯了语言"三要素"（语音，语汇，语法；一般不提文字），值得再加研究。这里顺便要为文字说几句话。如果我们接受"信息技术革命"这个新概念的话，那么，笔者认为，我们就不得不承认，文字的产生是人类第一次信息技术革命。文字打破了口头语言所受的空间和时间的制约，从而成百倍千倍地扩大了语言的功能，使人类的信息交流手段产生了革命性的变化，进而在极大的范围和深度上改变了人类物质生产技术交流的状态，加快了它的速度，加快和发展了人们对自然界、对宇宙、对人类社会的认识以及各种认识的交流和相互影响，在极大的程度上改变了人类社会生活的面貌。第二性的文字绝不是仅仅从属于第一性的有声语言，而是第一性物的具有革命性质的发展。在语言史上和人类社会发展史上具有如此重大作用的文字在现代语言学领域受到的对待是不够公允的。

任何一种语言，在语音、文字、语汇、语法四者之中，从教、学、使用的角度来看，相对地讲，语汇是比较难的。母语是这样，第二语言更是这样。这是因为：第一，语汇的规律最不好讲。什么是一个词，就说不清楚。汉语说"铁路"，是一个词；英语说 railroad，或 railway，也是一个词，然而直译应为"轨路"，不是"铁路"；法语说 chemin de fer，直译是"铁路"，然而不是一个词。这有什么道理可讲呢？就是在同一种语言之内，比如汉语普通话，说"吃面包""吃苹果""吃菜""吃牛肉"，但是不说"吃酒"，因为酒是液体，要说"喝"，不说"吃"，然而，凡是药，即使是药水或者汤药，统统说"吃"，不说"喝"。这又有什么道理可讲，有什么规律可循呢？这只是极简单的例子。词的来源，词的构成，词义，词的用法，词与词的搭配，等等，变化多端，复杂万状。第二，词太多。学任何语言，要想稍微管点用，总得会几千个词。许多词有多义多用现象；两三个词或三五个词之间，有所谓同义、近义现象，或大同而小异，或大异而小同，其同其异，或在所表示的概念的外延、内涵，或在新旧，或在雅俗，或在文野，或在来源，或在隐含，或在色彩，或在搭配习惯，充分理解已经不易，掌握使用作到准确得体更难。人们容易感到语音、语法困难，尤其在学习第二语言时，其实，无论就数量说或就内容说，与语汇之难都无法相比。第三，语汇的身上负载着使用这种语言的民族文化传统，社会风土人情，以至人们的心理特征和思维习惯。倘若这些方面的知识不够，对许多词的领会和运用就必然产生困难。在中国，比如举行一次文艺晚会，大家请某人弹一曲钢琴，或者唱一首歌，或者朗诵一首他本人写的诗，表演完了，大家鼓掌，他答谢，同时可能说（尤其在很小型的，十个八个人的聚会时）："胡弹乱唱，献丑，献丑""见笑，见笑""请指教"。在西方，不大会这样说；西方人初次听见中国人这样说会感到不理解，甚至诧异。就是在中国，这几个说法的含义也很不相同，用不用说，用哪个合适，要看聚会者都是些什么人，什么关系，表演者自己和听者是什么关系，等等。第四，语汇的变化很快，比语音语法快得多。社会上，文化、科学中，有了新的发展变化，出现了什么新事物、新观念，立刻就会出现新的词，或者用旧有的词赋予新义来表示它们。相反，也会不断有旧词被淘汰或者改变了意义和用法。对于社会生活的哪怕点点滴滴的变化，语汇是极为敏感的，反应也是极为迅速的。如果我们作一次今天一天出版的100份各种报纸的词频统计，大概"现代化"这个词的出现频率会相当高。可是，如果认真追问一下"现代"的含义，恐怕不是很容易回答的。"现代汉语""中国现代史""欧洲现代史""现代派（绘画）""现代信息技术"，这些"现代"用一个定义能说得清楚吗？不是不可知，不是不能定义，只是说，很难，因为同是这个词，在不同的时候，不同的场合含义有所变化，它不是凝固的。

上边是一般的说，就教、学、使用而论，语汇重要，语汇难。

在汉语词汇中，有一小批词，数量不多，基本上可以列举穷尽，但是能量很大，在语言中非常活跃，也非常重要，用法复杂，有的微妙，很难掌握，而用得好不好，选得准不准，关系却很大，比一个普通的名词、动词等用得是否恰当，对表情达意是否准确清晰，是否能让人容易而准确地理解，更有影响。这种词，粗粗地说，又有两大类。一类是表示数量、时间、空间等范畴的，习惯性强，以汉语为母语的人学习不感到有什么困难，因为从小就那样听惯说惯了。例如，量词就挺麻烦。汉语一般不把数词直接用在名词前边，当中总要有个量词。这就出了两个问题。第一，什么名词用什么量词，很多是说不出道理的。如"一匹马""一头（或条）牛""一只老虎"，这道理就不大好讲。在有些习惯语里，数词可以直接与名词连用，不需要量词，如"一草一木""三言两语""费了九牛二虎之力"，然而只有某些习惯语才可以这样说，为数有限，不能援例，不能推广，并且用什么数词也是有定的，不能变换，非"九牛二虎"不可，"八牛三虎"就不行。这些，以汉语为第二语言或外国语来学习就会有困难。不过，这只是要记熟、用熟的问题，困难还不算太大。

另一类就更麻烦了。它们多少不等地也表示某种或具体或抽象的概念，几乎没有完全不表示什么概念的，然而更重要的是和表示更具体的概念的词或词的组合体合作，表示某种附加的意义或语气情态，如然否、程度、可能或必然或不可能，等等，或者表示某种抽象的事理关系或结构关系或二者兼而有之，如因果、条件、假设等等。这类词通常称为辅助词或功能词或结构词。由于表示的意义和/或功能大都比较抽象，又往往也有一组一组的，它们表示的意义和/或功能相近又有大小不等的差异，这种差异往往关系重大，有时甚至差之毫厘，谬以千里，例如，"他一定来""他大概会来""他也许来""他准来""他不会来"，这中间的差异比"茶杯""茶碗"之间的差异重要性大得多了。语汇中最难掌握的，其实就是这批东西；小而至于一个"的"，一个"了"，要把它们讲清楚，用准确，都很不容易。作为母语，从小生活于其中，通过实践，逐渐知其然未必知其所以然地会用了，但是依然不时地会出点错。要是作为外国语来学，这部分东西往往成为入门之后最难对付的"拦路虎"。光是一个"了"，就不知道难住了多少外国朋友。今年我到日本去了三个多月，好几位教汉语的老师要我给仔细讲讲"了"的用法，因为学生经常用错，而老师说不清楚那样用为什么不对，学生常常提出些问题把老师问住。老师们查书查词典，也解决不了那些难题。说老实话，我也讲不大清楚，因为我从来没觉得它有这么难，没下功夫研究过。

这里有一条并不难明白的道理。上边说的那一类词的附加意义，语气情态以及抽象的事理关系或/和结构关系，每种语言大都有表示的手段，可是甲语言与乙语言所用的手段往往很不相同。例如，汉语用辅助词，不用词形变化，有的语言就多用词形变化，或者词形变化与辅助词并用，而辅助词各有各的一套，大异其趣。由于这套手段非常重要，在任何语言里都用得十分频繁，都构成一种语言的一个重要特点，因而这套手段的使用习惯形成得早并且非常牢固，前边说，当一个人学习一种第二语言时在这个方面最容易遇到困难，大体上不外乎三种情形。1. 甲语言时常要表示的某种附加意义或语气情态或抽象关系，在乙语言却不常表示或者不表示（这是显示语言的民族性的一个方面）。2. 表示意义和/或功能差别很大，让人感到摸不着门，找不到一个恰当的相对应的办法。3. 实行了错误的类推比附，因而闹了笑话。

对汉语的这套辅助词，为说汉语的人编写工具书需要讲细致一些，为以汉语为第二语言的人编写工具书，需要讲得更细，才能有用。粗线条地讲，用处就嫌不够。认真说起来，供外国人学汉语用的，应当有不止一种，比如，供说日语的用的，供说英语的用的，供说俄语的用的，等等，应当有所不同，因为他们感到的困难不一样。这类工作，以往不是完全没有做，有的词书讲得也还相当细致，然而鉴于当前学汉语的人越来越多，需要越来越大，要求越来越高这个事实，上述这种工作仍需加紧多做，做得再好些。

高桥弥守彦、姜林森、金满生、朱春跃四位先生合作，编著了一部《中国语例解词典》。主要从上述辅助词之中选出了最重要、最常见的一批，用词典的方式，举出丰富的合乎现代汉语普通话说法的例句，详细加以解说。

这部词典主要有四个特点。

（一）一组一组的讲，而不是一个一个的讲。任何词，单个的讲还比较好办一点，把义近的两个或更多加以比较，说出它们的异同就难多了，因为，有的差别很细微，甚至很微妙，不容易说清楚。这种情况，在辅助词方面尤其明显。相近的辅助词之间虽然也有多少不等的意义上的差异，而更重要的是功能、用法上的差异。这就更难讲了，也更难掌握运用了，尤其对于以汉语为外语的学习者。这部词典一组一组地讲，讲它们的相同处，更讲它们的不同处，并且只用简要的说明，主要用多量的实例。讲异同，用实例是最好的方法。解说半天，不如一两个典型的例句表明得更清楚。例如"该"和"要"、"你该去"和"你要去"、"天该下雨了"和"天要下雨了"区别在哪里？从小说汉语的人想不到这里有什么问题，而初学汉语的人在这两个词面前可是要犯犹豫的，甚至会闹点笑话的。

（二）几位编著者都是"两通"的学者，既通日语，又通汉语，既通语言和语言理论，又通教学，这是他们的有利条件。因此，他们这部词典既照顾到一般，又有明显的针对性——他们的头脑里始终有个"日本人""说日语的人学汉语"。这是极关重要的，前边说过这个道理，不再重复。

（三）由于用的是汉字，而一个汉字表示两个或多个用法不同的词这种现象并不少见，这部词典充分重视了这一点，从而对每组里的每个词都讲得细致（举例充足）。有的词书往往以已经有相当程度的说汉语的人为主要对象，讲得过于简括，以汉语为外语来学习的人，使用起来有困难——相近的词的细微差别（这往往是学习者的困难所在）没讲到；一个词本身的多义多用现象讲得不够，各个不同的义项和用法分别同哪个其他的有关的词有异同问题，一般也没讲到；一个词的某义某用，需要具备什么条件，正误的标准和灵活的限度，等等，更没讲到。高桥先生他们这部词典，重视了这些问题，虽然不敢说已经完美无缺，至少是朝着这样的方向迈进了一大步。

（四）还有一个看来不太大而实际上很不小的特点，是每个词都用汉语拼音注了音。学汉语，或者，像在日本，一般说成学"中国语"，不少国家也说学"中国语"，有的国家说学"华语"。不论怎么个说法，实际上都指的是或者应当是学汉语普通话。用汉语拼音注音有助于教、学、推行汉语普通话，所以是十分可取的。其次，汉语的辅助词和其他普通词一样，不同的词用同一个汉字表示的情况很不少，例如"得"，既可以表示动词"得到""取得""获得"里的语素 dé，也可以表示联系补语常用的"得"，如"红得发紫"，还可以表示可与"必需""应当""要"相比较的能愿动词 děi。用汉语拼音注音就把这种区别表示出来，不至于发生误会了。

除上述几项之外，还有一些特点和优点，我愿留给读者自己去发现，这里就不多说了。

总之，这是有新意、有特点、有新作法的，对说日语的人学习汉语非常有用的一部工具书，可备查考。当成一部参考书读读，也未尝不可。我想，对于说其他语言的人学汉语或教汉语，也会很有用的，特别是，如果他懂些日语的话。再有，对于中国的学者如何为外国人编写词书，很可能有参考借鉴的价值。

书成，承编著者们的盛情，给我看了部分原稿，并嘱写序。欣喜之余，写了上边一些话表示祝贺，并向编著者和读者请教。

1987 年 9 月

（原载于《中国语文》1988 年第 1 期，原题有著者注："这篇小文既是为纪念《中国语文》出刊 200 期而作，同时又是为日本高桥弥守彦先生和几位中国朋友合著的一本词典写的序。两处使用有先后，因而小有出入，都是作者自己改动的。"）

第 二 辑

语文教育研究

漫谈语文教学

　　一个学生进入小学后不久就开始念文章，到高中毕业，一共要念10年，11年甚至12年。如果以每年念50篇来算，一共可以念到五六百篇。这五六百篇文章自然包含着许多内容，学生受到的教育自然也不仅是在语文一个方面。文章里有思想，学生念了，不会不受到思想上的启发或教育；许多文章里有知识——历史的，地理的，自然科学的，等等，学生念了，必然同时吸取了那些知识；许多课文是文学作品，学生念了，无疑会受到文学艺术的感染和熏陶。就是说，语文教学对学生所起的教育作用是多方面的。因此，大家对语文教学的目的任务，有种种不同的看法，对这各种因素的相互关系有种种不同的理解。但是，无论对语文教学的目的任务和各种因素的相互关系持什么样的看法，有一点是大家都不能否认的，那就是语文教学必须教学生把语文学好，达到应有的程度，这是语文教学无可推卸的责任。这里就专就这一点来谈，不打算全面地讨论语文教学各方面的问题。

　　一个中学毕业生应该具备怎样的语文程度呢？我是这样理解的：中学毕业生，或将参加工作，或将进入高等学校学习专门知识，也就是说，他们是已经受完了普通教育的人。那么，他们掌握现代语文的程度就应该是：

1. 能读一般应用的书籍报刊，在语文方面没有障碍；只要书籍报刊中所涉及的思想内容或知识内容是他们所能理解的，就应该理解得完整、确切。

2. 能写一般应用的文章，在语文方面没有显著的毛病；只要对所写内容的认识是明确的，正确的，就应该能够清楚确切地表达出来，至少做到清通。

3. 知道有哪些基本的工具书，并且能够运用这些工具书，自己解决在读书、写作中发生的问题。

概括起来说，一个中学毕业生在语文方面应当是基本上通了，基本上够用了。这个要求是否太高了呢？我看不算太高，应该这样要求。今天的中学毕业生，是否具备了这样的程度呢？就我所接触到的一些情况来看，有些学得好的能达到上面的要求，有的甚至还能更高一些，比如能搞点文艺创作。但是还有不少达不到上面的要求。

如果确实还有为数不小的一部分学生的语文程度与我们的要求有不小的距离，那么，提高他们的语文程度显然是我们语文教学的迫切任务。有同志问："我们天天说要提高语文教学的质量，这质量到底表现在哪里？语文教学质量的高低，拿什么来衡量？"我想，是否可以这样说：语文教学质量的一个重要标志，或者说衡量语文教学质量的一个重要标准，就是能否有效地提高学生的实实在在的运用语文的能力。

明确语文教学的目标

语文教学中有种种"行话"，名堂很多。例如，从如何讲课的角度提出的，有讲解时代背景，介绍作者生平，分析主题思想，分析段落大意，分析人物形象，发掘语言因素，发掘思想性，扫除文字障碍，等等。提出这么多术语，有两个问题。一是容易使教师分散注意，把精力过多地放在这上面，客观上起到冲淡语文教学真正目标的作用；二是有的术语提法不一定妥当，容易引起一些认识上的混乱。教师们兢兢业业地去钻这些概念，挤掉了研究课文、设计训练方法的时间和精力；课堂上，左一个环节，右一个环节，过多的知识和理论的讲述，代替了学生对课文本身的诵读，理解，揣摩，思考和语言文字的练习、运用。不是说所有那些名堂都该取消，时代背景等等都不该讲，而是说要在明确语文教学根本目标的前提下来处理这些问题，才能处理得适当。有的说法还不大好懂。"发掘语言因素"，这话就不好懂。文章就是用语言表达思想感情，整篇文章都是语言，怎么还要发掘？既要发掘语言因素，于是，什么是语言因素，怎么发掘，种种问题都出来了。我不知道这说法是怎样提出来的。不过，我可以设想，原意大概是说，一篇文章在语言方面有好些应该讲、值得讲的地方，不要忽略过去。这显然是对的。可是，由于说得有点迂曲，大家又不从这个说法的用意着想，只在字面上绕圈子，就把一个很简单的道理闹得复杂、玄妙起来了。又如，"扫除文字障碍"，这个说法也值得考虑。"扫除文字障碍"，意思是说，文章里有生字难句，要讲一讲，因为生字难句好像前进路上的障碍物，要先扫掉。有生字难句，这对理解课文确实是一种障碍，单从这点考虑，这样提是有它的道理的。但是问题还有另一面。教学语文，除了让学生通过语言文字去理解课文内容而外，还要在理解课文之后再进一步去体会语言文字的运用，这才能使学生的语文能力有所提高。按"扫除文字障碍"的说法，那么，扫掉这些障碍之后再干什么呢？走向哪里去呢？去分析课文。显然，这是把讲解生字难句跟分析课文分割开来，成了两回事。照这些人的看法，讲生字难句并不是分析文章。所谓分析文章，指的是把文章丢在一边，由教师去发挥微言大义。我听过一次语文课，那位老师一连用了三课时分析一篇课文，由始至终，老师和学生都没有打开课本，更不要说念上一字一句了。这样对待语文教学恐怕是大成问题的。照我看，讲内容、讲写法，都离不开字、词、句。讲字解句，是教一篇文章的本分，不是什么"扫除障碍"。总之一句话，切实提高学生的语文能力这个语文课的目标要十分明确，不要让许许多多的术语把它淹没，以致使教学事倍而功半。反过来，明确了这个目标，各种提法怎么对待就有了尺度，就可以处理得比较妥当。

学好语文的三道关口

要语文基本上能通、够用，我觉得要过以下三个关。

1. 字关

"字"是学好汉语汉文的第一关。这是个大关。过不了这一关，提高语文程度很困难；过了这一关，提高就比较容易。

我们的汉字比较难学，数量大，得一个一个地去学，学一个算一个。要学多少个字才够用？一般估计，要 5000 来字。这个数字是有根据的。报社的排字房里，放在常用字架上的铅字，就有五六千个。当然其中不都是最常用的，最常用的大概 8000 多个。就说 8000 多个吧，一个个地去学、认、记，这已很不简单。每个字又往往有不止一种意义和用法。同一个字在不同的词里表示不同的意思，这种例子是举不胜举的。多而难，所以说字是一关。考察一下实际情况，凡是读书有困难，笔下文理不通的，十之八九是被这道关口拦住了——认得的字少，不够用；所认的字没弄清楚，不管用。另一方面，汉字有它的方便处。比如，一年 12 个月，从 1 月一直到 12 月，只要认识了 1 到 10 的数字，认识了"月"字，就能一个个地搭配上去，全都认识，而在西洋语文就不是这样，每个月有每个月的名称，12 个都是生字。又如，我们认识了个"张"字，就解决好些问题。姓张的张是它，纸张的张也是它，扩张的张还是它，等等。这也就是说，认识了几千个字，同时就解决了上万个词。所以，字这一关一旦过去，就会感到一通百通，左右逢源。

古人对字的教育很重视，在这上面花很大力气，不是没有道理的。

要用很大力气来过字关是汉语汉字的特点在语文教学中的反映。这一关过不去，不行；过去了，就有很大好处。

这一关怎么过呢？对字的教学，积极的一面要加强，不能单独依靠消极的纠正。过去，我们在消极方面做得多，老是纠正错别字，消灭错别字。但是，光靠纠正和消灭是不行的。在小学里，只念过"刻苦学习"，没有学过"克"字，不会把"刻苦"错写成"克苦"；等到学了"克服"这个词，又没学好，就会把"刻苦"写成了"克苦"。因此，随着认识的字的增多，写错字的机会也越来越多。怎样才能消灭错别字呢？只有让学生实实在在地掌握住所学的每个字。错别字不是单纯的写字问题，而是字的教学、词的教学、语言教学不健全的反映。有个高中学生把"一知半解"写成"一知半截"，怎么会产生这样的别字呢？原因就是在第一次接触到"一知半解"这个成语时，囫囵吞枣，没有弄懂。可以设想，他对文章里包含这个成语的句子，乃至与此有关的思想内容也没懂。这岂止是一个字的写法问题？

在过字关这个问题上，文（言）白（话）是相通的。文言文如果能学好，对学现代语的字大有帮助。从文字的角度来看，文白古今，继承性特别显著。现代语的许多双音词，里边的字或多或少地保留着古义。如文言文中的"微"字有精细幽深的意思，① 懂得了文言的"微"字，就能更确切地理解现代语中"微妙""精微"这些词。又如古文中"存"字有安慰的意思；懂了这一点，就很容易理解现代语还在使用的"温存"。现在的中学生念文言文，往往是整句地囫囵吞下去，对字的理解不够确切。例如，《醉翁亭记》开头第一句是"环滁皆山也"。我叫一个学生解释这句的意思，他说："滁州周围都是山"。我问他哪一

---

① ［汉］司马迁《史记·屈原列传》："其文约，其辞微。"

个字的意思是"周围"，为什么"环滁"就是"滁州周围"，他回答不出。我再三启发，他还是说不出"环绕着滁州都是山。"这说明他对"环"字没有理解好，这种情形对于过字关是不利的，应当改变。

要过字关，对于字就不能简单从事，囫囵吞枣。但是也决不能离开课文去讲字。只要课文里必须讲的讲了，就已经足够了。不然，多讲了学生也接受不了。

要尽早地引导学生学着用字典，使他们对字典发生兴趣，养成用字典的习惯。这对于过字关是十分重要的，于学习语文有重大的意义。

2. 句关

这里应该先说一下词汇。就掌握语言来说，词汇是非常重要的，一个人语言水平的高低，在很大程度上决定于掌握词汇的情况。目前许多中学对词汇掌握得不够，不好，表现在阅读上是对词的理解不确切，表现在写作上是词不够用，用得不准确。在教学中，词处在字、句之间。前边说的过字关，离不开词的教学（不能丢下词去孤立地讲字）；下边要说的过句关，也离不开词的教学（不能丢下词去抽象地讲句）。反过来说，讲一个词，一方面不能不讲构成这个词的字的读音、意义和写法，另一方面不能不讲这个词怎样用在句子里。换言之，解决词汇问题，一头要跟过字关统一起来，一头要跟过句关统一起来。因此，这里暂时不单独把词汇作为一关来讨论。

句子是个大关。很多学生读书的时候对句子的理解不清楚，作文的时候句子写不通。过句关，需要抓住重点。谈到句，自然就会联想到语法。事实上，就汉语而论，一个句子通不通，主要是逻辑思维的问题，是想的问题。平常作改病句练习，病句的病在什么地方？主要的病就在于没有想清楚。在一次测验中，有个学生写了这样的句子："英雄的形象在我心中生根、开花、结果。"照语法讲，这是主谓搭配不当，其实，这是事理不合，主谓搭配不当是其后果，是思想没有搞清楚在语言文字上的表现。

过句关，首先要重视学生的思维条理，从语法方面来讲，主要得注意词的组织配合和虚词的运用。

前人好搞对对子，我们以前总以为那是为了学作诗。实际上，那正是在反反复复地训练字句的组织配合。比如，"红花"对"绿叶"，这两个都是用形容词加名词组成的偏正结构。"水落"对"石出"，是句子对句子。四个字以上的，可以连复句都包括进去。对对子，这里边的毛病很多，但是前人千百年来抓住这个办法不放，不是没有道理的。这里面还有逻辑训练的因素。"飞禽"对"走兽"，两个都是由动词加名词组成的偏正结构，能对。但是，"飞禽"对"奔马"就不行，虽然"奔马"也是动词加名词的偏正结构，但在逻辑上概念的等级不同，对不起来。这里提一提这个古老的办法，并不是要提倡对对子，而是用这个来说明，抓组织配合是多少年来训练学生过句关的老传统，这一点对我们是有启发作用的。

过句关也应该更多地从积极方面着眼，加强训练，不能光是靠消极的改病句。讲课文时，不能让学生对文章里的句子囫囵吞枣，要让学生理解得透彻、确切，有点分析能力。

讲句子是否会妨碍讲课文？不会。只要不是讲得过于烦琐，不会妨碍讲课文，正相反，对学生理解课文是大有帮助的。例如，毛泽东同志的《改造我们的学习》这篇文章，第一段讲了学习马克思主义的经过，把取得的成就作了概括。第二段一开头说："但是我们还是有缺点的，而且还有很大的缺点。"从语法上来说，这是递进关系的句子。如果引导学生注意一下这个句子的结构，跟一般的陈述句（比如"但是我们还是有很大的缺点的"）比较比较，一定能帮助学生更好地理解这篇文章的主题思想。说这是讲句子，可以；说这是讲文章，也可以。

从课文出发讲句子，可以把语法、修辞、逻辑联系起来。鲁迅先生的《从百草园到三味书屋》里，有这样几句："……肥胖的黄蜂伏在菜花上，轻捷的叫天子忽然从草间直窜向云霄里去了。"有一位教师讲解这句时指出：黄蜂，用"肥胖"来说它的样子，用"伏"来说它的动作；叫天子，用"轻捷"来说它的样子，用"窜"来说它的动作——这是形容词和动词的配合，这样配合非常好，把景象写得准确而生动。我认为这样讲解，比分析一大通百草园如何好，鲁迅先生如何喜爱百草园，甚至从这里再生发出一套大道理来，对学生会更有帮助。

3. 篇章关

中学生写文章，有时候意思很好，就是组织得不好，没有条理，没有很好地把思想表达出来。有时候又仿佛文思枯涩，干巴巴的几条筋，铺陈不开。谋篇布局，看来也是一道关口。

篇章，无非是思路的反映。思路，无非又是认识事物、思考问题的过程。因此，必须帮助学生学会细致地观察事物，有条理地思考问题。决不能单纯从技巧方面来看篇章问题。

近来，接触了一些教学工作，感到有些教师在技巧上花的工夫太多。他们在初一就大讲方法技巧，而不从帮助学生很好地观察事物入手，不从思路上来引导。有位老师讲鲁迅先生的《一件小事》，着重地讲文章中的"我"和洋车夫的对比，讲怎样突出人物形象。结果学生在作文中写了这样的事情：一群小学生周末去看电影，看到有个盲人要过马路，他们只觉得很好玩，并没想到怎样去帮助那个盲人。这时忽然有辆汽车疾驰而来，眼看要出事。在这紧急关头，幸好一位工人叔叔奔过去把那盲人搀扶了过来。小学生们感到很惭愧。他们"觉得工人叔叔的背影渐渐高大起来"，他们"带着愉快的脚步来，却带着沉重的脚步走进电影院"。是不是真有这么一回事呢？经了解，事实并不如此，他们当时也感到很着急，并没有"觉得很好玩"。这个学生所以要这样写，说是为了要对比，使工人叔叔的形象突出。这件事除了告诉我们要注意对学生进行写作态度的教育而外，还充分说明，过早过多地讲技巧，没有什么好处。

过篇章关的有效办法是指导学生多读些好文章。讲这些文章的时候，要帮助学生了解作者是怎样观察事物的，是怎样思考问题的，是怎样展开自己的思路的。不要纠缠在写法上，更不要好高骛远，不适当地去讲文艺创作的技巧。

语文教学中的三个统一

要提高学生的语文程度，教学中很重要的一个原则是求统一。

1. 思想内容与语言文字统一。不要一会儿丢下思想内容去讲语言文字，一会儿又丢下文章去讲思想内容。要统一起来，把语言文字讲清楚，从而理解思想内容，懂得了思想内容，又去领会语言文字的运用。

2. 知识与训练统一。不要离开训练，空讲语法、修辞等等知识，也不要排斥知识，杂乱无章地只管练习。知识要为训练服务，训练要运用有条理的知识，又去巩固所学的知识。知识和训练的目的不是两个，是一个——提高运用语言文字的技能。

3. 读与写统一。要提高写的能力，必须多读，熟读，精读。写，需要指导，需要练习，但是没有读作基础是不行的。讲一篇文章，指导学生好好地理解，好好地读，也正是在指导他学习写。不要把读和写看成不相干的两码事。

《岳阳楼记》里有"先天下之忧而忧，后天下之乐而乐"的句子。我要一个学生讲讲这句话的意思。他说："这里表现了作者忧国忧民的思想和伟大的抱负，不是斤斤计较个人利害，而是时时关心国家的安危，百姓的疾苦，吃苦在前，享乐在后。但是，范仲淹是为封建统治阶级服务的，他的思想不能跟我们的为人民服务的思想相提并论……"等等。我说，就只要讲讲这个句子的意思，先不必发挥这么多。他重说了一遍，还是讲了一大套，讲了一番大道理，无论如何也讲不出这个句子的意思来。"先"怎么用，"后"怎么用，两个"忧"字有什么不同，两个"乐"字有什么不同，全句该怎样用现代语表达出来，都说不出。学了篇文章，只能讲大道理，不能确切地理解文义，怎么能真正领会文章的思想？这样，怎么能收到举一反三的效果，提高读书的能力？怎么能从读的文章中学到作文的方法？

总之，真正把文章弄懂了，既学了读书，也学了写作，又学了思想；否则，一样丢，样样丢，一无所得。不要看学生能讲一大套，他所说的，不是自己所理解的《岳阳楼记》的思想，而是背诵老师的思想。

要有效地提高学生的语文程度，就得严格要求。这就需要教师自己有本钱。所以，教师必须不断地提高自己。最重要的是工作要踏实。不要追求形式，只讲过场；不要纠缠在种种名堂的概念、定义里头，靠条条框框办事。我们要用学生的实实在在的语文程度，而不是别的什么，来检验自己的工作成绩。

1962 年 10 月

（选自《张志公文集》第 3 卷，广东教育出版社 1991 年版，第 39—49 页。原载于《光明日报》1962 年 1 月 17 日）

说 工 具

语文是个工具，进行思维和交流思想的工具，因而是学习文化知识和科学技术的工具，是进行各项工作的工具。

对于语文的这种性质，大家多半同意，看法上没有什么出入。但是，语文教学应当怎么办才算是符合语文的这种性质？语文课本的文章应当怎样教才能使学生正确地、充分地掌握语文这个工具？在这些方面还不是完全没有问题。近来我时常被问到这件事，也听到一些有关这个问题的讨论，看到一些情况，因而有些零零星星的不成熟的感想。这里就把这些感想说一说，向关心语文教学的同志们请教。

先讲一件与此有关的事情。

请看哪一个讲法好些？

事有凑巧，在不同的时间和不同的地方，我听见过三位教师讲"破釜沉舟"这个成语。

有一位教师大致是这样讲的："'破釜沉舟'表示坚决的意思。做事一定要坚决。无论做什么，只要是正当的、应该做的事，就必须抱定只许前进、不许后退，只许胜利、不许失败的决心，只有这样才能得到成功。如果前怕狼后怕虎，工作还没开始就准备下失败的退路，那样一定不会成功，碰到一点困难就向后转了。当然，前进的目的必须正确。在这一点上，古人不能跟我们相提并论。由于时代的局限，古人，尤其是封建统治阶级的人，做事的目的在今天看来很多是成问题的，下定决心做好事是应当的，如果坚决做坏事，那就不应当了。"

有一位教师是另一种讲法，他说："'釜'就是锅，'舟'就是船。'破'和'沉'都是动词。'破釜'是'使釜破'的意思，也就是把锅砸碎；'沉舟'是'使舟沉'的意思，也就是把船凿沉。这样用法的动词叫作'使动词'。同是做饭的家具，古代叫'釜'，现代叫'锅'；同是水上运输工具，古代叫'舟'，现代叫'船'；这是古今词汇的演变。像古代叫'冠'，现代叫'帽子'，古代叫'履'，现代叫'鞋'，都是这种情形。曹植《七步诗》里有'豆在釜中泣'的句子，柳宗元《江雪》里有'孤舟蓑笠翁'的句子，这里的'釜'和'舟'跟'破釜沉舟'里的'釜'和'舟'意思相同。"

另一位教师讲得比较简单，话说得比较少。他这样讲："项羽渡河进攻秦国的军队，渡河之后，把造饭的锅砸碎，把船凿沉，断了自己的退路，以示有进无退的决心，终于把秦军打败了。后来大家就用'破釜沉舟'这个话表示下定最大的决心，不顾任何牺牲的意思。"

请想一下，这三个讲法哪个好些？在我看来，三位老师的修养都很好，讲的都对，第一位讲的那番道理，第二位老师讲的那些知识，于学生都是有用的。不过，要是处处都像第一位那样，只说些大道理，不讲字句的本身的意思，恐怕不太好；要是像第二位那样，只讲字句的知识，不管这些字句合在一起表达一种怎样的思想感情，用在什么场合，效果怕也有问题；要是把两种讲法加在一起，每句话都这样讲起来，费时过多且不说它，恐怕对于学生的理解掌握也不见得有好处。因此，我觉得，一般说来，第三位讲法可能好一些，话说得比较少，可是把知识、道理结合在一起了。我找了一些学生测验了一下，证明这个想法大体上符合实际。这三位老师对这个成语的不同讲法，给了我很大的启发。

语文是一个什么工具，怎样掌握它？

语文这个工具和生产上用的一些工具，比如除草用的锄头，平整木料用的刨子等等，有同有异。同在都是工具。各种工具总有某些共同的特点，否则它们就不会叫作工具。异在它们的作用。语文有语文的用处，生产工具有生产工具的用处。必须看到那个同，也必须看到那个异，才能比较全面地理解语文的性质，才能比较准确地找到掌握它的办法。

先说同。从大处来说，工具的本身没有阶级性，掌握在谁的手里就为谁服务。在这一点上，语文和其他工具是一样的。封建统治阶级运用语文工具宣扬封建主义的思想意识，资产阶级运用语文工具宣扬资本主义思想意识，无产阶级则运用语文工具宣传无产阶级的思想意识，跟一切的反动的思想意识做斗争。无产阶级必须充分地、高度准确地掌握语文这个工具，让它很好地为社会主义和共产主义事业服务。

凡属工具，最重要的是准确地操纵它，熟练地运用它，只有这样，它才好好地为我们服务。在这一点上，语文跟别的工具也是一样的。如果我们拿着个锄头，不会用，只会说些"锄头可以帮助我们除草，帮助我们生产粮食，而生产粮食是社会主义建设中的重要工作"之类的大道理，或者只会说些"锄头的柄是木头做的，也可以用竹子做，头是用铁做的，头和柄应该成多少度角"之类的知识，就是不会拿上一把锄头去锄地，那是不行的。道理是重要的，知识也是有用的，因而有些人专门研究那些道理和知识；可是无论如何，不会用总不行。不会用，它就不为我们服务，说了半天也生产不出粮食来。语文也一样，要紧的是能听，能说，能读，能写。要是看见个字不认识，有个什么意思写不出来，大道理讲得再多，知识记得再熟，即使道理和知识都不错，也还是没有掌握语文这个工具，它还是不肯好好地为我们服务。

那么，怎样才能达到准确地操纵和熟练地运用，也就是达到充分地掌握呢？凡属工具，要掌握它就要到使用它的现场里去学。在这一点上，语文和其他的工具也没有两样。要会用锄头，就得拿把锄头到地里去学；要会用刨子，就得拿个刨子到木作案子上去学。要是坐在屋里拿把锄头或者刨子讲一通使用的方法，就是不到现场去比试比试，即使讲得都对，还是掌握不了。掌握语文这个工具也一样，也得到使用语文工具的现场去学习。使用语文工具的现场在哪里呢？这就涉及语文工具和其他工具异的方面了。

再说异。生产上用的各种工具，都是生产物质资料的。语文这个工具不生产物质资料，它不是生产工具，而是人们用来思维和交流思想的工具，学习科学文化知识和进行工作的工具。这就是说，语文这个工具和各种生产工具的作用不同。

锄头是除草的，而锄头和草是两码事，锄头和草并不长在一起。语文是交流思想的，语文和思想虽然也是两码事，可是由于语文是交流思想的工具，而思想是抽象的，它要依靠语文这个物质外壳而存在，所以语文和思想老是长在一起，分不开。这是语文工具跟其他工具不相同的一点。"地球是圆的。"你不可能只学"地球""是""圆""的"这些词，"主语+谓语"这个句子的结构，而不同时学了地球是圆的这条知识。"劳动创造世界。"你也不可能只学"劳动""创造""世界"这三个词，"主语+谓语+宾语"这个句子结构，而不同时学了劳动创造世界这个观点。换言之，不学会那些词、那些句子，就懂不了那些意思；如果还没懂那些意思，实际上也就还没有真正学会那些词、那些句子。这就意味着，学习语文这个工具的时候，学习怎样用语文来交流思想的技能，跟学习语文所表达的思想本身，是不可分割地结合在一起的。

语言现象涉及三种事物：人，语言，思想。人要掌握语言这个工具，同掌握其他工具一样，得练；语言是交流思想的工具，但由于思想和语言有着不解的姻缘，同草和锄头的关系不大一样，所以在进行语文教育时就离不开语言材料所包含的思想内容。语文这个工具跟其他工具有相同的一面，这就决定了语文教学必须教学生切切实实地在训练中学会操纵和使用语文工具，也就是着眼于掌握字、词、句和篇章的运用能力，不容许离开这种训练去空讲大道理，空讲理论知识；它跟其他工具又有相异的一面，这又决定了语文教学必须把训练学生运用字、词、句、篇章的能力和训练学生理解语言所表达的思想的能力结合起来，不容许把二者割裂开来，对立起来。这样看来，语文教学强调基本功，强调多读多练，强调"文道统一"，这正是由语文这个工具的性质决定的。

第一种讲法，着重于讲语言所表达的思想，而且发挥得有点过分，不注意语言这个物质外壳本身；第二种讲法，只注意了语言这个物质外壳，忘掉了它所负载的思想内容。这两种讲法从不同的方面都忽略了语文这个工具的性质。第三种之所以比较可取，正是由于那种讲法大体上是符合语文这个工具性质的。当然，专从对一个成语的解释来说明这个问题不可能十分确切，不过大致还可以作为参考就是了。

文道统一

教学生掌握语文工具，也就是掌握足够的字和词，掌握句子的构造和用法，掌握谋篇布局的道理和技能，这是语文教学的目的。那么，在语文课里，教学生读一篇一篇的文章的时候，目的是不是就仅仅在于要学生学会文章里的某些字和词，某些句子和谋篇布局的某些方法呢？

我想，教一篇文章的目的和整个语文教学的目的是统一的，又是有区别的，不能混为一谈。

语文课本的课文有的是讲自然现象的，有的是讲地理、历史知识的，有的是诗歌、散文、小说等文学作品，有的是论述政治思想的议论文章。所有这一切，都是作为学习语文的材料，要学生从这些材料中学到读书、作文的能力的。语文教学的目的主要不在于教给学生有关自然的或者有关社会的知识，因为那是物理、化学、生物、地理、历史那些学科的工作；语文教学的主要目的并不在于教给学生太多的文学理论知识或者文学创作技能，因为中学毕业生需要的是一般的读书、作文能力，就是阅读各种各类的书籍，写各种各类的文章的能力，而不是只要阅读文学书籍、必须创作文学作品的能力；语文教学的主要目的也不在于教给学生很多政治思想的知识或理论修养，因为那是政治课的工作。如果把介绍各种科学知识，训练文学修养，解决政治思想问题等等，统统作为语文教学的主要目的，这个语文教学该怎样进行法？它哪里有这么大的能力？教学生掌握语文工具的目的又将如何实现？可是，又必须看到，凡是文章，总是记载知识、表达思想的。学生读什么样的文章就会从中吸取什么样的知识，受到什么样的思想感情的感染。因此，语文教学总是在向学生进行语文训练的同时产生一定的思想教育的作用。所以，语文教学就不能不注意这件事，就不能不运用这个向学生进行思想教育的非常方便而有效的阵地。古今中外，没有哪个时代、哪个阶级的语文教学不是带有非常鲜明的时代特点的阶级性的，《三字经》《千字文》在封建社会里只是启蒙的识字教材，封建主义的色彩就已经那么鲜明，至于再高一级的语文教学，就更不用说了。就连只是单字的堆积，并无任何思想内容的《百家姓》，宋朝人编的要用"赵"字打头，明朝的统治阶级就不容许这一点，把它改成用"朱"打头的《千家姓》，而清朝的统治者既不许"赵"字打头，也不许"朱"字打头，要另外编一种新的"御制"《百家姓》。资产阶级的语文教学搞些什么名堂，更是大家所熟知的，这里就不去说它了。今天，我们的任务是要把学生培养成无产阶级革命事业的接班人，难道可以不重视、不占领语文教学这个思想阵地吗？当然是绝不可以的。然则，怎样重视、怎样占领呢？首要的问题在于让学生读些什么，也就是在于课本的选材。所以中学语文教学大纲里规定，语文课本要选"具有积极的思想内容"的文章，要选"有助于培养坚强的革命后代"的文章。同样重要的是教学必须要求学生把这些文章透彻地读懂，一字一句地、整段整篇地都理解得确切，这样才能在学习语文的知识和技能的同时也领悟进而吸取了文章里那些积极有益的思想。语文教学里的"文道统一"就表现在教材和教学这两个方面。因此，就整个的语文教学来说，还是不能不把教学生掌握语文工具这个目的明确地、突出地提出来。学生学不好字、词、句、篇，他就掌握不了语文工具，这样，他怎么能读懂有积极的思想内容的文章？读不懂那些文章，怎么能从文章里受到教育？

语文教学的目的既然如此，是不是教每篇文章的时候，只要把文章的一些生字、生词、成语、谋篇布局的方法抽出来讲一讲，让学生明白了、记住了就算教好这篇文章了呢？是不是这样教一篇一篇的文章，把初高中十二册课本的文章都教完，就可以达到语文教学的目的了呢？我想，不是的。如果这样，那就可以不用语文课本，教学生读一本字典、一本成语词典、一本文章作法，或者再加上一本语法修辞书就行了。古往今来，没有这样的语文教学；我想，今后也不会有。

语言既是工具，要琢磨它在表达思想时的工具作用发挥得怎么样，就先得弄清它要表达的思想。就是说，教学生读一篇文章，必须把它作为一整篇文章让学生读懂。如果这篇文章是介绍某种知识的，要使学生充分理解这种知识；如果是讲某种道理的，要使学生透彻地懂得这种道理；如果是写人物的，要使学生真正认识这个人物。只有这样，学生才能确确实实地理解和掌握那些记述知识、阐释道理、描绘人物的字、词、句和谋篇布局的方法，他所学到的有关字、词、句、篇的知识才是活的、有用的知识，才具有把知识化为技能的条件。这就是前边说的必须在使用工具的现场里学习才能真正掌握工具的道理。不讲字、词、句、篇，不带着学生好好地读课文，把课文里的思想抽出来，用老师自己的话去讲，不行；不把课文作为一个整体，不启发学生好好地领略课文的思想内容，把课文里的字、词、句和谋篇布局的方法抽出来，用老师自己的话去讲，也不行。

教一篇文章，必须让学生透彻理解全篇思想内容，并且从中得到思想上的教益，知识上的启迪，感情上的陶冶，不这样是不对的，可是办法必须是带领着学生好好地读这篇文章，一字、一词、一句、一段地都读懂，把文章的安排组织都搞清楚，让文章的本身去教育学生；教一篇文章，必须让学生从中学到有用的字、词、句和谋篇布局的方法，从而丰富他的语言知识，提高他的语言技能，不这样是不对的，可是办法必须是指导学生充分理解文章的内容——明了文章所讲的知识或道理，体会文章表达的思想感情，在这过程中学到一些字、词、句、篇的运用。这样，十二册课本教完，大概能达到语文教学教学生掌握语文工具的目的，同时也收到了思想教育的效果。不这样，学生也是不答应的。如果每教一篇文章，总是只讲大道理，只说些抽象笼统的话，学生感觉不到他的读书作文能力有什么长进，听来听去他会腻烦，他会用"思想开小差"来表示异议；反之，如果老是孤立地讲字义，讲词义，讲成语，讲句子结构，学生感觉不到从文章里得到某些启发教育的享受，听来听去他也要厌倦，也会用"思想开小差"来表示拒绝。总之，注意了思想内容而忽视或者降低了语文工具本身的重要性，其结果非但完成不了教学生掌握语文工具的目的，更将"事与愿违"，连自己所重视的思想教育也会受到妨害；反之，把语言文字同文章的思想内容割裂开来，孤立地去搞字、词、句、篇，非但放弃了进行思想教育的很大的可能性，反而连自己所重视的掌握语文工具的目的也达不到。一句话：文道统一！

1963 年 10 月

（原载于《光明日报》1963 年 10 月 10 日）

语文教学需要大大提高效率

——泛论语文教学科学化和进行语文教学科学研究的问题

多年来，语文教学的效率是不能令人满意的。从小学到中学的十二年或十年之间，语文课所用的教学时间占全部教学时间的三分之一左右，居各门课程的首位。然而，相当大的一部分中学毕业生，语文没有学通。

这种现象，不应当再继续下去了。语文是学政治、学科学、做一切工作的基础工具，普通教育阶段必须让学生充分掌握，能够正确、熟练地运用。儿童、少年、青年，时间和精力是极端宝贵的，不能容许这样浪费——为一门功课耗去了总学习时间的近三分之一而收效不大。在争时间、抢速度赶超世界先进水平的今天，年轻人要学的东西很多，要做的事情很多，不应当把那么多的力量花费在搞基础工具上。汉语、汉文并不难学。从进小学起到中学毕业，把语文学好，是必要的，也是完全可能的。关键在于：语文教学必须大大提高效率。

要提高效率，就得研究一下，以往效率为什么不高，症结在哪里。

原因是多方面的，不同历史阶段，又有不同的特殊原因，比如前几年"四人帮"横行时期对语文教学的严重干扰和破坏。但是，有一个问题是多年来一直存在的，那就是：语文教学缺乏科学性。

这是有历史渊源的。清末"废科举，兴新学"，到 20 世纪 20 年代初，逐步形成了一套"国文"教学的做法。语文是民族性很强的一种东西。就汉语文而论，有方块汉字问题、汉语的特点和悠久的语言传统问题、文言文问题等，这些，都是我国有而别国没有的独特性的问题。因此，当时的"国文"教学无法像其他课程那样，从别国照搬人家的做法，而是改头换面地承袭了传统的一些观念和做法。不过，19 世纪末到 20 世纪初那段时期的教育改革，是以抄袭日本、欧美为事的，"国文"教学也多多少少从外国搬来了一点东西，虽然远不如别的课程搬得那么多。从传统做法中承袭下来的并不都是其中合理的部分，还有不少糟粕；从外国搬来的东西，很多是生吞活剥、未经消化的。"国文"教学的做法，基本上是这样两部分东西的杂糅，其特点就是不科学。其后，几十年来，从"国文"到"语文"，随着社会的发展，不断有所改变。特别是建国以来，语文教学内容有很大的变化，教学方法也有所改革，只是改革的步子不够大。

从旧传统承袭下来一个很不科学的做法是：语文教学限于书面，忽视口头语言的训练。

在长久的封建社会里，读书人读的是文言，写的是文言，而文言早已和口语分了家，于是在教学中自然而然的只重"目治"，不管口耳之事。唐、宋以后的念过书的大和尚们，宋、元以后的理学家们，有些人用口语记载他们的师傅谈禅或讲学时说的话，即所谓"语录"，多半是些半文不白、似通不通的东西；宋、元以下，有些人用白话写小说，专就语言规范而论，写得好的也屈指可数，《三国演义》《西游记》是文白夹杂的。这些都是属于优秀作品之列，等而下之的就不用说了。像

《红楼梦》语言那么好的实在是"凤毛麟角"。吴敬梓的《儒林外史》写得很不错，可是同《文木山房诗文集》比较一下，不难发现，他运用文言的能力似乎比白话强一些。可见，封建文人用白话作文的能力不怎么高明。然而，这并不妨碍他们读文言，写文言，因为文言和白话是两码事。只要能写文言，就能考秀才、举人、进士，就可以做官；白话只能用来写小说什么的，写得好坏，无关紧要。重"目治"，无视口耳训练，这个传统有一千多年的历史，源远流长，根深蒂固，"国文"教学承袭了它，"语文"教学仍旧没有打破它。

文言文时代，不重视口头语言的训练，是错误的。人们是用语言进行思维的，就连封建文人，他们平日想事情，必然也是用他们时代的活语言，不会使用和现实生活脱节的文言。语言是思维的物质承担者。我们进行语言训练的同时，也就是在训练思维；反过来看，不重视语言训练，实际上也就影响了思维训练。这中间的关系，封建教育者们不理解。他们只看到要读文言，写文言，于是就在书面上下功夫，完全不理会口头语言的训练，其结果，"十年寒窗"，背熟了大量文章，终于还是写不通文章的，大有人在。

到了白话文时代，仍旧不重视口语训练，就更说不过去了。如果说，语言训练和思维的关系不十分容易察觉，那么，说的能力和写的能力密切相关，却是显而易见的。一个人口头上词句妥帖，干净利落，写下来就不会残缺错乱，拖沓累赘；口头上有条有理，细致严密，写下来就不会颠三倒四，矛盾百出。基本上照着口头上说的去写，写出来当然还需要加工润饰，然而并不费力。相反，说话支离破碎，语无伦次，到了提起笔来才去选词造句，调理思路，作文成了苦事，写出来再去修改也十分艰巨。这个道理是很清楚的，实例是很多的。

也许有人会说，有的人平常被认为是很能说的，可是写出文章来不怎么高明；也有的人文章写得挺好，可是日常生活中，讷讷于应对，说起话来好像很吃力，这该怎么解释呢？这种例子的确不少，然而都不足以证明口头表达和书面表达是互不相干的两件事。倘若把这些人口头上说的和笔下写的拿来对照分析一下，我们将会发现，每个人说的和写的反映了同一个水平的基本语言能力和逻辑思维能力；换句话说，每个人（已经掌握了常用汉字的人）口头上表现的基本语言能力和书面上表现的基本语言能力，是相应的。至于口齿是否"伶俐"，说话是否"风趣""动听"，那些差别反映的不是基本的语言能力，而是别的因素，例如性格、心理、生活环境和工作需要造成的习惯，等等。有些人口头表达能力和书面表达能力似乎不很一致，这种现象恰好提醒我们，在语文教学中，口头训练和书面训练不可偏废，应当密切结合，相辅相成，互相促进，使"出口成章"和"下笔成文"真正统一起来。

继续对"语"和"文"采取分而治之、厚此薄彼的办法，很不利于提高语文教学的效率。但是改变这种状况不是一句话就能做到的，有待研究解决的问题很多。在小学前期，怎样处理好识字教学和语言训练的关系；在小学后期和初中，怎样处理好语言训练、阅读训练、书面作文训练的相互关系；怎样从小学起就把实实在在的语法训练和逻辑思维训练（是实实在在的训练，不是空讲知识）的因素融合在语言训练之中：这些，以及别的一些有关语言训练的理论问题和具体方法问题，急待深入探讨，实地试验。

把提高语文能力看作一种相当神秘的事，看作一种"只能意会，不可言传"的或者"运用之妙，存乎一心"的事，看作一种只能听其自然、任其沉浮的事，是语文教学缺乏科学性的又一表现。

试向语文教学工作者提个问题："什么是提高语文能力最有效的方法？"回答多半是："多读多练。"再问"读些什么，读多少，怎么读？练些什么，怎么练？"大概十个人会提出十种不同的答案，"言人人殊"，或者，干脆哑口无言，提不出答案。

"多读多练"，这是个传统的经验，古人谈论这个问题的很多，随便翻翻古书，不难抄出几十条上百条来。这是个行之有效的好经验。这个经验是应当吸取的。但是，话不能到这里为止，还得继续说下去，也就是要有根有据地、成套地回答好上边提的第二个问题。

读和练需要指导和方法。循着正确的路径，按照合理安排的计划，采取恰当有效的方法，一步一步地读下去，练下去，才能快一些收到好的效果，按照预定的计划，在一定的时间完成一定的任务，达到一定的目标。否则，如果路子不对头，没有合理的计划和步骤，没有恰当的方法，至少是见效慢，成效差，甚至比这更坏一些。

有人认为，学语文不是三加二等于五的事，不可能那么科学。当然，学语文和学数、理、化不一样。但是，不论学什么，都有一定的规律可循。学画，学唱，学弹琴，学舞蹈，更不是三加二等于五的事，都各有它的路径、步骤和方法，为什么独独学语文不能有呢？"拳不离手，曲不离口"，很对，然而，瞎打乱唱是练不出功夫的。教拳、教曲的师傅都有成套的教法，教一个成一个，为什么教语文就办不到呢？

有人认为，曹雪芹没受过什么科学的语文训练，不也成为曹雪芹吗？是啊，李时珍没进过医科大学的药学系，不也成为李时珍吗？"神农尝百草"的时代早已过去了！我们不能再满足于多少年内、在多少人中冒出一个曹雪芹。我们需要的是在尽可能短的时间里让尽可能多的人都把语文学好，够用，够搞四个现代化用。样样工作都要求"多快好省"，语文教学不应例外。讲科学，讲方法，是达到"多快好省"的一个必要条件。

一篇文章，选在某个年级的教材里，甲说"深了，不好教，不好学"，乙说"不深，太浅，教着没意思，学着没味道"。甲、乙两位各凭什么说的呢？是根据生词、难句的多少说的吗？是根据涉及的知识多寡说的吗？是根据事理难易说的吗？仿佛是，又仿佛不是，说不清楚，没有数据，也没有明确的标准。说"深"说"浅"，基本上是凭感觉，至多是凭经验，好像吃菜，是咸是淡只能凭嘴尝，自然就要"一人一个口味"了。学生的一篇作文，拿给十位老师看，大概会批给十个不同的分数，差距可以大到十几分，二十几分，甚至三十几分。老师是凭什么判分的呢？也说不太清楚，基本上也是"一人一个口味"。吃菜可以"一人一个口味"，文艺欣赏也还可以"一人一个口味"；教学生，搞训练，不行，要有规格，有标准。规格和标准不是凭"口味"定的，是根据任务定的，根据儿童、少年、青年语文能力发展、提高的一般规律定的，虽然不是三加二等于五，总也得"八九不离十"。

不能继续把提高语文能力这件事神秘化而听其自然，要力求做到语文教学科学化。当然，语文教学，包括编教材和教学生，也是一种艺术。甲、乙两位编辑或教师，思想水平、业务能力相当，根据的原理、采取的方法相同，而编出的教材有差距，或是教学效果有高低，这种情形，在哪一门学科都有，所以，教学工作要讲艺术，这也是一门学问。但是，教学工作者首先要讲科学。无论说话、听话、识字、读书、作文，能力怎样一步一步地提高，应该有一般的规律可循。摸清楚这些规律，运用它，设计出训练的途径、步骤、规格和方法，就能大大减少教学上的盲目性，提高效率。这就是科学化。当然，语文是一种社会现象，影响语文能力的因素是很复杂的。学自然科学，同一班毕业生的成绩都会有差异，学语文，差异自然更不可免。教育无法"机械化"，培养人不能像机器生产那样，产品一模一样，毫厘不差。然而，科学化总是可以提高效率的。科学种田，长出来的苗也不一样高，可是科学种田总比非科学种田的效率高得多。

要语文教学科学化，就必须对语文教学进行科学研究。这项工作，如果不说还是一个空白，至少，还没有系统深入地进行过。这是摆在语文教学工作者面前的一个重要课题。

在语文教学领域，需要进行科学研究的问题很多。上文提到的语言训练问题，识字问题，阅读训练问题，书面作文训练问题，以及它们之间的相互关系问题，就都是一些很大的研究题目，每个题目都包含着不小的一组更具体的题目。此外，本文还提到过汉语的特点和语文传统问题，文言问题，语文训练和逻辑思维训练的关系问题，这些，也都是一些很大的研究题目。本文只是笼笼统统地提到了这么一些问题，不可能一个一个地展开论述。

上边列举的这些，还只是语文教学中的一个重要的方面，就是进行语文训练、提高语文能力这个方面。

全面研究语文教学，还有几个更大的问题。首先是，语文教学中的语文训练和政治思想教育的关系问题，语文教学如何为社会主义服务的问题。这个问题，建国以来就受到了重视，但是一直没有处理得很好，还有待继续深入进行研究。

此外，还有一个文学教育问题。50 年代中，试行过一段文学、汉语分科教学，随即停止。从那以后，语文教学中不大再提文学了。如果提，就是从消极方面提，比如："不能把语文课教成文学课。"什么是"文学课"？这个概念是不清楚的。鲁迅的《孔乙己》，是一篇文学作品。这篇作品，在中学的语文课里应当怎么教法？在中学的"文学课"里又应当怎么教法？区别在哪里？能够说得清楚吗？如果说，教这样一篇作品，大讲"作者生平""时代背景"，然后把作品放在一边，不念，也不管学生懂不懂，大讲其"主题思想""人物形象""文学技巧"，反复"分析"，总共要讲到五六课时，甚至七八课时，所谓"教成文学课"就是指的这种教法，那么，这种教法的确应当反对。然而，这说不上是"教成了文学课"，不知道这该算是什么课，也许，比较恰当的名称是"浪费时间课"。直至今日，这种教法并未绝迹。看来，需要的是从积极方面研究，在中学的语文课里，应当怎样对待文学作品，怎样在进行语文训练的同时，也进行一点必要的文学教育。文学，是意识形态领域一个重要部门。大概可以说，没有任何一个人一辈子不和文学打交道，连不识字的人也还要看戏、看电影嘛。意识形态领域的一切部门，包括哲学在内，普通教育阶段都有一门功课管一管它，为什么独独文学没有一门功课管一管呢？事实上，语文课从来都管的。翻开任何一本语文教材，里边都有比例不小的文学作品。一个重要的东西，客观存在着，硬装作看不见，不去理会，那是不行的。需要研究积极的办法。这个问题，当然可以包括在前边说的"读什么，读多少，怎么读"那个题目里去研究。不过由于它有点特殊性和复杂性，所以也还需要提出来着重研究一下。

还有，语文教学与知识教育的关系问题，也是很值得探讨，而过去一直被忽视了的。这个问题在小学阶段格外突出，在中学阶段也还有。在普通教育阶段，各门功课分工而不合作的现象，不能认为是合理的。尤其是语文，它和每门功课都有关系，无一例外，为什么不应当、不可以做一些"统筹办理"的考虑呢？

要使语文教学科学化，全面研究语文教学中的一系列问题，要从大量的艰苦的调查工作开始。要向从事语文研究的专家调查，向语文教学工作者调查，向社会调查，向工农兵群众调查，向各行各业的同志调查，向从事教育学、心理学研究的同志调查，向小学生调查。了解语文教学的历史和现状，了解迅速发展的社会主义革命和建设事业对语文教学的要求，总结语文教学改革的好经验，发现存在的问题。我们的调查不仅限于国内，还要向国外调查，外国在训练学生掌握本国语文方面采取了哪些科学的有效的方法，也是可以借鉴的。只有在充分调查研究的基础上，对各种问题分门别类做大量的分析研究工作，才有可能得出科学的结论。

语文教学的科学研究问题，不仅是中小学语文教师的事，而且应该是从事高等师范教育的教授、教师们义不容辞的责任。这个工作不是可有可无的，要对亿万中小学生负责。迅速提高青少年一代的语文水平，使他们在尽可能短的时间内掌握好语文这个工具，这对他们向科学文化的高峰进军是至关重要的。语文教学的科学化，实在是关系国家实现四个现代化，关系提高我们民族的科学文化水平的事情。

除了从事语文教学的同志外，我们还要呼吁研究语言、文学、逻辑、教育学、心理学等各方面的专业工作者、专家们，都来关心和积极支持语文教学的研究工作，出主意，想办法，提要求。希望有关的报纸杂志经常刊载语文教学研究的成果，开展广泛的讨论，以期引起社会上的重视，共同努力，把这件事办好。

1978 年 5 月

（本文是作者与田小琳、黄成稳两位同志联名发表的，原载于《中国语文》1978 年第 2 期）

提高语文教学的效率

这两年来，社会各方面对语文教学提出了一些问题，甚至提出了一些批评意见。这表明大家对语文这门课的重视。这也是一种督促，可以促使我们一起来研究一些办法，把这门课搞得更好些，把教学的效率提高一些。

要提高语文教学的效率，必须进一步统一我们的认识，解决教学中的一些重要问题。我愿意就下面几个问题谈谈自己的看法，和老师们共同探讨。

第一，语文教学的目的究竟是什么？

既是语文课，就应当进行语文训练，提高学生的语文能力，这是这门课无可推卸的责任。与此同时，语文教学中还要向学生进行思想教育、文学教育和思维训练。这也是语文教学应该做也可以做的事。

先说一点思想教育的问题。有人问，语文教学管不管思想教育？我认为它必然要管，并且任何时候都在管着，这是不以任何个人的意志为转移的。语文课在进行思想教育方面有很强的能力，是其他各门功课（包括政治课在内）所不可及的。所谓思想教育，主要指的是，在语文教学的整个过程中，对学生的感情、趣味、思想境界以至于理想、抱负等多方面的熏陶、感染、培养和提高。这种思想教育是非常重要的。我们现在搞四个现代化，需要科学，首先就要有科学的头脑，科学的精神，科学的态度。我们现在重视发扬社会主义民主，那就需要有民主、法制的头脑，以及这样的习惯。这些在语文教学的过程中都可以进行应有的教育，并且是别的学科所不可及的。就拿科学和民主两样东西来说吧。我们追求多少年了，从五四运动开始，我们就要请"德先生"和"赛先生"来，也就是要搞科学和民主。由于那时是半封建半殖民地社会，这两位先生始终没有真正请得来。我们现在仍然很需要这两位先生，当然我们现在所说的民主，不是资产阶级的民主，而是社会主义的民主。我在有的地方十分痛心地看见，二十几岁的青年男女在烧香拜菩萨，而且非常"虔诚"。到了二十世纪的今天，还相信那个泥菩萨，没有一点科学的态度、科学的头脑，如果一代一代这样下去，还搞什么现代化，搞什么科学技术呀！泥菩萨不必毁掉。作为一种古迹，一种艺术品，放在那里看看，挺有意思的。但是，也不要去拜它，它什么问题都解决不了，难道对这一点还有疑问吗？我们为什么老是爱搞点极端化呢？要么就把泥菩萨统统砸掉，不然就去拜它。不能既不砸也不拜吗？这很值得我们深入地想一想。一说要搞民主，就走到无政府主义的极端去；一说要搞社会主义的法制，要守法，民主又缩回去了，思想又不解放了。民主的观念、民主的态度、民主的风气，竟这么难建立！这是由于我们的封建传统太深厚了的缘故。进行这种思想教育，谁来管？当然，学校的整个工作要管，团、队要管，各门学科也都要管，但是在同学校各项工作、各门学科的相互配合、彼此分工之中，语文课显然应该也可能担负比较重的任务。我们不能把思想教育看得非常狭窄。进行思想教育，不仅是指在语文课上读一些文章，这些文章中有好的思想内容，学生读了，受到影响、教育、熏陶。这只是一个方面。思想教育的天地广得很。我到一所小学里去听课，看见在教学的过程中孩子的思想很活跃，发言很踊跃，一个孩子在回答老师的问题，别的孩子抢着讲，老师告诉他："等别人的话说完了你再说，不要打断人家的话。"这是不是思想教育呀？有的小孩回答问题反应慢一点，不很敏捷，老师不是批评他，更不是打击他，而是耐心等待、帮助他，并且要求别的小朋友一起来帮助他。训练孩子们从小就学着处理好人与人之间的关系，能够互相关心、互相爱护、互相帮助，这不是思想教育？一个问题，多数孩子都这样回答，有一个小孩不同意，老师说："你可以先保留你的意见，等咱们讲下去，你看看究竟怎样才对。"允许人家保留不同意见，不强加于人，这是不是思想教育？有个小孩指出老师在黑板上写的一个字不合一般简化的写法，老师说："好，你说得对。"赶快擦了重写。允许别人提出意见，纠正自己的错误，这是不是在进行思想教育？我看，这些都是很重要的思想教育。又比如，要学生作文，出什么题目？要学生写什么？是要求他说一些他真正知道的事，说一些他的真情实感呢，还是满足于他东抄西抄，说些言不由衷的话？这其实是训练他做什么样的人的问题。是训练他做一个说大话、说空话、说假话、说废话的人呢，还是做一个实实在在的、说真话、说实话的人？要参加升学考试了，倘若老师帮着学生猜题、押宝，这又是在进行什么思想教育，培养学生做什么样的人呢？所以说，在语文教学中进行思想教育的天地宽广得很，万万不要一提到思想教育，就以为是要说许多政治词语，讲许多空空洞洞的大道理。

再说一点文学教育。读一些文学作品，知道一点文学知识，乃至知道一点文学史，知道一些文学作家，能够理解、分析一些文学作品，一个中学毕业生恐怕应当有这些能力。这当然是属于文学教学范围之内的事，语文课大概不能不管。不过我想，也不止于此。在一所小学里，我听过一年级这样一课。课文里描写下雨前的情景，有一句说："满天的乌云，黑沉沉地压下来。"老师叫小孩复述课文。有个小孩讲到这里时说："乌云黑沉沉的，要掉下来了。"老师说："不是'掉'下来。云彩能掉下来吗？"小孩们回答："不能。"老师又说："书上是怎么说的？""书上说'压'下来。""体会一下'压'是一种什么样的感觉？"孩子们有所领悟，纷纷举手，要求发言，思想很活跃。如果从小学一年级起，就这样引导学生注意并且逐渐体会语言的运用、语言的艺术，这不就是文学教育吗？在这里，老师没搞"分析"——在小学一年级如果大搞"分析"，那是很荒唐的，但是给了孩子们启发，在注意培养孩子们的语感。

关于思维训练。思维训练，最广义地说，就是训练学生说话合乎事理。不合事理就是不合逻辑。我们不要把思维训练看得多么玄妙，不可捉摸。我到一个幼儿园，看到小班的小朋友一边做游戏，一边练习语言，主要说一些有关"跳"的话，如跳高、跳水、跳牛皮筋，等等，又说哪些东西会跳，青蛙会跳，小麻雀会跳，等等；在学语言的同时，懂得了什么叫"跳"，形成了有关"跳"的很初步的概念。这实际上就是进行概念的训练，也就是思维训练。一个大班的教养员和小朋友们谈话，谈到孩子们知道的许多动物，最后提出了"动物"这个概念。然后问小朋友，猴子是不是动物，狗是不是动物，铅笔是不是动物，等等，小孩们回答得很快。最后，老师问："人是不是动物？"有的说是，有的说不是，争论不休，达到了高潮。老师说："大家再好好想想，下一节课再说。"直到下课之后，孩子们还在争论。这也是语言训练和思维训练的结合。随同孩子们语言的发展，知识领域的扩充，他们的思维能力也在成长、发展。只要我们有意识地因势利导，进行思维训练不是一件难事。思维能力的强弱，与一个人的生活、工作、学习关系大得很。

语文课要进行语文训练，思想教育、文学教育和思维训练，那么这几方面的关系是怎样的呢？照我看，能够扎扎实实地把语文训练这一环抓住，其余各方面就都抓住了，至少是很容易抓住的；这一环抓不住，别的什么思想教育，什么文学教育、思维训练，都是空的，都抓不住。反过来，如果主观上抛弃了思想教育、文学教育和思维训练，语文训练也搞不好。比如，忽略了出什么作文题，要求学生说什么样的话，这里边有思想教育的因素，老是出些助长说空话、说假话的题目，作文能力肯定是培养不好的。抓住一个关键的方面，带动其他各方面，而不是抛弃其他方面，于是相得益彰，各方面的目的都达到了；抓不住关键的方面，一切都落空，它们之间就是这么个关系。数理化等学科也可以进行一些思想教育，比如进行辩证唯物主义的教育。但是，如果在数学课里连正、负数还没有闹清楚，两个负数相乘得出正数，都没闹清楚，还讲什么辩证唯物主义，那不是空话吗？又比如历史课，可以进行历史唯物主义的教育。但是，必须了解最基本的最主要的历史事实，与此同时才能建立起历史唯物主义的观点，否则谈什么历史是人民创造的呀，不是英雄创造的呀，也都是空的。打一个比方：打起仗来，攻下一个堡垒会有多方面的作用。有政治作用，可以鼓舞自己的斗志，瓦解敌人的士气；有经济作用，可以打开一条交通运输的道路，得到经济上的利益；军事上的作用更不用说了，打下一个堡垒可以影响一大片地方。但是千说万说，你得把它打下来，这是最要紧的，如果打不下来，那些都要落空。打进去，很多东西都有了；打不进去，什么都没有。语文课，就要抓住语文训练，打进去，思想教育、文学教育、思维训练都有了；如果语文训练抓不住，别的东西都抓不住。了解了这个关系以后，语文教学的目的任务问题也就不难解决了，就不会认为语文课只管语文训练别的都不管了，也就不会问"语文课要不要管思想教育，要不要管思维训练"之类的问题了。这本来都是语文课该做的事嘛，你不管谁管？它实际在做着这些事，你硬说不管，除了削弱自己之外，并无好处。语文课要管好几样事，但又要抓住语文训练这个主要的东西，否则一样也管不好。清初有个理学家叫张伯行，他曾谈过一句话："论道而专求诸语言文字间，则道晦矣；抑论学而不求之语言文字间，则道亦泯矣。"虽然他说的道和我们今天的道是不同的，他说的语言文字和今天的语言文字也有所不同，都不可同日而语，但他讲的这个基本道理，还是值得我们参考的。

第二，语文训练本身能不能定几条标准？

在普通教育阶段，语文训练的目的，简单地说，就是运用现代语文的能力达到基本管用的程度。具体地说，就是要达到三条：掌握一定数量的字和词，运用口头语言和书面语言没有太多的语病，有合乎一般事理的思维能力。这就是说，只要在思想内容和知识内容方面不超越这个人的水平，他要说、要写的时候，没有显著的语文障碍。达到这样的程度，这个人就初步具备了运用现代语文的能力，无论进一步去学习或者去工作，都不致因为语文水平不够而受到影响了。

能不能定出个标准，提出些数据呢？比如说，要掌握一定数量的字和词，要多少才够呢？人们常说要掌握三千个常用字。恐怕要真正管用，三千字大概还不够一点，究竟要多少，需要调查研究，不能随便说。在普通教育阶段，学生应该掌握多少现代汉语的常用字，这个数目是不难得到的。有了这个数目，再按每个字平均能构成几个词，推算出应该掌握多少常用词，并且调查一些读物加以验证，这个数目也是可以得到的。但是直到现在，专门机构还拿不出一个常用字表和常用词表。那么我们就自己动手，来做一个常用字表和词表。据了解，有的老师已经在试图做这项工作了，这是很好的，做出来之后再放到实践中去检验，修改，调整，补充。有了这个常用字表和词表，就可以有计划地进行识字教学和词汇教学，避免不必要的重复和浪费。汉字是语文教学的一道关卡。为了解决识字问题，各地做过各种不同的试验，有的搞集中识字，有的搞分散识字，都收到一定的成效，但是也还有待于进一步解决。解决了识字问题，词汇问题就比较好办了；识字教学和词汇教学有了高效率的办法，那么和世界上其他几种主要语言比较起来，汉语这个语言是比较容易学的（当然是指一般地学通，而不是指学得精深），它没有西方语言的形态变化那个大包袱，生活在这个语言环境之中，还有老师教，上了十年学，再闹不通，是没有道理的。我们的孩子，潜力是很大的。这些年由于林彪、"四人帮"的破坏，看来好像不行，但这是暂时的现象，很快就会过去的。在正常的情况下，孩子们的语言能力很强，思维能力发展很快，总的来说，我们一向是把青少年儿童的能力低估了。我曾发现，一个"扛"字，幼儿园在讲，小学在讲，甚至初中还在讲。我们应该搞好研究工作，克服重复浪费的现象。这样，达到前边说的语文训练的目标，大概可以提前一些，不必等到高中毕业。能够提前多少，要经过实验，主观臆断是不可靠的。

第三，再谈一谈语文教学中的读和写。

我看到最近出版的《江苏教育》第一期上，发表了叶圣陶先生过去写的一封信里面的一段话，其中有一个观点我非常同意，认为非常重要，那就是：培养学生写的能力固然是语文教学的一个目的，培养读的能力，也是一个目的，不能认为读书就是为了做文章。读书，有的时候是为了提高自己某一方面的思想认识，有的时候是为了获得某一方面的知识，有的时候是为了欣赏，有的时候甚至是为了消遣。阅读能力强——理解能力强，记忆能力强，而且读得快，就可以博览群书，获得许多思想上的、知识上的启迪，那对一个人的工作、研究以至生活都是非常有好处的。一个人不善于读书，理解能力不强，或者如过眼云烟，读过就忘了，或者读得非常慢，那对他的工作、学习、研究等等，都是极端不利的。所以培养和提高读的能力，本身就是目的，读书并不就是为了写文章。如果读只是为了写，那么，许多人不写文章，岂不就无需读书了吗？当然，读和写是有联系的，可以相互影响，相互促进，所以在教学中应该注意适当配合。

听到很多这样的呼声，说要让学生多读一些"范文"，认为现在教材里"范文"太少，很多文章离学生的水平很远，学生不能直接模仿。我认为，模仿诚然是学习的必由之路，不能否定，给学生安排一些直接模仿的训练是可以的，然而决不能让学生只读一些与他自己的写作水平不相上下的东西。那样没有好处。学下棋，最好是找比自己下得好的，宁可输给人家几盘，才可以从中学到点本事，不要光找不如自己的，或者跟自己不相上下的去下，那样不会有什么长进。读，要读水平高于自己的东西，读境界高的东西，取法乎上，才能仅得其中，当时觉得可望不可即，学不来，不要紧，读多了，自有进益，如果取法乎下，那就不知跑到哪儿去了。

为什么要培养学生写的能力，为什么要叫学生做作文？应当明确，不是为了应付考试，在普通教育阶段也不是为了培养作家，虽然并不排斥出作家。那么，是为了什么呢？为了要用。因为每一个人，只要不是文盲，在今后的生活、工作、学习之中都要用到写。如果从这个实际的、致用的目的出发，培养学生切切实实的写的能力，逢到考的时候，他准能考得不错；如果有的学生有文学兴趣，有文学素养，只要放在某种特定的环境里面，主观能力和客观需要统一起来，他就能成为作家，不会被埋没。如果不从这个目的出发，不做一些扎扎实实的训练，而是从应付考试出发，那个教学多半会是失败的，考试会碰壁，即使成功了，考取了，也是虚假的，没有用。

如果从这个角度来看命题作文的话，命题作文的毛病是很大的。它的毛病首先还不在猜题、押题。如果思想教育进行得好，教学作风正派的话，猜题之类的风气是可以煞住的。但是命题作文的毛病仍旧存在。根本的毛病在于，它是训练写的人说一些并非自己想说的话，说一些无目的、无对象的话，为写文章而写文章。老师出了题目之后，头一件事要"审题"。生活里哪有"审题"这回事呢？有什么话说什么话就是了嘛。"审题"，就是因为不知道出这个题是要我说些什么，我得猜一猜，捉摸捉摸，这就叫"审题"。我们在生活中写东西都是有目的、有对象的，哪有无目的而写的呢？命题作文是无目的、无对象的"自说自话"，如果说有对象、有目的，那就是写给老师看，目的就是得分，就是考试的时候考得取。这是命题作文最根本的毛病。有人认为能写好一篇命题作文，就是语文教学的最终目的。一篇作文可以反映语文教学的成败，这更是把命题作文的作用过于夸大了。命题作文作为一种训练方式，未始不可用。如果用之得当，要求学生在一定的时间之内，进行构思，运用自己掌握的语言，按照规定的范围写他的所见所闻所想，也确实能够从中看到学生运用语言能力的高低以及他的趣味、思想境界和思想认识等等。然而这不是绝对可靠的。即使排除猜题、押题等因素，也还有一定的偶然性，不能拿一篇作文就定了人家的终身。顺带讲讲抒情散文的问题。我收集了各地的许许多多命题作文的题目，包括七七年高考题目在内，绝大部分是抒情散文题目，有的甚至是做诗的题目。在日常的学习、工作、生活之中，实际运用抒情散文的时候有多少？学生本来没有那个情，你出个题目硬要他抒，他就只好说一些并没有真情实感的话，发表一些并没有真知灼见的见解，东抄西摘，东拼西凑，这种训练方式，培养了学生一种什么文风、什么学习态度呢？所谓命题作文要用之得当，首先是题要命得得当，所出的题使学生必然能写他确实知道的事情，抒他确实有的感情，不要让他搜索枯肠，没话找话说，不要鼓励他说空话，说废话。

作文训练的方式应该是多种多样的，口头作文就是一种非常可用的方式。有一种说法，认为小学前三年不能作文，后两年才会作文。从作文是训练学生语言能力的角度来看，这种理解未免太狭隘了。我认为不仅小学一、二年级，甚至学前期的儿童就会作文了。孩子跟着爸爸妈妈到动物园去玩，回来之后老奶奶问他看到些什么，叫他说说，这就是"命题"。孩子把他看见的最喜爱的动物说了两样，比如，说小猴子怎样吃东西，小松鼠怎样在树上窜来窜去，等等，这就是口头"作文"。有的地方说得不够清楚，重复颠倒，奶奶把他说的理一理，重说一遍，问他对不对。孩子说："对了。"这就是"批改"，就是训练表达能力，训练"记叙""描写"的能力。如果语文教学中也采用一些口头作文这种形式，就可以收事半功倍之效。一节课拿出一半时间出来，就可以做这么一次练习。因为是口头说，一刻钟就可以说很多话，还可以讨论讨论，修改修改。时间节省，老师的工作量也减少了，所以是事半。其所以功倍，是收到的效果比较大。当堂训练，能培养学生口头表达的能力，训练敏捷的思维；当堂批改，大家都听见了，比书面精批细改给一个人看而他还未必看，效果要大得多；全班同学可以互相批改，可以开展讨论、辩论，大家动脑筋思考问题。这不是功倍吗？一个人经过长期这样的训练，在运用口头语言时，能够反应敏捷，思维严密，有条理。这种能力必然会反映在书面上。现在有一个很奇怪的现象，就是学生年岁越大，口头语言能力越低。幼儿园和小学的孩子们，发言很踊跃，语病并不太多，初中就"腼腆"了，高中简直不想开口，勉强说两句，"这个这个""那个那个"的，很不连贯。当然这里面有一些客观的原因。年岁越大，要说的话越复杂，需要考虑的地方多了，语病也多了；还有心理方面的原因，比如害羞，爱面子等等。但是从教学工作来看，事实是，年级越高，越放松口头语言的训练，到了高中以上，就只跟书面打交道了。其实年岁越大，口头表达能力越重要，而他要表达的东西越来越复杂，出毛病的机会越来越多，越需要通过口语训练来帮助他提高。而我们在实际教学中，却越来越不重视口头语言的训练，这是一个很矛盾的现象。语文老师有责任为改变这种现象出一份力，不妨从口头作文抓起。

书面作文也不应只有一种方式。命题作文不一定搞得太多，可以适当多搞一些片断练习。这种练习起的作用很大。只写一个片断，一个局部，要求比较集中，反映出来的问题比较集中，修改也比较集中，学生所得的印象深，作用大。可以做各式各样的局部训练，包括记叙的，说明的，议论的，都可以。在别的国家，这种训练是很多的。

书面作文的批改怎么搞？篇篇都粗改吗？学生家长、学校领导有意见，还在其次，只要那样做好，总可以说得通的。问题在于，老是粗改，学生作文中明明有些地方写得不对，你不改，学生就以为这样写是对的，是好的，这种影响很不妙。那么篇篇都精批细改呢，不仅老师太累，时间不够用，负担太重，问题主要在于效果不好。问题不集中，不突出，学生所得的印象泛泛而浅，并且改得红字连篇，很容易打击学生的积极性，老师很辛苦，"焚油膏以继晷，恒兀兀以穷年"，结果却是劳而少功，劳而无功。是不是可以精批细改他一篇以至几篇，提醒学生注意：写一篇文章好多问题都要注意呀，你的作文毛病不少呀。可以起个示范作用，让学生知道以后写文章应该注意些什么，以至训练他自己细细看看自己写的文章，自己做些修改。精批细改不仅给他一个人看，可以在全班传阅一下，起举一反三的作用。

最后，说说练习、竞赛和考试。

语文能力是一种技能，培养技能要靠实践，靠练，而且要有一定的量，要多练。近来大家重视练，是很好的，比不让学生动手，只听老师的空洞"分析"强得多。但是有的搞"题海战术"，无穷地练，练习题集子出了若干本，学生每天做各式各样的练习，要做到晚上十点、十一点。有的大量地练成语，刮起了一阵成语风，把成语搞成各种公式，如"微乎其微"是 ABCA 式，叫学生再写五个 ABCA 式的成语，这简直是整人。我遇见好几位老师，都说他也写不出五个来，学生能写得出来吗？凡事总要做得恰当，不要做过头。更重要的是，要从教学的需要出发，实事求是，讲究实效，而不要从别的什么东西出发，像上面的那种练法，有的恐怕就不是从教学的需要出发的。学生练来练去，很辛苦，可是不实惠，老师也辛苦，大家疲于奔命，何必呢？

竞赛，用之得当的话，本来是学习的推动力量之一。竞赛就是比高下。好胜之心人皆有之。正当的好胜心是应该提倡的。但是我也听到，有的地方竞赛简直成了压力。只许胜，不许败，胜了就得意洋洋，没有得胜就灰溜溜了。这怎么行呢？"胜败乃兵家常事"，连打仗也还允许打败仗嘛，也不能打了败仗就杀头嘛。怎么竞赛不获胜就抬不起头了呢？现在这样搞竞赛，成了压力，走向反面，非但无益，抑且害之。

考试，是检查学习、检查教学效果的一种方式，用之得当，可以起督促教学、督促学习、改进教学方法的推动作用，也是选拔人才的一条渠道。"四人帮"横行期间，把考试统统取消，是错误的。可是现在一切都围着考试转，特别是一切工作都围着高考指挥棒转，这股风好像比过去任何时候都厉害，这对学校教育极端不利。高考考命题作文，就猜题、押题，去年高考没有考命题作文，于是今年大家就拼命练缩写、扩写、填空、改错。考试，他可以这样考，也可以那样考，你跟着他的指挥棒转，跟在他后面追，你就永远追不上，永远被动。这样搞教学，效果极坏，对学生的教育也极坏，培养一种侥幸心理。为什么我们不可以从这个被动状态中解放出来呢？如果我们能够按照党的教育方针办事，按照教育规律办事，按照语文这门学科的特点和具体要求办事，该练的都练了，该做的都做了，学生的语文能力都基本符合要求了，那就随你怎么考，我的学生都不怕。这不就摆脱了被动应付状态处于主动地位了吗？这不就培养了学生凭过硬的本领而不凭侥幸取胜的思想作风吗？

要提高语文教学的效率，牵涉到的问题很多。我们很需要总结经验，研究问题。现在语文教学中不少问题是空白，需要研究。我们要破除语文教学无规律可循的看法，探索一些规律性的东西，用实践是检验真理的唯一标准这个观点作指导，大胆试验，反复实践，这样我们才能走出一条新的路子，大幅度地、较快地提高语文教学工作的效率，提高语文教学的质量。

（这是张志公先生 1979 年 6 月 8 日向南京市部分中学语文教师的讲话摘要，根据记录整理成文的。原载于《江苏教育》1979 年 Z1 期，第 8—13，第 16 页）

语文学科的现代化问题

一

　　人民教育出版社中学语文编辑室于一九七九年末在少数地区就中学生实际语文水平进行了一次调查，写成一份调查报告。进行这类实地调查是一项很有意义的工作。目前，如何有效地改革各级各类学校的语文教学，提高教学质量，是全社会普遍关心的一个问题，也确实是关系到文化、教育、科学的发展从而关系到四个现代化建设进程的一个十分重要的问题。进行改革，提出可行的改革方案，需要对近若干年来的经验教训进行实事求是的整理、分析、总结，需要了解国外的有关经验，需要从语文学和教育学，特别是教学论的角度进行理论的探讨，需要尽可能充分地掌握当前的实际情况，包括学生的情况、教师的情况、现行教材的使用情况、教学情况以及与语文教学有密切关系的其他各种情况。进行实地调查就是为掌握现实情况必须做好的一项工作。当前中学生的实际语文水平，只是现实情况的一个方面，不是全面，而且这次调查的地区和类型还不够广，因而调查结果的代表性还不够大，然而这个开端是可贵的，调查结果无疑具有一定程度的代表性，对研究语文教学问题是有参考价值的。今后还需要不断进行调查，方面要逐步增广，严密性和科学性要逐步提高。和任何工作一样，不可能毕其功于一役。这次的调查报告为今后的调查工作打下了基础。

就调查报告本身来看，材料相当切实；对材料的整理、归纳和分析，条理是清晰的，能够说明问题的。稍嫌不足的是，调查报告没有透过调查材料去看语文教学，也就是说，没有把所调查的中学生的语文水平同所调查的那些学生的学习情况和所接受的语文教育情况联系起来考察，从而就改革或改进教学提出据此材料可以提出的某些（哪怕只是一点两点）设想。不过，调查者和报告执笔者的意图本来就是着重在提供可靠的材料，而把如何运用这些材料的工作留给语文教师和语文教学研究工作者，那么这种调查方式和报告方式也还是可以的。

调查材料表明，所调查的中学生中有的语文能力很不错，但是相当大的一部分能力不足，反映出的有些问题令人触目惊心。为什么会产生这种现象，出现这样的问题呢？无疑，从这里我们看见了十年内乱期间留下的恶果。但是，话不能说到这里为止。我们不能不在接受这个刺激的时候把语文这门学科认真探究一番；特别是当我们往前想，想到今后应当怎么办的时候，相信不会有人同意这样的结论——只要回复到十年内乱以前的样子就行了。即使说，五十年代到六十年代初我们的语文教学有过这样那样好的经验，取得过这样那样的成绩，我们总也不能忘记，如今已经进入八十年代了。在当今的世界，二十几年，三十年，意味着什么？摆在我们面前的是大量的新情况，新问题，新任务。我们不能退回到二十几年前的地方去，重新走。时代不允许我们这样做。我们得迎头赶上！当然，我们不能不理会经过了十年内乱的今天的实际，异想天开，搞理想主义；我们也不能蜷曲在十年内乱加于我们的重负之下，裹足不前。我们要立足于现实，又要着眼于未来；既扎扎实实，不急躁，又勇于突破障碍，不停滞。在语文教学问题上我们尤其不应忘记，源远流长的旧传统还在影响着我们，遏制着我们的思路，障蔽着我们的视野。那些旧传统在历史上确实曾经有过好的作用，其中有一些作法经过充实、发展或改造仍能为我们所用，但是，如果我们单纯依赖那些传统的办法，就远远不能适应今天的需要了。可是由于我们对它太熟悉了，习焉而不察，特别当我们一想到十年内乱的恶果，不期然而然地又回到旧传统的路上去，把它看成为改革和前进的有效途径。这是我们在谈论改革语文教学的时候不能不正确对待的一个问题。要研究传统，继承其优良有用的东西，对历史传统不能采取虚无主义态度，又要敢于革新前进，不能满足于旧日的经验。

这里打算像调查报告一样，把具体分析调查材料的工作留给更有发言权的语文教学第一线的同志们，只是在调查材料的刺激和启示之下往前想一想，就语文学科的前景提出一个问题，做一点初步的和粗略的探讨，就正于关心这件事的前辈和同道。那就是，语文学科现代化的问题。

二

什么是语文学科的现代化呢？

首先是语文学科的要求要现代化。要考虑现代文化科学教育的发展、现代社会的各项工作，对于每个受过一定教育的人在语文能力方面有哪些要求？这些要求有的可能是古今中外共同的；有的可能是过去就有而现在格外突出了；有的可能是现代社会提出的新的要求。编选教材和进行教学，都必须从这些要求出发设计方案，决定内容，采取措施。古今中外共同一致的那些要求大家都会注意到，而后两种要求却往往被忽视。研究语文学科的现代化问题，要着重考虑这两种要求。

例如，教育工作者从来是考虑到如何发展学习者的智力的。孔子说："学而不思则罔。"思就是培养学生思考问题的能力，就是培养智力。他要求学习者能够"举一隅以三隅反"，能够"温故而知新"，用现代术语来说，大体上是和所谓知识的迁移相通的，也是一种发展智力的要求。古往今来，表彰、赞扬智慧的故事有很多，什么"日近长安远"，什么"曹冲称象""司马光破缸""文彦博灌皮球"等等，这些都是向儿童们讲的表彰智慧的故事。可见人们对于智慧从来是重视的。然而，到现代社会，对智力的要求格外突出了。具有高的智力，不再是所谓神童才子所特有的而成为对年轻一代的普遍的要求。原因是，如我们大家都已经知道的，知识的增长和发展越来越快，许多统计数字表明，文化科学各个领域之内的知识量，几年就要翻上一番，今天学到的新的知识，过不了太久就会过时，就会老化，需要更新。在这种形势之下，人们必须具备足够的智力，才能跟上这样的发展形势，不断地吸取新的知识，改造旧的知识，来适应新的需要，免得在奔腾前进的知识潮流中落伍下来。因此，发展智力，培养能力，成为当代教育工作的一项突出任务。那么，语文教育也必须在它的领域之内把这项任务很好地分担起来。古人就说过，"记诵之学不足为人师。"死记硬背，学一些死的知识是不够的。今天，这个问题更应该引起我们的重视。比如，在语文教学中，常常要学生做一些改错、填空之类的练习。一个有毛病的句子，甲学生只会一种改法，乙学生知道两种改法；填一个空白，甲学生只知道填某一个词，乙学生知道可以填两个词或三个词，并且知道填这个词或那个词在表达上有一些什么样的差别。乙学生显然比甲学生的智力发达，如果在指导做这类练习时，不仅允许学生一题多解，像演算数学题一样，并且有意识地引导学生，使他们善于思考，对于一个病句能够想出不同的改法，以至想出在不同的上下文里哪一种改法更好，这样做比刻板地要求学生只按一种答案来改，对于发展学生的智力更有益处。又比如，同一个作文题目，写学校所在的地方，假定是苏州，不仅可以写大家最容易想到的苏州园林之美，也可以经过查考资料、访问当地居民写一些这个地方的沿革、发展，还可以根据学生实际所知道的以及参观访问之所得，写一写苏州有名的工艺，如刺绣之类。即使写园林景物也可以有各种不同的写法，可以专门写寒山寺，既写它现在的景象，又考据它的来历；或者专门写沧浪亭、虎丘塔等等。这样，把学生的思路打开，把他们的视野放宽，帮助他们实地去观察，找人去访问请教，查阅文献资料，这对于发展学生的智力会有很大的作用。再比如，指导学生读一篇文章，除了把这篇文章读懂，并且知道写作上的特点之外，再跟另一篇写法不同的文章作一些比较，使他们理解到两篇文章为什么分别用不同的写法，不同的写法产生什么样不同的效果，这样对于提高学生理解文章的能力也会有更多的帮助。总之，无论在知识的教学、写作和阅读训练的各个方面，都有训练培养学生观察能力、分辨能力、思考能力等等的余地。在这许多方面突破一些旧的框框，从发展智力、培养能力的角度着眼，设计办法，反映在教材和教学里，是完全可能的。

又例如，现代文化科学的发展速度非常快，新的知识、新的技术层出不穷，各种形式的出版物成倍地增加，现在世界上每一年的出版物几乎抵得上过去几千年出版物的总和。同每个人研究范围、工作性质有关系的新出版物非常多，这些出版物当然不可能都读，但是总需要尽可能地多读一些，至少要知道和自己有关系的这一门学科的动向、动态、重要的新的理论、新的学说、新的作法等等。这种客观现实的需要，要求每一个人具备尽可能快的阅读能力。过去传说某某神童、某某才子能够"一目十行、过目成诵"，现在具备一目十行、过目成诵的能力已经不再是神童才子的事，而是每个人应该具备的阅读能力。中国和外国过去也并非完全不重视阅读的广度和速度，我们中国的古人说，要"读万卷书，行万里路"，意思无非是见闻要广。又说"读书破万卷，下笔如有神"，无非是说读的东西多，头脑里积累的知识、素材丰富，才有东西可写，才写得好。要"读书破万卷"，自然非读得快不可。所以我们既讲精读，讲"熟读精思"，也讲浏览涉猎。英国的培根说过：Some books are to be tasted, others to be swallowed, and some few to be chewed and digested。这几句话直译是：有些书只需要尝一尝，另外有些书要吞下去，少数的书需要咀嚼，消化。所谓"尝一尝"，不过是翻一翻，知其大意而已。所谓"吞下去"，大体上就是我们常说的粗读，全文读，但并不逐字逐句仔细地推敲揣摩。这两种读法和我们说的浏览涉猎意思差不多。其所以提倡这一类读法，无非是要读得快一点，多一点。庄子说过："人之生也有涯，而知也无涯。"庄子的时代已经感觉到知识是没有穷尽的，而人可以用来求知的时间是有限的，这中间存在着矛盾。那么今天，这个矛盾显然尖锐得多了，因为知识比庄子的时代不知增加了若干百倍、千倍，而每个人可以用于求知的时间并没有增加。所以必须找到有效的途径、有效的办法来克服这个矛盾，其中非常重要的办法就是提高阅读能力，特别是速读的能力。这在许多先进的国家已经受到很大的重视，已经有国际性的阅读协会在研究阅读教学面临的各种新问题。我们今后的语文教学不能不从新的角度来研究处理阅读教学问题。以往在阅读教学方面，我们重视理解和记忆。表现在教给学生读的东西要反复细致地分析，以至达到"满堂灌"的程度。用意无非是帮助学生把所读的东西理解得尽可能透彻一些。另外要求学生把读的东西记住，以至于能够背诵。但是，对于训练学生具备快速阅读的能力，重视是不够的，基本上是听之任之。学生能够读得快一些固然好，读得不快，也不去管它。总之，并不设计出有效的办法培养学生这方面的能力。理解和记忆当然是不能忽视的，但是如上边说的，速度问题不能不提到日程上来了，而这三个方面又是互相有关的。要读得快，同时就要求理解得快，并且理解得准确，能够很快地从所读的东西中得到所需要的主要的东西，而没有重要的遗漏，没有错解或者理解得太不够的地方。读得快，也要求记得快；要在几秒钟、几分钟总之很短的时间之内，把理解了的需要的东西输入到脑子里去。因此，快速阅读的能力包含着快速理解和快速记忆的能力，快，容许略，不容许粗，更不容许错。快速阅读的能力不是一个孤立的能力，理解、记忆、速度三个方面构成阅读能力的整体。阅读教学必须从这样的角度考虑，设计办法。从这个意义上说，满堂灌、死记硬背都不仅仅是方法上不得当的问题，而是不能适应今天和今后需要的问题。阅读的材料必须增加，阅读的速度必须加快。把很少的阅读材料慢慢地嚼得稀烂，吞进去，记住了，即使材料再好，是古今中外文章的精华，也是不够用的。

从以上谈到的两个方面，即注意发展学生的智力，注意培养学生快速阅读的能力，必然引出来一个问题，那就是教学或教材既要符合学生的能力基础，也就是过去常说的"量力性原则"，又要有一定的量，一定的难度。这两个方面必须很好地统一起来。不适应学生原有的能力基础，不量力而行，不适当地加重学生的负担，这样不仅不能提高学生的能力，不能增加学生学习的兴趣，反而于学生有害。但是，给学生的材料分量不足，对学生的要求偏低，表面上看是减轻了学生的负担，实际上减少了他学习的兴趣，使他得不到经过努力而有所得的愉快，得不到在一定的力所能胜的困难之中经受锻炼、提高能力的愉快，其结果是阻碍了他智力的发展，降低了他的水平，使他在新知识、新技能面前处于无能为力的状态。这从某种意义上说，恰恰是加重了他在学习上的精神负担。所以合乎时代要求的教学和教材，必须非常慎重地处理分量和难度的问题，包括读的分量、读的难度，写的分量、写的难度，知识的分量、知识的难度。各个方面都需要从新的角度作全面的考虑，安排。

三

语文学科现代化的第二个方面是内容，也就是为适应现代化的要求，教学内容要现代化。

　　首先，要对"语言是交际工具"这句话有现代意义的更具体的理解。所谓交际，指的已经不是个人与个人之间，小集体与小集体之间的交际，而是指全国范围的以至世界范围的交际。我们的语言是国际通用语言之一。在国际事务中，在国际的文化科学交流之中，我们的语言是重要的交际工具。另一方面，语言已经不仅仅是人与人之间的交际工具，已经开始成为人和机器的"交际"工具。从这两个意义上说，教给下一代掌握的语言，必须是全国通用的、在国际上通用的、规范化的标准语言，笼统一点说，就是我们所说的普通话。特别是，在现代社会，运用口头语言的机会越来越多，口头语言能力的要求越来越高。因此要求学生充分熟练地掌握普通话，已经远远不是为了个人之间交往的便利，而是一个时代的要求，现代化的要求。那么，提供给学生听和读的材料，要求学生说和写的，都应当是普通话，或者有助于学生很好地掌握普通话的。在现代，无论是口头上说，或者书面上写，必须是能够让所有听或读的人很快很容易理解的。只能让少数人顺利地理解，或者佶屈聱牙，不普通，不流畅，让多数人理解有困难的，这样的话，这样的文章都不仅仅是风格不够好的问题，而且是不符合时代要求的。语文课的教学内容，要严肃地考虑到这个问题。

　　在现代社会，所有受过教育的有文化的人都离不开写，要靠写来办事，要写各种各样的文体。比如，公事往来常常写各种的公文；工作中常常需要记载一些事，需要写笔记，写报告，写总结；搞技术工作，新机器、新工艺使用情况需要记载，采取新的办法进行试验要写试验报告，试验成功，产品向外推广要写说明或者广告；作研究工作、宣传工作的更是离不开写。总之，写是为社会中的各行各业所需要的。语文教学中训练学生具备写的能力，这是时代的要求。就我国的传统来看，若干世纪以来要求写的不是上述那些东西，而是写八股文，后来虽然不写八股了，但是八股的影响仍旧存在，常常是让学生写一些不着边际的东西，写一些在实际生活、工作中很少用到的东西，比如抒情散文之类。这种传统的影响还是很深的。并不是不可以写抒情散文一类的文章，但是，训练写的能力不能不从现代社会发展的需要着眼。目前，中学毕业生乃至大学毕业生在实际工作中不会写所需要写的东西，这种情况很普遍。尽管小学、中学、大学作过多少作文，但是一动笔仍然感到困难，这困难还不是轻而易举就能解决的。当医生的写不好病历，或是繁简不当，或是不准确；实验室的实验员写不好试验报告；作机关工作的不会起草公文，写不了调查报告，等等。学会写现代社会中常常用到的各种文体，是要经过训练的。学生在学校里就应该接受这种训练。从未受到这种训练，到了工作中才去从头摸索，这在时间上是一种浪费。因而，语文教学要教给学生写什么，是很值得考虑的。

语文课中进行文学教育，运用文学材料进行语言训练，这都是必要的。可是，当处理文学教育和运用文学材料进行语言训练的时候，要联系前面说到的两个问题作全面的考虑，并采取适当的处理办法。教材中所选的文学作品，一般地说，语言是优美、精当的。也有的作品由于某些原因，个别地方语言不够规范，或者运用方言过多，这在教学中就要作适当的处理。到底文学作品读哪些比较合适，读的量应该是多少，读多了不行，读少了也不行，这个问题从现代化的角度考虑是值得深入研究的。

语文知识在我国的历史上是曾经被忽视的。人们认为不用语文知识，靠读写实践就成了。后来在我国和别国又曾经有过教学语文知识分量过多，讲法不当，采用学院式或经院式的讲法，教学效果不好的情况。这种情况也助长了忽视以至否定知识教学的倾向。这种倾向，目前在有些学校、有些教师同志之间有所滋长。从现代化角度考虑，这是不适当的。别的国家近一二十年有过不少研究和试验，证明不仅对青年，就是对少年儿童也可以介绍一些理性知识。建立一些抽象概念，具备一定的理性知识，这对发展智力、培养能力是有益处的。我们应该借鉴别国成功的经验，总结自己国家多年来的经验，对知识教学的安排作全面的考虑，而不应轻易加以否定。人类若干万年以来天天吃饭，并不讲营养学，发展到了今天，人口越来越多，难道我们因此就要否定营养学的研究吗？具备了营养学的知识，也不一定就身强力壮起来，难道因此就否定营养学吗？难道因为古代的工匠没学建筑学、水力学、桥梁工程学而修筑了万里长城、都江堰、赵州桥，我们就可以否定现代的建筑学等等吗？难道因为现代的大学建筑系毕业生不一定能设计出虎丘塔、岳阳楼，我们就否定现代的建筑学吗？人们并不否定营养学和现代建筑科学等等，为什么以不学语文知识也会说话，也能写出《红楼梦》等等伟大作品为理由在语文教学中否定知识教学的必要呢？这里既有传统经验的影响，又加上过去教学中存在的问题，于是使人产生错觉，认为知识教学没有用，这种想法是可以理解的。然而毕竟是错觉，是不对的。今后，我们应从现代化的要求出发，处理好知识教学的问题。不是简单的肯定，大量地教；也不是简单的否定，不教。知识的分量、广度、深度都要处理得当，同发展智力、培养能力联系起来考虑。

四

说到语文学科内容的现代化，不可避免地要涉及我们语文教学中的一个难题——文言文问题。

这里首先要说一句：决不能因为文言文不是现代的，那么，既谈语文学科的现代化，就必然要排除文言。这样的逻辑推理是站不住的。不应当得出这么一个公式：现代化＝不要一切非现代的东西。这不是现代化，而是简单化，绝对化，片面化。我们不赞成这种简单化的态度。

本文作者不仅不赞成简单地排除文言，相反，很重视文言问题，认为文言应当郑重对待，妥善处理；不仅不认为所有的人都不应当学文言文，相反，认为需要有些人把文言学好，比现在的中学毕业生要学得好得多。

为了真正做到郑重对待，妥善处理，需要认真地研究一下文言是什么，它在历史上起过什么作用，在当前有什么用处，在今后将怎样发展；学，应当怎么学；当前需要怎么办，从长远看，有哪些工作要做。如果不研究这些问题，忽视必须加紧进行的工作，采取与简单排除相对的另一种简单化的态度，也是不可取的。

文言文是我国的一个特殊的问题，并且是一个相当复杂的问题。所谓文言文，是两汉以后以秦汉的典籍所反映的古代语言为基础形成的一种定型化的书面语言。人们口头上实际使用的语言是不断发展的，因而这种定型化的书面语言同人们口头上实际使用的语言产生了距离，并且这个距离越来越大。这种和实际使用的语言距离越来越大的文言之所以能够几千年地流传下来，是靠了两个因素：一是汉字；二是全部封建社会直到进入民国的半封建半殖民地社会中，官文书一直使用它，各级各类的考试一直要求使用它。倘若没有这两个因素，就是说倘若我们用的不是汉字，而是一种拼音文字，倘若不是历代的官府和考试制度这样严格地要求使用它，它是不能流传到现在的，先秦典籍一定会像用古希腊文写《荷马史诗》，亚里士多德的哲学著作，像李维用古拉丁文写的《罗马史》以及用古拉丁文写的《十二铜表法》等一样，成为专门家研究的材料，而不是一般人接触的书籍文献了。文言文在历史上有很大的功绩。靠了文言文取得了我们这个人口众多、方言复杂的民族的书面语言的统一；靠了它记载了我们历代的高度发展的文化成就。这个功绩是不可磨灭的，到今天我们如果要接触、整理、研究我们的文化遗产，还不能不凭借用文言保存下来的那些文献。由于几千年长时间地使用文言，产生了许多用文言写出来的优秀作品，这些作品现在还很值得欣赏，并且对我们运用语言具有很好的借鉴作用。但是，文言也有另一方面的非常明显的问题。由于它脱离人们实际使用的语言很远，所以它从来就是流行在一个狭小的范围之内，而不是全民共同使用的；它从来就是文化教育科学普及的一个障碍。近代的资产阶级知识分子，尽管他们自己学的是文言，他们十分熟悉文言，写日记、互相通讯也使用文言，然而他们凡是主张普及教育的，都不赞成文言。至于具有更先进的思想以至于具有无产阶级思想观点的就更不赞成文言，突出的例子是鲁迅，虽然鲁迅是精通文言的，他是现代写旧体诗写得最好的几位诗人之一，可是他强烈地反对文言。我们有许多很好很有用的遗产，如传统的医学、天文学、数学等等，正是因为使用文言记载的，使得广大的人民群众无法接触，就连在知识分子中间，能读懂《伤寒论》《九章算术》等等这些著作的人也是越来越少，几乎快要没有了。能不能靠在普通教育阶段要求学生多读一些文言文，把我们下一代、再下一代的人阅读文言文的水平恢复到二百年前、一百年前甚至几十年前的知识分子那样的水平呢？这个答案恐怕是很清楚的。文言文因为它是文，所以它一定负载着古人的思想意识、风俗习惯、典章文物、思想方法等等。其中有的东西，比如典章文物，今天不存在了；思想意识，今天则大大地改变了；风俗习惯、思想方法，今天则发展得很远了。因此，要现在的青年和今后下一代再下一代的青年能够像我们的上一代再上一代的前人那样理解文言文，运用文言文，客观上是不可能的。它将离我们的后代越来越远，这种发展趋势是历史的必然，是不以人们的意志为转移的。有人说，现在不少年轻人看《甲午风云》都看不懂，甚至问这是哪国的电影。其实这并没有什么奇怪。不仅二三十岁的人，恐怕六十岁以下的人，没有几个见过马蹄袖、红顶子、水晶顶子，没有几个听见过"中堂大人""军门大人""标下"这些称谓，怎么能看得懂呢？靠读《醉翁亭记》《滕王阁序》等等能解决看《甲午风云》的困难吗？从社会和语言的发展趋势是不难推想文言文的前途的。从清朝末叶算下来一百来年了，从来没有停止过教学文言文，可是现在就连最普通的古代的掌故、寓言故事，例如刻舟求剑、揠苗助长、郑人买履、叶公好龙等等，知道的人是越来越多了呢？还是越来越少了？仅仅几十年前对于读过中学的人还是一个普通常识的东西，现在对于进了高等院校文科的学生甚至毕业生都成为相当生疏的东西了。原因就是那些古代的好的东西被文言这个外壳包起来了，而人们对于文言接触越来越少，于是这些好的东西跟人们也离得越来越远了。从继承优良的文化传统的角度来看，文言文所起的作用恐怕远不是积极的。

学习文言文过来的人，熟悉文言文的人，往往觉得学好文言文一定可以学好现代文，甚至于觉得不学好文言文就不可能学好现代文。这恐怕是一种误会。能否学好现代文，首先决定于学了多少现代文，是怎么学的。写《三国演义》的罗贯中，写《西游记》的吴承恩，写《儒林外史》的吴敬梓，写《红楼梦》的曹雪芹，都是学文言出身的，可是他们运用他们时代的现代语文水平有很大的差异。赵树理同志，还有别的一些现代作家，恐怕并没有读过多少文言文。至少，赵树理学的文言文大概不会多于吴承恩吧，可是，单就语言来说，赵树理、吴承恩谁运用得更好一些呢？只有小学文化程度甚至程度更低的根本没读过一句文言文的工人农民，是不是现代语都说不通呢？鲁迅还有别的好些位现代的作家，不承认他们能够写出那些作品是得力于学了文言文。当然，学点文言文对于学现代文肯定是有些帮助的，是有益处的。文言文和现代文的文字词汇有许多相通的地方，古文的写作方法有不少值得借鉴的地方，读一些当然有好处。但是，值得考虑的是：这种帮助、这种益处是必不可少的决定性的因而必须依赖的呢，还是辅助性的？这种帮助、这种益处十年二十年之后、三十年五十年之后是愈来愈大呢，还是愈来愈小？仅就当前来说，为了让中学的甚至于小学的孩子普遍地学文言，所付出的劳动同它所起的作用比较起来是否相称呢？古代的读书人十年寒窗，就是读文言，写文言。搞点科学研究的，如李时珍、方以智等等，在封建社会后期是为数很少的。十年寒窗之下，经史子集读的数量是很可观的，作文写得很多，远不止"两周一次大作文"，然而究竟有多少人学通了呢！我们的眼睛不要只看见曹雪芹。那是几百年才出了那么一位啊！《古文观止》的文章的确大都写得不错，很多是所谓脍炙人口的，可是那是从《左传》开始直到明末的两千多年的著作中选出来的二百二十二篇。二十世纪二十年代出生的人，今天都已六十来岁了，他们在读中学的时候，国文课里百分之百是文言，并不是如我们现在规定的百分之二十、二十五、三十五、四十五；他们作文、考试统统要写文言文。可是他们之中能够没有多大困难地驾驭古籍的，又有多少呢？直接通过文言来接触古籍，绝不像我们想象的那么容易。恐怕一个合格的中学毕业生，看《三国演义》《聊斋志异》，都是连蒙带猜的，因为有故事情节，能够对对付付读下去就是了。进了高等学校哲学系的，有多少能读先秦诸子的著作？进了历史系的，有多少能没有太大困难地阅读《资治通鉴》、二十四史？进了医学院的，有几个能读《黄帝内经》《伤寒论》？进了数学系的，如果想研究中国数学史，有几个能阅读《九章算术》的？这些摆在我们面前的事实值得我们深思！那么可能不可能让所有的中学生普遍地大量学文言文呢！不说像封建社会的读书人，能像四十年前、五十年前的中学生读的那么多吗？时代许可吗？现代科学技术的发展许可吗？这都是值得深思的！所以，在我们完全不否认学一些文言文对于掌握现代文有帮助、有益处的同时，我们不能不认真地深入地考虑以上这些问题。

　　总起来说，不论从继承、发扬文化遗产来看，或者从学好现代语文的需要来看，不论从当前实际来看，或者从今后发展趋势来看，怎样对待和处理文言文问题，是一个很需要加深研究的相当复杂的问题。在这个问题上，要有眼前的办法，要有长远的打算。这是语文教学需要解决的问题，也是我们文化政策中的重要问题之一。

就当前来看，要求中学生接触一些文言文，还是必要的。因为具有中学毕业以上文化水平的人，颇有一些需要接触文化遗产，而我们还没有给青年们准备下不凭借文言就能接触文化遗产的办法。用文言或者半文言写下的文学作品不少，这些作品是世界文学宝库中的精华，我们的下一代对此不应当毫无所知。读这些作品，使青年人了解我们的文化传统，更加热爱祖国。值得研究的是，读多少，怎么要求，以及是不是所有中学生个个都要达到同样的水平——今天我们还没有能够普及中学教育，然而在进行社会主义现代化建设的过程中，普及中学教育不会是遥远的事情。如果普及了中学教育，并且要求中学毕业生都得具备相同的文言文水平，那就意味着要求全民都通晓文言文。这样作的必要性和可能性是值得研究的。从这个角度考虑，我认为初中可以读少量很好的旧体诗词、文言散文、早期白话小说（这其实不是文言文）等等。主要目的在使年轻一代接触一下文化遗产的这个方面，知道我们祖国有这样一种优秀的遗产，但是不作什么要求。正如同有机会应该去看一看万里长城，看看都江堰、赵州桥等等那些珍贵的文物一样，作为一个受过中等教育的中国公民，不知道祖国的这些文物是不行的，然而我们并不指望年轻人从万里长城、都江堰、赵州桥学到什么建筑技术。高中可以编一种文言教材。这部教材，要有足够的分量，要运用关于古代汉语、古代文字的科学知识，要有效率地进行教学，要做一些文言的练习——像现在这样教文言，不要求听，不要求说，不练习写，也极少琅琅诵读，怎么能学会学好文言呢？学语言而不通过听说读写的实践训练，就能学会，学好，这恐怕是不符合认识规律、学习规律的假想。总之，既学就要学好，学到管点用，不能一个学期读个四篇五篇，并且是没有任何要求，只靠教师翻译来知其大意，然后背诵一部分那样学法。高中的文言教材不要求普遍地学，可以作为选修教材，不具备现代语文的必要的基础，没有明确的学习目的，没有足够的学习时间的，可以不选或者不许可选。既选就要学好，只有学好，花的时间、精力才不是浪费的，付出的劳动才是有实效的，才能凭借文言接触点文化遗产，并且有助于学好现代语文。马马虎虎学一点，不管用，什么问题都解决不了，实质上是一种浪费。

从长远来看，需要加紧做两项工作。其一是立即组织力量有计划地全面整理古籍。现实意义极小的古书（如巫祝卜筮之书等等）可以束之高阁，留给极少数专门研究者去用。其他还有现实意义的古籍，应当分别进行校勘、标点、注释、精选，以至把某些应当普及的并且能够改写的古籍，用现代语文改写出来。（优秀的古代诗词曲之类，是不能也不必改写的。因为文学是语言的艺术，那些作品之所以成为优秀的作品，是包括着古代语言运用的精当在内的。）这项工作必须加紧做，十分迫切。现在虽然已经晚了一点，但是把现有力量很好地组织起来，还勉强可以做；再过十年二十年，想做就更困难了，这是一项百年大计的工作，是真正重视文化遗产，继承文化遗产，发扬文化遗产，为子孙后代负责的一项工作。在许多国家，尽管他们的历史没有我们这么久，这类工作却早就做起来了。西方的儿童不知道《鲁滨孙漂流记》的很少，然而他们读的已经不是十八世纪笛福的原文，而是用现代语改写的。改写本不止一种，有适合儿童看的，有适合少年看的，有适合一般青年看的。希腊神话故事、莎士比亚戏剧，在西方对于多数受过教育的人不是生疏的，他们读的也是用现代语文改写出的各种本子。连他们的《圣经》，现代用的不仅不是拉丁文的了，也不是宗教改革之后用各种民族语言翻译的那些本子，而是用现代语文改写的本子。我们应当比他们做得更好，而不应当让我们的后代由于语言的障碍同我们的文化遗产距离越来越大，越来越感到文化遗产十分生疏。再一项工作是应当在全国范围内建立若干所"古文学院"，招收初中毕业的学生训练六年，或者招收高中毕业生训练四年，培养确实通晓文言、熟悉古籍的专门人才。这样的人才不经过专门训练是很难培养出来的。这样的人才不需要太多，但是需要相当的数量，因为整理古籍，培养这方面的接班人，进行一些专题的研究等等，这些工作是长期需要的。虽然不是人人都要作的，总要有一些人把这项工作担任起来并且传递下去。同整理古籍的工作一样，现在赶紧设立一些这样的学院还是力所能及的，再过些年，困难将要更大，因为师资会越来越贫乏。与其把为数不很多的真正通晓古代语言文字、熟练掌握古籍的人过分分散地使用，使他们不能充分发挥其所长，远不如适当集中一批力量，把培养这方面人才的工作很好地担负起来，完成它。

以上说的有关文言文的这些想法，有的部分超出了本文所要谈的语文教学现代化的范围。因为这个问题同语文学科内容的现代化有关而又不仅仅是个教学问题，所以连带地把别的有关问题也说了说，向关心这个问题的同志请教。这一部分既是从语文学科内容现代化生发出来的，因而接着内容问题讲开去，单另成为一节。

五

讲到语文教学的现代化，还有一个问题就是教学方法的现代化。这也是一个相当复杂的问题，涉及语言学、文学、教育学、心理学等方面，不是三言五语谈得了的。本文为篇幅所限，有关方法的问题暂时从略，留待另外机会再谈。

有的同志可能觉得：调查报告反映出的中学生的现有语文水平存在那么多的问题，要解决这些问题已经很不容易，哪里顾得上研究什么"现代化"！这不是当务之急，现在提出"现代化"是不切实际的。

我不这样看。假如我们认真探讨探讨本文提出的这些问题，采取一些措施，恐怕对于解决调查报告中反映出的各种问题是有益的，有相当效果的。语文教学之所以有那么多问题和我们在教材工作、教学工作中一切"率由旧章"不无关系。

本文提到的有关语文学科现代化的几个问题（当然提得还很不全面，很不深刻），并不难解决。这里没有全然脱离现实的想象。每一点，例如在语文学科中如何开发智力，如何提高学生学习兴趣，如何结合实际需要训练写作，等等，都是很容易做到的。做到这些，不仅使语文学科带有较多的现代气息，有利于今后的发展，同时正是解决当前存在的问题的途径。回顾昨天，看到今天，想到明天，这里边存在着统一性。

因此，我不认为看了这份调查报告而谈语文学科的现代化是离题的。最后把这个想法说一说，请见到本文的同志们指正。

（原载于《课程·教材·教法》1981 年第 3 期，第 14—21，13 页）

关于改革语文课程、语文教材、语文教学的一些初步设想

上

从 1977 年起，在搁置了十来年之后重新接触语文教学的问题。六七年以来，在社会主义现代化建设新形势的鼓舞之下，在全国范围内空前高涨的学术研究空气的推动之下，我重新回顾了语文教学的过去，也回顾了自己以往研究这个问题走过的路程，深深感到，自己的认识需要前进，不能停留在十几二十年前的境地止步不动。逐渐，对于语文这门课程，对于语文教材，对于语文课的教学，产生了一些想法。思路大致是这样的：经过大家的努力，语文教学很有些改进，但是无可讳言，仍旧有不少的问题存在，普通教育阶段仍旧没能把学生的语文能力培养到应有的水平。这是什么道理呢？语文教学这件事为什么这么难呢？于是重新回顾传统的语文教学，重新认识它的得失利弊，拿近几十年来的语文教学和传统的作法进行比较，看看现代的语文教学从传统那里继承了些什么，对它改革了些什么，在原有的基础上开创了些什么，还遗留下一些什么重要问题没解决，不断发展的形势又提出了一些什么新的有待

解决的问题。这样，对于当前语文教学的成效不够理想的症结所在似乎看得清楚一些了，在这样的基础上，逐渐形成了怎样从根本上、较大幅度地改革语文教学的构想。构想的基本点是：语文教学要面对当前的和今后的社会需要；既要继承传统的好经验，更要清醒地看到并且坚定勇敢地革除传统遗留下来的重大积弊；要使语文教学朝着科学化、高效率的方向前进，成为培养新的建设人才的基础工程的重要组成部分。构想涉及这门学科的课程设置、教材和教学几个方面。当然，构想无疑还是很初步的、粗糙的。这里就顺着前边说的思路，先着重谈一谈认识，然后提出一个不成熟的、粗线条的构想，作为引玉之砖抛出来，和大家共同探讨。

一、对传统语文教学的再认识

（一）为什么需要再认识

50 年代末到 60 年代初，我用了点工夫探索了一下传统的语文教学，写成一本小书《传统语文教育初探》（附蒙学书目稿）①。那次，主要作了两件事。一是把传统语文教学的有关资料广为收集，进行了初步的整理，作为研究这个问题的基础，编写成那个《书目稿》。尽管还是个"稿"，并且是作为那本书的附录的，我个人并不看轻它。要研究问题就必须先在资料方面下点功夫，既是为自己研究的需要，也可为别人研究服务。二是从传统语文教学的作法中探求到几点经验。首先是关于汉字的教学，包括集中识字教学的作法和写字教学的作法。其次是关于阅读训练和作文训练的一些作法。随后又写了一些文章发挥探索之所得，例如在《漫谈语文教学》② 中提出学好语文要"过三关"（"字关""句关""篇章关"）的说法，就是从传统经验中来的。那次探索形成了

---

① 上海教育出版社 1962 年 10 月初版，1964 年 8 月第二版，1980 年 6 月重版。
②《光明日报》1963 年 10 月 10 日第四版。

我自己对传统的认识，并且由于写了书，写了文章，在多处讲过，也就和社会上研究传统之风多少起了一些配合作用。例如，集中识字教学实验的开展；有些学校在作文教学中运用《初探》介绍的宋人谢枋得提出的所谓"大胆文""小心文"的观念；《初探》着力介绍的欧阳修、朱熹、程端礼、唐彪、王筠诸人的教学语文的观点引起一些同志的兴趣和重视，以至出现了集中介绍前人对教学语文的论述的书①，等等，就是几件比较明显的事实。

我至今认为，对传统经验进行整理，总结，分析，介绍，这项工作是应当作的。前次的探索，还是很初步的，今后需要继续作，已经拟定了一个计划，准备对《初探》进行较大幅度的修订和补充。

但是，近几年逐渐感觉到两个问题。第一，前次的探索有个明白的意图，就是向传统寻求经验，讨办法。因此，对于传统作法的消极影响这一面，注意很不够。曾经提到传统的语文教学忽视口头语言这个问题，然而只是在《初探》的《后记》里附带一笔，没有作为一个重要问题认真讨论。从那以后，在不同场合也曾零零星星谈到传统教学的某些弊端，然而没有进行比较全面系统的探讨，认识是很不深刻的。第二，就是总结出来的某些正面经验，例如集中识字，尽管在历史上确实起过好的作用，今天也仍旧有参考价值，然而随着时代的进展，随着文化、科学、教育出现了新的形势，提出了新的要求，旧经验拿到今天来，它所能起的作用就和历史上的情况不同了。我们不能拿今天的观点要求前人，但是应当根据今天的需要来考虑怎样正确对待前人的经验。李时珍是伟大的，可敬的，他留给我们的遗产是珍贵的，然而毕竟不能指望李时珍来解决我们今天的药物科学了。由于以上两点，我深切感到，需要对传统语文教学进行再认识。

---

① 如 1963 年人民教育出版社《论学习语文》后半本全部是前人谈学习语文的言论的摘录。

1977 年以来，全社会的头脑清醒一些的人们几乎共同认识到，由于我国封建社会的历史特别长，并且是两三千年连绵不绝，中间没有割断过，没有受到大的冲击（辛亥革命的冲击是微弱的，五四运动的冲击强烈些，然而在整个的半封建半殖民地流风的笼罩下，所起的作用也还是有限的），封建社会的观念形态渗透到全社会的各个领域，各个阶层，源远流长，根深蒂固，直到今天还从许多方面反映出来。为什么人治的习惯势力那么大而法治那么难？为什么生产上、经营管理上，那么习惯于松散的、粗放的方式？为什么重男轻女的观念，种种封建迷信的观念，还有那么广阔的市场？等等，从涉及政治、经济等大的问题到日常生活中的一些小问题，许许多多都能从长期的封建社会找到根源。新宪法征求意见稿在总纲部分提到"反对……封建主义残余思想"。经过上上下下反复多次的讨论，在定稿时终于把"残余"改成为"腐朽"。人们认为，不是零零星星的一点"残余"，还很不少，还在好些方面起着不小的作用，要清除它还需要相当长时间的不懈的努力，不是轻而易举的。

那么，封建社会的观念形态在教育领域有没有遗留，有没有影响呢？要说一点都没有，那恐怕是很奇怪的事情。教育真的是个"清水衙门"，唯我独清，唯我独醒，唯我早就和封建社会的东西彻底"划清界限"了吗？且不说 19 世纪末办新学堂的时候还是半封建社会，今天，离开那个半封建社会也才 80 多年啊！

如果有，反映在教育领域的哪些地方呢？

这里不可能讨论教育的整体。让我们把讨论收缩在大中小学各门学科里，收缩在语文学科里。

19 世纪末开始办新学堂，从学制、课程设置到教科书，大都是从东西方各资本主义国家搬来的。像我这样年岁的人就已赶上，初中高中六年，数学、物理、化学三科的教科书用的统统是外国来的英文课本，原封不动，照用照学。那些课程，中国封建社会的观念形态是不大有的。独有语文（当时称国文）这一科，无法从外国搬。内容无法搬。而内容，一头联系着教学目的，一头制约着教学方法；因而，这门课从目的，到内容，到方法，基本上是土生土长的，最富于民族风格，只不过形式上分成一册一册的，一册里边分成一课一课的（中学连这个形式也不大用，还是一篇一篇的，这一篇用两课，另一篇可以用五课，某大学教一年级国文的一位教授，一学期只教了一篇庄子的《秋水篇》）。

既然率由旧章，无疑在语文这门课里就带下来丰富的传统教学的东西。咱们如果要研究传统教育，从数、理、化、生、体育、美术这些课程里是很难找到材料的，但是从语文课里却会找到许多，至少会看到不少传统的影子。

语文这门学问主要是语言文字之学，而语言文字是一种客观存在，所以多年的传统教学肯定会摸索出符合客观存在的语言文字以及学习它的某些规律的经验。这些经验是可贵的。然而教育和教学又是属于观念形态范围的事。渊源于封建社会的教学传统无疑又会贯穿着封建社会某些观念形态的东西在内。这些东西是陈腐落后的，不符合时代需要的，妨碍教学工作前进的。传统语文教学就是这两种东西的杂糅，既有某些好的经验，又有不少落后因素。两种东西融合为浑然一体，泥沙俱下，难解难分。

传统的力量是很强固的。世代相传，年深日久，人们早已司空见惯，习以为常，觉得事情就应当是这样的，无可议论。特别因为里边确实还有些好东西，就更不容易看到它杂有很不好的东西。色呈金黄，而且闪光，不经过化学分解，怎么能知道它不是纯金而是杂有别的成分的合金呢？"熟读精思""拳不离手，曲不离口""多读多写"，这些经验，谁能说它不对呢？

"不识庐山真面目，只缘身在此山中"。我自己就曾钻进传统语文教学这个庐山中去。我发现，庐山中人是很不少的。因此感到需要跳出庐山，站到外边来，前后左右仔细端相端相——客观一些，对传统语文教学进行一次再认识。

（二）怎样认识

仔细一端相，传统语文教学头绪很简单，一点都不复杂。一共干两件事，一是花大力气对付汉字，一是花大力气对付文章。目的是：应付科举考试。简要地概括一下：识字+作文章＝语文教学；语文教学的目的要求——达到考中举人、进士的水平；考中的效果——作官。说穿了，就是这么一回事。

单就教学而论，花大力气对付汉字有符合实际的一面。第一，汉字这种文字体系有它的特点，有它的优越性，但是相当难学，尤其是在初学阶段。第二，历史上特别重视书面功夫，必须把文字学好。第三，读的写的是文言，文言与实际使用的口语有很大的距离，读写文言全靠文字功夫。有此三点，所以汉字必须花大力气去对付。

由于长时期花大力气去对付，逐渐摸到了汉字和学习汉字的一些规律，积累了不少经验。这些经验对于我们研究汉语汉文有用处，对于我们教学汉语和汉字也有可参考的价值。

我国历史上从来就重视文章。早在三国时代的曹丕就说："文章，经国之大业，不朽之盛事。"此后，历代统治者都是以文章取士。朝廷通过考试选拔他们所需要的人才，而考试就是考作文章。"念书人"竞逐功名利禄，只有在文章上下功夫。识了字就读文章，读古圣先贤的经典，读历代的名篇佳作，要读得通透，背得烂熟。读文章是为了写文章，要揣摩，要涵泳体味，得其精髓，以便于模仿得形近神似。杜甫说"读书破万卷，下笔如有神"。一般的"念书人"为考举人考进士作准备，倒也无需读那么多。直到没有多久以前不是还有人说过："肚子里装上三百篇好文章就行了"吗？什么"行"了？写文章"行"了。写文章为的什么呢？不是为了致用，是为了去应考。宋代以下，文章选本层出不穷，多种多样：有按作家依次编选的，有按文章体裁分类编选的；有按时代先后顺序编选的；选文有多达几百篇上千篇的，有二三百篇的，也有少到几十篇的；有详批详注的，也有精评简注的。所有这些都是准备作课本用，供老师教，学生读，背，模仿的。古文选本之外，明清两代又出了一种更直接为应考服务的时文选本，或称闱墨。经典，古文，时文，这是读的主要内容，也是学写的主要范本。

能读能写了，然后去应考。

京剧有一出戏《二进宫》。三个主要人物之一杨波，有两句很形象的唱词："十载寒窗，七篇文章，才落得个兵部侍郎……"概括描绘得真好！"念书人"十载寒窗，辛辛苦苦，就是学作文章；学成之后，省试，会试，殿试，几篇文章（为什么是七篇，算不清楚，戏词不必深究）过了关，于是金榜题名，功名到手。——这个杨波已经爬到兵部侍郎（国防部副部长）还不满足，趁皇室派系斗争之机又捞了一把，谋得更高的官位。

也由于长时期在文章上下了这么多的功夫，我国历代史上文章之学的发达，在全世界恐怕堪称独步。前边提到的曹丕的《典论·论文》，接着有陆机的《文赋》，都是论文的鸿篇，刘勰的《文心雕龙》更是文章之学的巨制。唐宋以后，论文的著作越出越多，蔚为大观。文章也出了许多卓有特色的风格流派；唐宋八大家，各有特点，此后公安，竟陵、阳湖、桐城，都是荦荦大者，至于小家小派，更是不可胜数。文章之学是我国文化传统中颇有光彩的一大宗遗产，尚待整理，总结。

汉字之学，文章之学，历史上积累了经验，给我们留下了值得珍视的遗产，我们感谢前人，决不轻易抛弃，并且要总结，继承，发扬光大，为我们以及后人所用。

然而，我们不能不看到，作为教育工作的重要组成部分的语文教学，传统的那种作法有十分严重的流弊。根本的一点是：传统的语文教学已经完全沦为为封建统治服务的科举考试的附庸，并且是个并不高明的附庸。那么狭隘地一切为了考试，老师为考试而教，生员为考试而学，不仅培养不出我们今天观念中的人才，也培养不出足以强化封建统治的人才。发展到封建社会后期，语文教学越来越僵化，越来越无生气，不仅培养不出人才，简直成了培养人才的障碍。封建社会的观念形态制约了教育，使之不能健康的发展，被制约衰败了的教育又促进了封建社会的加速腐朽，就这样成了恶性循环。

中

二、传统语文教学的四大弊端及其影响

对传统语文教学再认识的结果，可以归结为两个方面。

经验方面主要有三点。一是建立了成套的、行之有效的汉字教学体系。一是建立了成套的文章之学的教学体系。一是建立了以大量的读、写实践为主的语文教学法体系。

问题方面主要也是三点。首先是语文教学的性质和目的——语文教学是科举考试的附庸，目的在于使受教育者获得参加科举考试的写作能力。这样的性质和目的决定了教学内容——识字加读古文加作古文（一般古文和八股文）。这样的性质和目的，这样的内容，决定了学语文的主要手段——记诵和摹仿。

具有这样一些问题的语文教学，无可避免地产生了许多弊端，概括起来主要是下述四点。

1. 脱离语言实际。语文教学只管书面上的训练——识字，写字，读书，作文章，完全抛弃了口头上的训练——听话的能力和说话的能力。古代本来很重视言语能力。流传下来的先秦诸子百家之书，大量的

是诸子演讲、论辩的实录或者非常接近实际的演讲、论辩的书面记载，无论如何，不是完全离开口头说话硬作出来的文章。直到两汉的史书里还记载了不少官吏们和学人们互相辩难的对话。《世说新语》里写了好些有捷辩之才的人物以至少年、儿童。封建社会中后期以下，越来越不理会口语能力了。对于儿童，多少进行一点"洒扫应对"的教育。所谓"应对"，属于伦理教育的性质，教的是长幼尊卑的称谓以及对尊长唯唯诺诺那类言词，如果也算是语言教育，那只是极偏狭的一点。至于书面上读的，写的，却是以先秦两汉语言为基础逐渐形成的文言，与生活中实际使用的活语言距离很大，而且越离越远，以至完全脱节。彻底脱离语言实际的语文教学是一种畸形的语文教学，对于发展语言能力和思维能力是很不利的。然而这种弊害不容易察觉，人们往往以为能读点古书，写篇古文，就很不错了，想不到这样会脱离现实，引导年轻人只向后看，把古人作为学习的楷模，把古文作为学习的最高境界，古人和古文不仅是不可逾越的，并且是不可企及的，无形中制约了人们的思维想象能力和创新进取的精神。我们中华民族本来在世界上遥遥领先的文化、科学，到了封建社会后期逐渐停滞下来，落后下来，这和科举八股有很密切的关系。

2. 脱离应用实际。语文教学只管读、写，而读的写的都与日常生活和工作中实际应用的东西无关。唐朝的诗人白居易还知道诗、文都应当"为时""为事"而作，反对"嘲风雪、弄花草"那种无用的游戏笔墨；北宋的欧阳修自己动手写过不少判词，被人收在他的文集里；苏东坡写过医书药书，更是实际应用的文字；王安石的不少文章就是处理政务作的应用文。到了元明以后，念书人穷年累月，花费很多的时间精力学写八股文，而八股文则是全然无用的东西。语文教学主要围着科举考试的"指挥棒"转，不切实际，不务实用，这方面的弊病显而易见，不待多说。

3. 忽视文学教育。学塾、蒙馆多少教小孩子念点短诗，为的是易于上口，背诵，开讲四书、五经之后，不再把诗列为教学内容。词曲小说更不要说，不仅不教，甚至禁读。《红楼梦》就写了贾政认为宝玉喜欢读诗是不务正业，大观园里谁看看戏曲是见不得人的坏事。语文教学中教孩子们读古文，其中有些其实是文艺性的散文，可是并不当作文学来教，而是作为写文章的范例，也只是用来讲"起、承、转、合"那一套。至于要求写的什么"论""说"之类，尤其是八股文，既不是实际应用的东西，也不是文学习作。文学教育很重要。孔夫子很重视学诗，唐朝也把诗列为教学内容，元明以后衰落了。至于后起的戏曲小说当然更被排斥于语文教学之外。关于文学教育问题，后边还要说到，这里暂不申论。

4. 忽视知识教育。这里说的知识，只指与语文教学直接有关的语文知识。我国本来有起源很早的很发达的文字、训诂之学，稍后有声韵之学。然而在基础教育中并不教文字、训诂、声韵的知识。教字，教文章，也不运用这些知识。治文字、训诂、声韵之学的是很少数"专家"，和一般的语文教学无关。语文教学中有一个项目叫作"属对"或"对课"，就是教孩子们学"对对子"。这本来是很好的一种语文训练，其中包含着语义、语法、声韵以至逻辑训练的内容，可惜只是教孩子们知其然不知其所以然的记诵虚实，平仄和韵部，不教给他们有关的系统的知识——实际上，塾师们多半也不懂那些知识。明、清两代出过一点叫作《字学举隅》《文字辨伪》《声律启蒙》一类通俗的知识性读物，本身的条理性、系统性就很差，而印得又很少，流行也不广，始终没建立起适用于语文教学的知识体系。语文教学始终处于一种自发的而非自觉的、凭朦胧的感觉和经验办事的状态，靠老师耳提面命，靠孩子们自己去体会、摸索。我们本来有很发达的文章之学，可是始终没整理出一个条理来，没形成一套知识系统。好容易总结出一个"起、承、转、合"带有点规律性的模式，很快又变成了一种僵化的程式，发展成为八股文。一些有识之士反对八股，可又没能提出一种有用的系统知识，于是只得用"文无成法"去抵制它。就这样，传统语文教学十分重视的读写能力的培养和提高，一直是一件"可意会而不可言传"的事。不讲知识，甚至反对讲知识，成了传统语文教学的特点之一。

以上这四大弊端，影响是非常深远的。

前边说过，清末废科举，兴新学，"国文"一科基本上是率由旧章，那么传统的积弊继续存在，自然不在话下。

20世纪20年代前后，五四运动给传统的语文教学以相当大的冲击。新文化运动，白话文运动，国语运动；大量的"五四"新文学作品的产生；西方不同流派的教育学说的引进：这些，对语文教学都有或大或小的影响。小学阶段语文课不再叫"国文"，改称"国语"，使用白话文了；使用注音符号给汉字注音，不再单靠以字注字的所谓"直音"了；有些学校，有些教师把新文学作品搬进课堂了；有些学校，有些教师，多少教一点语法、修辞知识了；《康熙字典》以外，陆陆续续出来一些新的工具书了，等等。

语文教学从内容到方法，起了一些变化。新中国成立后，语文教学在内容上有了更大的变化。不仅在小学，就是在中学，古文退居到次要地位了，并且只要求读一些，完全不要求写古文了。教学方法也有了比较大的改变，并且进行过一些新的实验，取得了一些成绩。

然而，把60年来的语文教学全面地考查一下，和传统的作法对照一下，我们不难发现，传统语文教学的基本路子改变不大，积弊的影响很深。没有科举考试了，但是有了其他形式的考试。语文教学在很大程度上还是服从于考试的需要。教学内容，万变不离其宗，还是识字加读文章加写文章。仍旧相当程度地脱离，至少是忽视语言实际。只是在最近一段时间，才有比例不大的部分学校、部分教师开始注意一些口语训练，而在社会上，对于这一点还是有不同意见，不同态度的。写"错别字"是大家共同关心的大事，而念白字、说方言大家不以为意。书面上不大通顺的句子叫作"病句"，要治，说话支离破碎，语无伦次，不叫"病语"，似乎无需纠正。仍旧相当程度地脱离应用实际。作文，大体上还是写什么"论"，什么"说"，什么"记"之类；生活中用的，学习研究中用的，工作中用的文体，不受重视；中学毕业了，甚至大学毕业了，不会写公文，不会写商品说明，不会写实验报告，不会写病历等等各种实际应用的东西，在毕业生中占的比例很不小。仍旧相当程度地忽视文学教育。50 年代中试验过一次汉语、文学分科教学，只进行了一年多就草草收场，从那以后甚至有过一个口号"不要把语文课教成文学课"。仍旧相当程度地忽视知识教育。社会上流行着种种论证不需要教语法、修辞等等基础语文知识的说法，甚至有人说中学生语文水平差就是由于学了语法、修辞知识的缘故。在教学方面，正如吕叔湘先生在一次会议上说的一样，"新书一本，先生讲，学生听"（早期某套国文课本的第一课），仍旧是流行最广的教学方法。

90 高龄的叶圣陶先生从 20 年代起就从事语文教学工作，制定课程标准，在小学、中学、大学教语文，主持编辑语文教科书。前几年，他说：80 年来，语文教学没有什么改变。说 60 年来如何，叶老是最有发言权的了。前边说的那些变化，他当然都清楚。他说没有什么改变显然指的不是那些，而是指的刚刚说过的那基本的路子和那源远流长、既深且厚的积弊。叶老的话是发人深思、值得我们好好想想的。

下

三、需要先明确几个问题

如上所说，传统的积弊既深且厚，一直影响到今天。为了适应今天和今后的社会需要，语文教学必须进行大幅度的改革。要改革语文教学，必须从这门课的课程结构入手。只有课程结构合理了，才谈得到教材和教学的改革，因为教材和教学都是受课程结构制约的。

研究课程结构，必须把高等教育前这一阶段的语文教学作为一个整体来研究，从学前教育直到中等教育结束，包括普通中等教育和中等职业（专业）教育在内。不能一段一段地分段治理，既不瞻前也不顾后。此外，还得横向地考虑到语文课与其他课程的关系，不能孤立起来只管自己，既不左顾也不右盼。"瞻前顾后""左顾右盼"，研究任何一门学科的课程结构都应如此，作为基础课程的语文学科更不能例外。

在探讨语文学科的课程结构之前，需要先明确几个问题。

（一）下一代需要什么样的语文能力

学校里设置语文课，目的是为了培养下一代，使他们在成年之后具备生活和工作在语文方面对他们提出的要求，也就是说，使他们具备生活和工作所需要的足够的语文能力。是什么样的语文能力呢？

"教育要面向现代化，面向世界，面向未来。"现代化的一个核心内容是科学化。一切方面都要科学化。语文教学要科学化；运用语言文字也要科学化。语言文字和科学的发展，和新的技术革命，首先是信息技术革命，发生了直接的联系；人们已经能够在千万里之外用自然的口头语言进行交际，处理工作，已经部分地能够用自然语言指挥机器，用自然语言对电子计算机发出指令已经不是遥远的事情；人类知识的增长越来越快，信息的传播越来越多，加上出版技术的迅速改进，相应的，各类书籍报刊的出版也将越来越快，越来越多，使人目不暇接，"汗牛充栋""浩如烟海"已经不是夸张说法了；无论传声技术、信息技术发展多么快，口头语言始终不可能取书面语言而代之，相反，对书面语言能力和效率的要求将会越来越高。在这里我们不妨想一下"面向未来"这个问题。如果说，太远的未来是怎么个样子我们没有能力预见预想的话，那么 20 世纪末、21 世纪初，也就是距今 15 至 20 年的这个近未来，我们多少是能够预见预想一些的。只用一个标志来说吧：那时候第五代电子计算机肯定会出世了，而第五代计算机的特点之一就是用自然语言而非程序语言来指挥，就是在我们这个国家，电子计算机肯定会成为工农业生产部门、管理部门的日用工具了，甚至会进入不少人的日常生活领域了。生活、工作，一切活动的节奏都很快，一切都要求高速度、高效率。今天进小学一年级的学生，那时候正好大学毕业；今天进初中一年级的孩子，那时候已接近 30 岁；今天进高中一年级的青年，那时候正是 30 岁出头，成为各项事业的生力军和骨干力量了。他们，这些大学毕业生，30 岁上下的社会中坚，将需要什么样的语文能力呢？他们普遍需要的将是如历史上描写智力超常的"才子"们那种"出口成章"的能力，因为他们要用自然的口头语言处理工作，指挥机器干活；那种"一目十行，过目成诵"的阅读能力，因为他们需要读的东西太多了；那种"下笔千言，倚马可待"的写作能力，因为他们的时间很珍贵，必须在尽可能短的时间里写出他们生活和工作中需要写的东西。那时候社会上还需要有"低吟长啸"的诗人，"斟词酌句，反复推敲"的作家，或"婉约"或"豪放"或"典雅"或"诙谐"的语言大师，人们还需要文学。不过，处理生活和工作中的实际问题的敏捷准确的高效率的口头和书面语言能力，将成为每个人的需要。能用尽可能经济的语言材料传递尽可能多的信息，达到尽可能高的准确性和可理解性，收到尽可能强的表达效果，将被认为是写作的高手。

多少个世纪以来，地球上的各部落，各民族，各国家是在既互相竞争（以至争斗）又互相学习之中走过来，走到今天的。没有互相竞争，人类不会有今天的文明；没有互相学习，人类更不会有今天的文明。科学使得地球越变越小了，各民族、各国家的人们接触越来越多了，锁国主义成为历史陈迹了，既互相竞争又互相学习这种有趣的关系越来越发展了。下一代必须成为一个个了解世界的国际性的人，既有跟人家竞争的能力，又有向人家学习的能力。无论竞争或学习，语文都是不可少的工具，掌握运用语文的能力越高，竞争、学习的能力越强。从这个意义上说，单单掌握母语是不够的，还需要会些外语（当然，母语是基础）。

以上是对下一代需要什么样的语文能力的一个粗线条的描述。今天考虑语文教学，考虑语文的课程结构，不能不从这个摆在面前或者就要摆在面前的需要出发。教育的周期是长的，是为未来服务的。搞教学工作不能不往前看。当然不能脱离今天的实际，但是脑子里不能没有个未来——未来的生活，未来的社会，未来的世界，未来的需要。无论如何，有一条是肯定无疑的：今天的和十几二十年后的年轻人所需要的语文能力和当年的秀才们、举人们、进士们、状元们所需要的语文能力大大不同了！这是我们探讨语文教学改革的时候必须时刻在念的！时至20 世纪 80 年代，这句话似乎不需要说甚至不该再说了，然而又不能不说，因为传统实在太深厚了，举人、进士们和"迁客骚人"们的幽灵依旧不时地出现，在我们的周围游荡着，影响着我们的精神，甚至左右我们的思考。

（二）在语文学科内，知识和实践的关系应当是怎样的

在古代（不是说很古，只是说在 19 世纪末废科举兴新学之前，至多再往前推个把世纪，推到所谓"西学东渐"之前），各行各业的人，无论是种田的，作工的，驾车的，行船的，开矿的，炼铁的，行医的，画画儿的，唱戏的，作诗为文的，等等，能力都是主要凭经验获得的，即使拜师受业，也主要是从旁看着，学师傅的样儿，摹仿，揣摩，体会，亦步亦趋，师傅耳提面命，稍加指点，然后由徒弟自己去摸索，实践。就凭着那套办法，各行各业都出了不少人才，有的达到了很高的境界，取得了很大的成就。只是，速度慢，效率低，出人才出成就的数量

少。到了现代，情况大大改变了。

儿童从生活里接触了"数"这个东西，时常要用。"家里有 3 口人"，"喂了 10 只鸡，死了两只，剩下 8 只了"；"过节包饺子，每人 20 个，3 口人得 60 个"，如此等等。在这样一些实践的基础上，一入学就有了一门课，开始教给孩子们有关"数"的系统的知识：加，减，乘，除；整数，小数，分数，乘方，开方；比例，正比、反比等等，都够抽象的啊！孩子们学着并不多么难，因为多多少少有过些实践的基础，并且一边学着一边继续实践，算距离，算面积，算体积，算重量，算速度，等等，随即和别的学科结合起来，知识越学越多，实践的方面越来越广，能力越来越高，循环往复，不断前进。别的学科莫不如此。且不说物理，化学，植物，动物那些学科。就连画画儿，在孩子们从生活中东看看西看看，涂涂抹抹的实践基础上，很快就教给他们静物写生，什么光线，亮度，阴影，远近，大小，透视等等基本知识，于是慢慢知道了怎样就有了立体感，画出个苹果来不再是平面的了，怎样就有了质感，不再都是光溜溜的了。唱歌，体操，也不例外。总之，方方面面都在遵循着一个路子：从知其然不知所以然的盲目实践取得一点感性知识，取得一些经验，在此基础上，通过适当途径，经过努力，达到理性知识，以之指导实践，提高实践的自觉性、准确性和质量水平，然后再认识，再实践，不断前进，不断提高。

唯独语文教育，走的不是这样一条道路。幼儿从两周岁左右口头语言就能听能说，并且相当完整了。经过四五年，没有一天不听许多话，说许多话，有了大量的实践，积累了丰富的经验，具备了充分的感性知识，比对数理化生哪样的实践都多，感性知识都多，可是进了小学，进了中学，始终不向孩子们提供系统的语言知识，始终走着摹仿、体会、摸索的道路，直到中学毕业，怎么说，怎么读，怎么写，还是全凭经验办事，说不出个所以然。这是为什么呢？是语言这个客观事物没有规律可言，没有系统的知识可讲，还是它的规律太玄，不好认识，关于它的知识太难，无法学习？恐怕都不是，而是前边说的传统忽视知识教育的积弊在作怪。前边说过，连画画儿、唱歌儿那些艺术活动都有规律和知识可讲，讲了就有指导实践的作用嘛，为什么独独语言不行！实在需要从传统加于我们的忽视以至否定语言知识这个桎梏中解脱解脱了！要加紧研究有关说话、读书、写文章的科学的知识系统，科学地把教学这些知识和指导运用这些知识于听说读写的实践活动组织起来。如果说，我们对这些知识研究得还不透彻，教学知识还不得法，那是存在的；但是否定知识，认为提高语文能力根本不需要科学知识，甚至根本就没有科学知识可言，这种认识是错误的，对于提高下一代所需要的语文能力是不利的，应当彻底改变。

（三）要不要学文学

任何人都不能没有一点文学生活（连盲人也要听音乐，听评书，聋子也要看戏）。从教育的角度说，文学教育的意义，大家多半是有所认识的。例如，好的文学作品能够陶冶人的性情，潜移默化，培养美好的情操，提高人们的精神境界，这都是大家常说的，也都相信的。其实还不止这些。如果说，人们的思维活动大体上可以区分为逻辑思维和形象思维的话，那么，文学，无论创作或欣赏，主要是诉之于形象思维的，需要联想力或想象力，需要一种源于生活实际而又超脱于生活现实的创造性的思维能力（事实上，绝不是只有文学家才有，才需要这种能力，政治家、科学家同样有，同样需要，正像文学家也不能不进行逻辑思维一样）。从这个意义上说，文学教育对于儿童和青少年的智力发展所起的作用是十分巨大的。似乎不止一位思想家和教育家说过这样的话："很难说，莎士比亚和牛顿谁需要的想象力更多一些。"的确，莎士比亚塑造那些人物形象固然需要丰富的想象力，难道牛顿没有足够的想象力就能够发现万有引力吗？切不可认为学数学只需要逻辑思维。"0"

"∞"，等等，许多数学观念是十分抽象、要求活跃的想象力才能理解的。人们已经在研究最高倍数的望远镜也看不到的宏观世界，最高倍数的显微镜也看不到的微观世界，没有足够的推理与想象高度结合的能力行吗？优秀的文学作品之所以能够让伟大的政治家、军事家、科学家读得入迷（这类故事很多很多），绝不是这些"家"们向文学作品寻求消遣，而是文学作品里那些活跃的创造性的思维活动因素，跟这些"家"们的头脑息息相通。从教育的角度考虑，文学教育的意义和作用太重大了。

传统的语文教学严重忽视真正意义的文学教育这种积弊同样一直影响到现在。目前的语文教材里有比例很不小的文学作品，但并不是用来进行文学教育，而是用来进行"读写训练"的，连古典文学作品也不例外。这样的语文教学、语文教材，实际上是一种互相掣肘、两败俱伤的作法。它既没有能力培养上文说的现在和未来的年轻一代所需要的那种说话、读书、写作的能力，因为它用的大部分材料是文学的，包括相当比例古典的，又不讲现代的科学语言知识，内容制约着方法，只能还是传统的那种低效率的摸索前进的路子；它也没有能力进行真正意义的文学教育，因为交给它的任务是培养"读写能力"，"不能把语文课教成文学课"！

应当向儿童、少年、青年进行文学教育。并不要求人人，也不要求很多人成为文学作家，但是应当要求所有受过教育的人都能理解文学，欣赏文学，具有文学的鉴别能力，接受优秀文学作品在道德情操方面以及敏锐深入的观察社会生活的能力和丰富活跃的想象能力方面的感染、熏陶和启迪，也就是说，具备必要的文学素养。

文学教育的任务和前边说的那种语文教育的任务，能够"相辅相成""相得益彰"地，谐和地结合在一起吗？当"语文能力"和"文学素养"这两个概念都比较朦胧、模糊的时候，结合是可能的，甚至是很容易的；当时代的进展、教育的方向使它们越来越明朗、确切的时候，结合的困难恐怕就越来越大了。

（四）怎样处理我国语文教学中两个特有的问题——汉字问题和文言文问题

我在多处多次讲过（口头上讲，书面上写），汉字这种文字体系有它的优越性，在可以预见的未来是不能废除，也废除不了的，因此必须教，必须教好（现在很不够好）。既在多处有文字的东西发表，这里就不再重复论证了。但是仅从教育的角度讲（撇开信息处理和国际文化交流那些问题不谈），初学阶段难，是一个不可小视的大问题。所谓"初学阶段"，我指的是学会1000字以内。在这个阶段内，认识不易，理解记忆不易，书写更是十分困难，所以教学进度很慢。1000是个约数，不是绝对数。把界线定在这里的一个重要理由是，用1000个左右的字所能组成的书面语言还是极简单的，极贫乏的，和五六周岁或六七周岁的儿童的口头语言能力差距很大。这种简单贫乏的书面语言所能提供的内容，远远低于儿童的口语能力、思维能力和求知愿望，远远不能满足儿童的需要。这对儿童的早期教育是极为不利的。而另一方面，汉字在学习上的有利因素，至少要到学会1000个字以上才能逐步发挥出来，真正学会、学好2000多个字，有利因素才会充分地得到发挥。这2000字以内，特别是1000字以内的这个初学阶段怎么办，是若干世纪以来，直到今天，所有从事教育工作的人殚思竭虑寻求解决办法的一个"老大难"问题。

1984年11月，我和一位年轻同志齐林在北京的一所小学和上海的两所小学作过一次测试。测试有两三项内容，这里只说主要的一项。我们从小学四年级用的"地理常识"课本中选出一课《首都北京》，从四年级"自然常识"课本中选出一课《水》，用汉语拼音写出来，拿给小学一年级和二年级的孩子们读（他们学过汉语拼音，但是没学过按词连写，所以我们也是按字拼音的）。给他们一刻钟左右的时间准备，然后指定学生读，他们都能读出来，只是流利程度有差别。然后提出问题要他们回答，都能答出来，并且很有兴趣，很活跃，表明他们读懂了，理解了，而且喜欢读。（测试是完全在"突然袭击"的情况下进行的。我们只先打招呼说，要到学校去，没说去干什么。到了学校之后才说明来意，把测试材料拿出来，请学校领导指定一个班，把任课老师请来，说明测试办法，并且就请任课教师去作，像平日作个小练习一样。这三所小学，只有一所是进行类似黑龙江"注音识字，提前读写"实验的。另外两所，一所是重点小学，一所是非重点小学，都是按常规进行教学，没作任何特殊实验）作为抽样调查，抽样太少，测试方法也过于简单，记录更不详细，所以不足据以得出什么有力的结论。不过，至少提出了一个问题：目前的小学教育是不是把二年级的孩子能理解、能接受而且有兴趣的东西推迟了两年左右才教呢？如果的确有所推迟，是什么原因？是应当推迟？还是对孩子的能力估计不准？还是由于文字障碍？上边说过，我们不能根据这么一次测试得出什么结论。不过，联系一向所了解的有关情况，我们越发相信，汉字初学阶段的问题必须解决，能够解决，大有解决的余地。

必须在学龄初期从汉字的束缚中解脱出来，让孩子们接受更好的早期教育，更快地成长，同时又必须把汉字学好。处理、解决这个矛盾是语文教学改革义不容辞的责任，并且是一件非同小可的大事。

关于文言文，近来《中学语文教学》月刊上展开了辩论。这是十分可喜的现象。这么个大问题，不论证清楚就那么朦朦胧胧、率由旧章地搞下去，实在不是办法。

我个人的意见是：文言文是客观存在，并且是大量的，是还有用处的遗产，不能抛掉，下一代不能全不接触，全不读。但是，必须把教学文言文的目的，也就是我们指望文言文为我们的下一代解决什么问题，它能够解决什么问题，进一步搞清楚。这里同样要看到今天，想到未来。文言文的处理，要有更合理的办法。关于这个问题，留在下一部分再谈。

下（续）

四、一个初步设想的粗线条的轮廓

以上一、二两部分对以往的语文教学，包括封建社会中后期以后的传统语文教学和废除科举、八股，兴办新学堂以后的现代语文教学，作了一个粗略的回顾，试图找出成效一直不大的积弊所在。三、四两部分打算试着在一、二的基础上向前看一看，探求一下改革之道。为此，前一期的三，先谈了谈进行改革必须先明确的几个问题；这一期的四，也就是全文的最后一部分，"图穷匕首见"，"丑媳妇终于要见公婆"，不得不把一个极不成熟的、非常粗糙的设想"端出来"，交付"审阅鉴定"了。肯定不会"及格"的。不过，只要多少引起点注意，在春意盎然的池水中吹起小小的几圈皱纹，招来一些指谬正误的批评，我也将引为荣幸。特别因为我近年又重新分管外语方面的工作，同时在两所学校兼教点研究课，交了这份卷子之后，相当时间之内无暇参与语文教学方面的事了。这份东西就算我学习语文教学二年级（1979 至今）的期末考卷吧。以后等什么时候如果又进了三年级再说。

（一）要统筹规划

从基础教育阶段开始——幼儿教育，到小学教育，初中教育，再到普通高中教育和职业高中教育阶段，语文教学的全程应当统筹规划，有计划地一步紧接着一步地往前走。小学不知道幼儿园干了些什么，初中不知道小学干了些什么，高中不知道初中干了些什么；反过来说，幼儿园不知道小学要干什么，要求幼儿园作好什么准备，小学不知道初中要干什么，要求小学作好什么准备，初中不知道高中要干什么，要求初中作好什么准备：这种"铁路警察，各管一段"的情况是不能许可的。同时，横向的关系也在统筹兼顾的范围之内。随便举例来说，初中二年级的学生开始学平面几何了，那是运用推理、论证等逻辑思维形式最集中的一门课。几何课的开始无疑对语文课的某些方面有重要的助益，同时几何课也需要语文课给予配合。开始学植物学的形态分类无疑与语文课里学习语法之类的知识有许多共同处，配合得好可以收到相辅相成、相得益彰的功效。至于语文课与外语课，语文课与历史课等等，需要和可能沟通，更加明显，毋庸论述。"邻居高打墙"，关起门来各干各的，决非好办法。各科知识互相渗透、互相作用，不仅仅是科学知识高级阶段的事，从基础阶段就是如此，就教育工作而论，就应当统筹全局，采取合理有益的措施。

各个不同教学阶段的语文教学工作的规划要打通，同一教学阶段的各科教学工作的规划要打通。各种方式的分工是必要的，而多方面的协作是更加需要的。教育、教学都是有机的整体，纵横割裂成互不相干的许多小块块，不好。统筹规划主要是教育、教学领导部门的事，课程、教材、教学研究、设计者的事。不过，作为任何一个教学阶段的任何一门课程的教师，也需要具备这样的了解，并且努力使自己具备上下左右都能打通考虑所必需的准备。

本文是谈语文教学的。不过，笔者认为，打破"铁路警察，各管一段"的风气，作到上下左右统筹规划，是教育教学改革应当包括的重要内容之一。所以先把以上这个意思说了说，下边再集中谈语文。

（二）关于幼儿语言训练

幼教阶段，语言训练可以说是中心环节。不仅是语言本身的训练，连思维训练、知识教育、思想教育，都在其中。可以有专设的语言训练课，也可以同时还把语言训练和唱游课结合起来，寓语言训练于游戏之中。语言训练要与幼儿的思维能力相适应，同时又要通过语言训练来发展他的思维能力。例如，对幼儿来说，时间概念比空间概念难理解，难建立。"门后边""门外边"好懂；"昨天""明天"难些；"在很远很远的地方"，孩子似乎能够理解，能够想象，虽然他想到的"很远"还不够远，他更不会有"无限远"这个概念，但是"很久很久以前"，幼儿就很难理解，很难想象。抽象事物的概念不一定都难，实体事物的概念不一定都易。简单的类推、归纳、演绎这些思维形式，不大的幼儿就会使用（虽然有时候发生错误），他们同样运用这些思维形式学习语言，语言训练又会掉转头来提高他们正确使用这些思维形式的能力。心理语言学的知识对于进行幼儿语言训练是非常有用的。语言是人类知识结构中最低的，也就是最基本的一个层次，中层和高层都是以它为基础建立起来的；在智力发展的过程中，语言同样是最基本的工具和媒介，语言发展和智力发展的关系，在越低的教学阶段，关系越密切，在幼教阶段几乎是不可分的。似乎不必忙于教幼儿识字。教幼儿识些字并不十分困难；多花点力量，教他们多识些也是办得到的。然而，当他们所识的字和他们的语言还联系不起来的时候，和他们的生活知识还联系不起来的时候，并且也只能识还不能写的时候，用处是不大的。而识字要用相当多的时间、精力，势必分散了对语言训练的注意，挤掉了相当大的一部分进行语言训练的时间，其结果是于思维能力、智力的发展不利。用分散对语言训练的注意、挤掉一部分语言训练的时间为代价来换取识一批字这用处不大的成果，恐怕是得不偿失的。在识字的当时以及其后的一两年、两三年内，很可能看到早识字的"可喜"的成果，可是，如果进行更长、更细致一点的"跟踪考察"，得不偿失的后果也许会更明显地反映出来。（这里一直说的是汉字，如果适时地学学汉语拼音，那不在这里所谈的范围之内）

从 1979 年以来，我跑过不少地方，每到一处，但凡时间许可，总要访问一两所幼儿园，主要了解幼儿的语言活动和语言训练情况。在我家里以及左邻右舍，也常常留意幼儿的语言活动。就这样得到一鳞半爪的纯感性的印象，没有一点实践经验，更没有一点研究。凭这点感性接触，粗浅地认识到幼儿语言训练的极大的重要性。同时也感到，对幼儿语言训练问题，从理论到实际措施的设计、方案，如果不能说是个空白，至少可以说是个相当薄弱的环节。在这个问题上，从工作上讲，教育领导部门的忽视要负主要责任。从学术上讲，语言学界也有责任。本来，幼儿语言训练问题涉及教育学、心理学、语言学几个方面，需要大家通力合作，协同研究。近些年来，教育学工作者、心理学工作者，还有人注意到这个问题，也进行了一些研究，虽然人不多，作得还不够，而语言学界则绝少有人过问这个"算不上学术研究"的"小儿科"。

本文既谈语文教学改革，就不得不大声疾呼：加强幼儿语言训练的研究和实际措施，这是改革语文教学的重要内容之一。

我提不出具体方案，因为我缺少研究。前边说过，在今后相当时间内，我将不再过问语文教学的事。作为语言学工作者，我将在时间精力许可的限度内，从语言学（主要是心理语言学）的角度作一点学习研究工作，希望能间接地为幼儿语言研究多少尽点力，不知能否如愿。

（三）"分进合击"的小学语文教学实验方案及其他

关于小学语文教学的改革，我有过一个设想的实验方案，在多处讲过，也写过，有兴趣的同志请参看收在拙著《语文教学论集》（福建教育出版社 1981 年版，今年秋季将出修订版）里的《需要加紧开展语文教学研究工作》（原载《语文学习丛刊》第二集，上海教育出版社 1977 年版①）和《普通话与语文教学》（原载 1980 年《第五次全国推广普

---

① 标题上"分进合击"四个字，是吕叔湘先生在本文的《后记》中为我设想的方案取的名称。他表示，这个方案可以试一试，说它是一种"分进合击"的办法。

通话教学成绩观摩会文件汇编》）。这里不再重复详讲，只扼要说说轮廓，补充说一点那些文章里没说到的问题。

设想的实验方案的基本意图是两条：第一，要让学龄儿童受到与他们的实际语言能力相当的，与他们的思维能力、智力水平以及求知愿望相适应的语文教育，不能落后于以上各项能力、水平和愿望太远，从而大大削弱早期教育。这样做，不仅降低了儿童的学习兴趣，而且严重压抑、妨害了儿童智力的成长和发展。第二，要从初学汉字的困难中解脱出来，不让它成为语文教育以及其他各科教育及时前进的障碍，同时又要把汉字学好，学够数，学扎实，写好。

办法是，小学语文课（课仍是一门）分三条线先后开始，分头前进，最后合拢。第一条线：从入学开始就利用汉语拼音提供与上述各项能力、水平、愿望相当的阅读材料（不再是从三几个字到十几个字、几十个字那种内容十分贫乏，远远落后于儿童实际的课文）。用这样的材料进行有计划的语言训练，阅读训练，写作训练。这条线从一年级上学期开始，直到四年级结束，贯彻始终。第二条线：从第二学期开始，进行识字教学，完全按照汉字的识字规律独立进行，不与第一条线结合。过早的结合，结果是互相制约，互相牵制，一起放慢速度，降低质量——为了迁就字不够用，只能提供短、浅、内容贫乏的课文；为了迁就课文内容的需要，学字不能按识字的规律进行。不去勉强"结合"，两条线却会自然地逐渐靠近，合拢，终至会合——识了若干字，其中有一些必然会与第一条线的材料中某些词重合，稍加指点就代进去了，识字日渐增多，重合的也愈多，于是自然而然地日渐靠拢、会合，谁也没有牵制谁，两不相伤。稍晚于第二条线开辟第三条线：写字教学。它不去理会第二条线，完全按照写字的规律进行，先练基本笔画点、横、撇、捺等，然后是简单的单体字，较复杂的单体字，简单的合体字，繁杂的合体字。同理，三、二两条线如果过早"结合"，也要互相制约，互相牵制，不去勉强"结合"，反而会自然地逐渐靠近，合拢，终至会合，谁也不干涉谁，两不相伤（古人教识"赵、钱、孙、李"，教写"上大人，孔乙己"的办法，大体上就是这种道理）。这样到了四年级，三条线总会师（三条线"分进"，实际上是包围"合击"），那时，阅读水平、写作水平、总的语言水平达到了多么高的高度，是不难想象的（大致可达相当于目前正常的初中一年级的程度），而字，识得够用了，并且写好了，肯定比现在大多数小学毕业生写得好，因为是按照写字的规律，扎扎实实，一步一步地练出来的。

需要设计一种比传统的毛笔制作、使用都简便，又比铅笔更适合书写汉字的特点的书写工具（现在使用炭精墨水的那种笔已经接近于这种需要，稍加改进即可）。根据书写汉字的特点和新的书写工具的特点，设计出一整套写字训练的程序。（古人先教中楷，后教大楷、小楷，从描红入手，然后影写，用"米字格"纸仿写等，是使用毛笔的很合理的程序，可在那个基础上加以改进，革新。）

必须说明：如果小学语文教学在很少数学校试行这个实验方案，那么，语文以外各学科，如算术、音乐、美术、自然常识等等，要同步前进。这样，儿童唱歌就不必再硬记歌词，而是用汉语拼音读熟歌词，算术的应用题、自然常识等等都可以用汉语拼音提前到与儿童智力发展相适应的学期或年级，不必再为语文课所牵制，慢步前进了。前边第三部分介绍过我与齐林同志在北京、上海两处进行的测试，初步证实，上述同步前进是可行的。这样同步进行的结果，小学用四年可以基本完成基础教育前段的任务。

小学仍用五年，最后一年全面整理，巩固，提高。小学毕业的质量水平将比现在高得多。

还需要说明：小学一年级阅读材料的起点应当与幼教语言训练的成果相衔接。由于以往幼教极不普及，对幼教语言训练缺少研究，现在对小学一年级（6 周岁至 7 周岁）儿童的实际语言能力还只能是根据经验估计的，提不出经过科学实验分析所得的一个比较精确的、有幅度的、足为依据的标准。这正是我们亟待进行的一个科研课题。

（四）从初中起，增设"文学"课

首先要指出，是"增设"，不是如 50 年代试行过的"文学""汉语"分科，"语文"课还是语文课。

文学教育的重要性，前文第三部分论述过，不再重复。文学教育从小学就要通过语文课并且与音乐课、美术课配合进行，但还不需要单设文学课。语言文字教育直到小学毕业是基本的。

初中一年级开始增设的文学课，任务是指导学生阅读丰富的、优秀的文学作品，获得必要的文学知识，培养和提高文学素养，同时寓思想教育于其中，培养远大的理想抱负，高尚的趣味情操，并寓智力开发的目标于其中，培养活跃的逻辑思维能力和联想、想象等思维能力以至创造思维的能力。

文学阅读的量要相对地大一些，课内课外相结合。比如，一部《西游记》，课内介绍介绍这部小说，讲它一两回，其余让学生课外自由阅读，到适当时候可以组织集体述评、讨论、评议的文学欣赏活动。

阅读的范围要广，古今中外的主要的优秀作品都要适当涉猎。

这里要说到文言文。历来选入语文教材的文言文，绝大多数是文学作品或者是取其具有文学性而入选的其他作品。《桃花源记》《醉翁亭记》《滕王阁序》《岳阳楼记》等等是不折不扣的文艺散文。我国古代从来是"文史不分"的，《史记》《汉书》《三国志》等的"列传"以及一些战争记述等都寓于形象性，长于塑造人物形象。介绍哪些历史人物、历史事件，是历史课的特定任务，不是语文课的特定任务，语文教材用《鸿门宴》《赤壁之战》等作为课文是取其文学性而入选的，从历史教学的角度考虑，鸿门宴这个插曲也许并不是很必要的历史知识。

《答司马谏议书》是所谓"应用文"的一种——书信。然而选入语文教材并不是用它教给学生怎样写信，当然也不是用它来介绍"变法"之争，表示我们赞成王安石而反对司马光。选用王安石批驳司马光的信，只是由于王安石的信写得富有很强的感染力，"拗相公"的形象跃然纸上。《活板》不是科学论文或科普文章，它本来就是从《梦溪笔谈》这部"笔记小说"里选出来的。所有上述几类课文，用来解决前文第三部分所说的今天和今后青年们普遍需要的语文能力，它们的用处是不大的，甚至是无能为力的，然而作为文学作品，却都是我们文化遗产中的瑰宝，青年们应当读，应当读得比语文教材中现在已经大大增加了的分量还要多些。至于诗、词、戏曲、早期白话小说，其为文学作品更不待言，也需要读得多一些。就凭现在所谓占语文课文40%的文言文（包括诗以下这些）就要培养阅读浅近文言文的能力，接受我国辉煌的文化遗产，说句不大好听的话，多少有点"花小钱，说大话"的味道。这些应当统统编入增设的"文学"课教材中，并适当增加。

文学课的任务如上述。不要再加给它什么"培养读书能力"之类的任务。文学课的任务是进行文学教育，不是进行听说读写训练的。把这两种任务并列，只能使这门课两不像，两不沾，两败俱伤。写到什么"大纲""规定"之类里很容易，看着好像也挺顺眼，但是实际上只是说说而已，做不到。这类只供"阅读欣赏"的"文章"最好少作。

至于说，读了不少好的文学作品，于提高读写能力有助益，那是不在话下的。多读些好的文学作品，可以开阔思路，活跃思想，蓄积丰富的语言材料，接触多样的、高明的运用语言的方式和技巧，当然于读写有益。但是，不要当作一个特定任务交给它。一交，这助益反而会降低。事物往往有诸如此类的辩证关系。其实，读数、理、化教材，读史、地教材，连学习外语，何尝于提高读写能力没有助益？不把提高读写能力作为任务交给这些课程，大家是从来没有异议的。各科之间要有横向的统筹规划，前边着重谈过。笔者不仅不否认，而且主张重视各学科之间的互相渗透、互相作用的关系。然而这与规定各学科的特定任务是两回事，不可混为一谈。各自的任务要明确，不可模模糊糊；相互之间的关系要心中有数，不可绝对地"自扫门前雪"。

（五）按照知识与实践的合理关系组织语文课

语文课的任务是培养前文第三部分提出的下一代所需要的语文能力，简言之，即"处理生活和工作中的实际问题的敏捷准确的高效率的口头和书面语言能力。"在那一部分里又提出了在语文学科内恰当地处理知识和实际的关系的一些粗浅的看法。

根据以上两点，提出这样一个设想：经过了幼教和小学的语言训练和语文教学，12岁左右的孩子们对语言已经具备了丰富的感性知识和足够的实践活动，进入初中之后，应当并且完全可以像其他各门学科一样，以系统的理性知识为先导，并以知识系统为序，组织全部语文课。这样就可以打破若干世纪以来语文教学不科学、无定序、目标不明的杂乱无章的状态，使之有个章法，这章法是面向实际应用的，以科学知识为系统的，循序前进最终切实完成本门学科所负担的任务的。

需要明确三点。

第一，不能把语文课搞成一门纯粹的知识课，而是以知识为先导以实践为主体并以实践能力的养成为依归的课。

第二，这里说的知识系统是指实际应用语言的知识系统，而不是纯粹的语言理论的知识系统。这一点需要稍稍加以申说。语言理论的知识系统是从小到大的：语素—词—词组—句子—句组—篇章；而实际应用语言却恰恰相反．是从大到小再回到整体的。例如，读一篇文章，是先通读全篇，得其大要，再逐段分解细读，然后揣摩推敲一些特别重要的、突出的，用法、提法新颖的词句，最后再通篇领略一番；绝对不会拿起一篇文章就一个语素一个语素地，一个词一个词地抠起来，接着再抠句子，一句一句地作语法分析，然后才念一段，马上又把这一段分析一番，如此等等，没有人这样读文章；构想一篇讲话或者为一篇文章打腹稿，也是从大到小然后再回过头来考虑考虑全篇。语文教学的知识系统既是实际应用语言的知识系统，就应当是从大到小再回到整体的这种系统。

第三，这里说的实践是把听、说、读、写融会在一起的，丰富多样的，面向实际应用、密切结合生活、学习、工作实际的，因而是生动的，饶有兴趣的，而不是指呆读死记以及无对象、无目的，搜索枯肠，硬"做"文章等等那类"实践"。

以上述各点为基础，得出如下的设想。

把基础教育的初中阶段和普通高中阶段联系起来考虑，可能是六年或者七年（依学制而定）。把这六年或七年划分为四个大的段落，每个段落一年半左右，用Ⅰ、Ⅱ、Ⅲ、Ⅳ表示。每个大段落划分为三个小段落，每个小段落大致是一个学期左右，分别用（一）（二）（三），〔一〕〔二〕〔三〕，（1）（2）（3），〔1〕〔2〕〔3〕表示。全部课程的组织安排如下：

Ⅰ—（一）讲授篇章知识，包括主题，思路，条理，层次，前后照应，首尾一贯等等这些有关篇章的比较系统的知识；主要从积极方面讲应当如何，也从消极方面讲要避免什么；讲授知识要举实例，结合实际；实例既有口头的，也有书面的，书面的之中也要包括演讲词、辩护词等等；实例可举典范的、知名的，也可举一般的以至学生自己的；教师讲授为主，穿插学生的讨论，评议。

Ⅰ—（二）（三）篇章实习，包括听、说、读、写四种活动。例如，教师朗读一篇文章，或者作一篇有准备的讲话，或者请别科教师或校外的人来作一次半小时左右的演讲，要求学生记下要点，然后要学生复述所记的要点，提交给全班讨论，评议。在班内举行课外读书（以文章为主，不以整本书为主）的口头汇报。就班上发生的、校内外发生的或报纸上报道的重要事件，要学生作有准备的演讲或无准备的即席讲话，举行辩论会。教师就班上或校内某事件命题，要求学生拟出叙述性或评论性的作文提纲。写结合实际的，有对象有目的的作文。——方式可以很多，例如教师节写信给本班某老师；写信给班主任建议本班举行什么活动；就社会上的某种风气或个别事件写文章给报社发表意见，等等。

对所有这些实习活动，着眼点主要都在篇章，在整体，至于遣词造句等，不属于重点要求。

Ⅱ—〔一〕讲授段的知识，包括：段在篇章中的地位，段的形成和要求，如统一性、完整性、逻辑性等。顺序可考虑以说明性段落领先，因为这种段是最基本、最集中、最典型的，一般地说，一个说明性段落就是一篇文章的具体而微，它要有个中心意思，要用发挥这个中心意思的各种手段，如描摹，举例，比较，列举数据，引用有权威性的论断或评议，等等，要有结论。其次是记叙、描写性的段落，又其次是论证性段落。

讲授段的知识时要把Ⅰ的篇章知识拉过来，从篇章中提出段来讲，避免总是孤立地讲段。

Ⅱ—〔二〕〔三〕段的实习

〔一〕的知识讲授应注意之点以及实习方式等，可参照Ⅰ的讲授和实习要领来设计，不具列。

Ⅲ—（1）词组和句子的知识

—（2）（3）词组和句子实习

要把Ⅱ的知识拉过来，甚至把Ⅰ也拉过来一些，要在段中讲词组和句子，避免孤立讲授、实习，流于枯燥，并且脱离实际应用。

其余参照Ⅰ、Ⅱ的要领处理，不具列。

Ⅳ—〔1〕词和语义，语体和风格的知识—〔2〕〔3〕实习

〔1〕可考虑延长一些，〔2〕〔3〕适当压缩一些。到了词和语义，已经细致入微了，知识的难度和实习的要求都比前三部分提高了。这时就可飞跃一步，提到语体、风格上来，再回到整体了。到了这一步，听、说、读、写的实际能力已经具备了进入高等教育所应具备的完整的基础，同时也具备了关于语言的系统知识。所有的知识都落实到实践中，而实践是在知识的先导下有条不紊地进行的。

从幼教到高中毕业，语文教学如果能这样一步一步进行下来，其成效可能会有比较显著的变化。

职业高中是十分重要的一翼，语文教学有其特点，但是职业教育还在新的成长之中，经验很少而情况相当复杂，本文没有来得及考虑这个侧面，是个不得已的缺陷，留待他日另行探讨。

（本文是张志公先生于1984年7月在课程教材研究所召开的语文教学改革座谈会上的讲话。这是一次学术性的探讨，不是工作性的会议。庄文中作了记录。这里发表的是记录的摘要，发表前张志公先生作了一些修改增删。本文分上、中、下、下续，先后发表于《课程·教材·教法》1984年第6期，1985年第1、3、5期）

掌握语文教学的客观规律

一

　　普通教育或者说基础教育阶段，每门学科都各有自己特定的任务，而在教学过程中又往往连带地产生其他一些有关的效果。例如：数学与逻辑推理；历史、地理与国情、国际形势；音乐、美术与思想感情的陶冶等等。语文课，它的特定任务无疑是培养和提高人们运用语言文字工具的能力。不过这个基础工具身上背负的东西比较多：有思想意识，有文学艺术的修养，有逻辑思维能力，有做人的行为准则，有零七八碎的各种常识，等等。因而，在教学过程中，在完成其特定任务的过程中，无可避免地还会有多种副产的效果。这是这门课的客观实际，不以人的主观意志为转移。于是，这里就存在一个处理好特定任务与连带功效的关系问题。既不能喧宾夺主，热热闹闹搞了许多名堂，却没有把语言文字训练本身搞好，也不能唯主独尊，不及其余。处理好主宾之间、宾宾之间的关系，可以说是关系到语文教学成败的一个重要课题。在这里，既要探索几条大关节目的规律性的东西，也得容许教师的"运用之妙，存乎一心"的教学方法。教学既是科学，又是艺术，就是指的这种情况。既不能没有一个基本准则，又不能列出一个非此不可的公式。

二

语文教学和各科教学一样，既不能教师包揽一切，只见教师讲，不见学生动；也不能只见学生动而没有一个主导的方向。在语文课教学中，处理好两者的关系尤其重要。语文，是一种工具，提高运用工具的能力必须通过操作的实践，"光讲不练是假把戏"，听者学不到真本事。然而，实际操作又不能没有指导，没有主导，拿着个工具胡乱摆弄一气。像演戏一样，戏要由演员来演，可是也并非不需要一位导演。演需要导，可是导演决不能代替演员去演。导，要导得切实，精到；演，要演得认真，有个性。导演既要发挥主导作用，协调作用，又不能专断、独裁，使演员无从发挥他个人的专长和风格，或者空讲一通拉倒，让演员"八仙过海"，想跛脚就跛脚，愿意倒骑驴就倒骑驴。一幕成功的演出，是导演和演员良好配合的结晶。这可以说也正是教学工作的基本准则之一。在不违背这个基本准则的前提下，又得容许教师"运用之妙，存乎一心"。有的导演，导得活些、多些，演员演着省力，且效果很好；有的导演，说得不多，比划得也不多，而启发性比较强，给演员留下较多的揣摩、体会、各显神通的余地。这两类导演可以说是各有千秋，不要因为甲导演或乙导演与自己的路子不相类就指责人家，要善于看到别人的长处，各人分别作到取长补短。

三

所谓语文能力，包括口头的听、说和书面的读写两个方面。由于历史的原因（以文取士，三篇文章定终身，一字之差会导致灾祸，等等），我们一向特别重视写。为了写而重视读，读是为了写。对于听、说，则相当忽视。书面上写个错别字，大惊小怪，决不容许，一定要消灭之，毫不留情；写出个不大通顺的句子，叫作"病句"，一定要惩治。可是口头上念白字，说错字，结结巴巴，前言不搭后语，就不看得那么严重。重书面，轻口头，这是传统遗留下来的，再加中考、高考都只考书面，不考口语，于是更为加重。这个弊端，到了今天的信息社会，声传技术异常发达，国际间政治的、财贸的、科技的、文化的交流异常频繁，忽视口语的痼疾再不大力纠正，危害之大就不仅是对读写有不利影响而已。不过怎样把口语训练重视起来，要研究办法，也许把口头和书面恰当地结合起来会好一些，人们亦会发现口语能力高对书面能力有促进作用，而不是外加的负担。

四

有两个根本性的问题，这里无法多谈。一个是课程设置问题。是多设几科，分工细好呢？还是少设几科，每科的综合功能大些好呢？比如，在语文课之外，再设一门文学课？一门逻辑课？一门语文知识课？或如现在这样只综合地设一门语文课？让它在主要负责进行语文基本训练之外，也捎带着多管几样别的事儿的任务？第二个问题是，在我国已经实行了千百年的以《文选》为主的语文教学体制，这是不是一个最理想的提高语文能力的办法？还有没有别的提高办法？（在别的许多国家，也有着不同形式不同程度的以文选为主的教学体制，但与我们的源于传统的这种文选体制，或多或少有所不同）这是两个大问题。这篇短文不可能多谈。目前，我们只能就现行的课程设置和教学内容来探讨问题，找出尽可能理想一些、效率高一些的办法。

五

作者近年来深深感到，并为别的学科的发展所证实，有一个重要问题以往被忽视了，然而必须解决。这个问题是，基础知识、基础理论和应用挂不上钩。以往，我们或者是不重视有关语文的基础知识、基础理论，如关于词汇的、语法的，关于修辞的、篇章的等等；或者是注意到了这些，可是知识归知识，听说读写的训练归训练，两不相干。讲知识往往是提出个名称术语、下个定义、举个例子拉倒。而这知识对提高口头和书面语言的能力有多大作用呢？不管。学语法，大不了可以分析分析长句子，改改"病句"，除此而外，它能从积极方面有助于提高听、说、读、写的能力吗？也不管。本来，把那些基础知识、基本理论和训练听、说、读、写能力直接挂起钩是困难的。不止语法，学了音素、音位、元音、辅音、声母、韵母，平、上、去、入，对于提高口语能力起什么作用？学了明喻、隐喻、借喻、夸张、移就等等，对于提高读写能力又有什么作用？谁写文章的时候要先考虑考虑用个什么修辞格？看来，这里需要一种过渡性的办法，乃至需要一种桥梁性的学科，把这两端联结起来。正如，要有一门材料力学，把基础理论的力学和建筑学这门应用学科联接起来一样；也像要有一门流体力学、气体流动力学之类，把基础理论力学和航空学这门应用学科联系起来一样，我们语文科在语言学的基础理论和培养语文能力之间，也很需要，但至今还缺少一门像材料力学、流体力学等这样的桥梁性学科。如果我们能够探索到这样一门学科或办法，将会使听、说、读、写能力加速度地提高，正如流体力学使航空科学成倍地飞跃发展一样。作者本人也是受到自然科学家、应用科学家的启发才加强了这个想法，并且花了些时间在朝这个方向努力。在还没有出现这样一门学科之前，改进语文基础知识、基础理论之道，暂时可定为"简化""通俗化""实用化"。不知可否？提出来向同道们请教。

（原载于《文汇报》1992 年 6 月 12 日）

关于精讲及其他

今天讲讲关于阅读教学和写作教学的几个问题。这是扬州市语文教研站的同志出的题目，我接受了这个"命题作文"。

培养学生的语文能力不仅指读和写，还包括口头语言的训练。口头语言的训练很重要，可是，在我国，若干世纪以来一直被忽视，这是我们传统的语文教学经验中有所偏废的一面。关于这个问题，我在别处多次讲过，这里只再提一下，不准备多谈。

一、关于精讲

精讲的"精"，是质量概念，不是数量概念。精讲这个问题，主要是由于教白话文才产生的。从前教文言文，教师一句一句串讲，学生听懂了，就得了，基本上没有讲得精不精的问题。白话文，学生大部分看得懂，该怎么教？建国之初，教师们觉得不好办，讨论过一阵。学习了苏联的做法，讲白话文，特别是文学作品，侧重分析。逐渐，不只白话的文学作品，连文言文，非文学作品，也注重分析。传统的经验（主要指封建社会的传统经验，也包括办新学堂之后几十年间的"国文"教学经验）不讲究对文章作多少分析。文章的中心思想、结构、写法等等，主要靠学的人自己去体味，"只能意会，不可言传"。这自然不行，当老师应当会"言传"，就是说给学生一点启发，让他们体味得更好一些。怎么"言传"效果最好呢？于是有了"精讲"问题。精，就是恰到好处。讲什么，讲得多或少，详或略，深或浅，都要恰到好处。怎么才叫恰到好处？没有一个公式，一切要从实际出发，实事求是，讲求实效，也就是说要看是什么文章，对什么人讲，文章中有什么东西可讲并且必须讲，以及学生需要讲些什么而定。

精讲问题早就提出来了，现在又来谈精讲，也因为以前有过讲得不精的经验。一般说来，教师讲的，多、少之间往往是偏多，深、浅之间往往是偏深。所谓"发掘"思想因素，"发掘"语言因素等等，实在都不免有刻意求深之嫌。我对"发掘"这个说法是有保留的。我认为，只有在一篇文章写得不怎么好，语言不够明白，意思不够显豁的情况下，才需要别人去"发掘"。否则一切都是明明白白的，何需乎"发掘"才能懂呢？不需要发掘而去"发掘"，那不是刻意求深吗？其实，刻意求深，往往反而失之于浅。随便举个例子。《红楼梦》里讲到薛家开"当铺"，有人说它是残酷剥削和压榨劳动人民血汗的。这似乎讲得深了，其实不然。劳动人民有什么值钱的东西拿得进薛家那种大官商开的大当铺去呢？几件破衣服，一送上柜台，朝奉会看也不看，就给摔得老远。到薛家的大当铺去当东西的，只能是家道中落的人家，或者是那些等着放外任的小京官，日子等久了，吃用不够，才寻些东西去典当。进那种当铺的门，总得拿得出一两件首饰、古董之类或者还像点样的衣服、器用之类，才能押点钱回来。那种当铺是大鱼吃小鱼、大官商吃破落户的。住在大观园里的邢岫烟就当过东西，她也不是劳动人民。又如贾宝玉，倘说他是个王孙公子，而所有的王孙公子都是"天下乌鸦一般黑"，所以贾宝玉同贾琏、贾珍等都是一丘之貉，那当然失之于浅，不对；倘说他是什么"反封建战士"，和贾珍、贾琏以至他的老子贾政是

"水火不相容"，恐怕同样也失之于浅。贾宝玉和贾珍、贾琏之流是有区别的，说成毫无区别是不对的；然而他们之间也确实有王孙公子的某些共同性，说成势不两立怕也不符合实际，至少，贾宝玉也是衣来伸手、饭来张口，且不说他也干过些丑事，只是曹雪芹对他客气些，写得含蓄些就是了。这里，我有意举一两个课本以外的例子，说着更方便些。总之，讲文章要实事求是，平实朴素，不要"刻意求深"。在多、少之间，一般来说，教师对学生估计过低，不需要分析的地方也分析来分析去，讲得偏多。你觉得"发掘"得"深"了，学生得到的东西反而会失之于浅；你觉得讲仔细点会使学生领会得多些，而事实上由于你没有留下余地让学生自己去想，他们所得反而会少。深、浅，多、少之间的这种关系，很值得认真对待。

有的文章也可以多讲一点，讲得仔细一点，那是为了起示范作用，让学生知道文章该怎么读法，不要一概不求甚解，如走马看花，如过眼云烟。叶圣陶先生说过，讲是为了不讲。这话很有道理。有的课文多讲一点，是作为举例，让学生能够举一反三，学会自己用心去读。学生读的能力高了，老师更可以少讲以至不讲了。等到毕业离开学校，离开老师，学生自己就会看、会讲，不必处处依赖老师了。

讲的方式也不止一种。逐句、逐段地解说，然后概括出段落大意、主题思想以及运用语言的艺术等等，这是一种讲法。有时候，只需在关键的地方点一点，教师不讲或不全讲，留有余地，让学生自己去思考，去体味，这又是一种讲法。传统经验忽视口头语言训练，这是不好的一面，开头已说过；但是也有好的地方，比如对文章的评点，就很值得我们借鉴。评得好的，只在关键的地方评上一句，恰到好处，对读的人很有启发作用。所谓"点"，就是加圈加点以引起读者注意，也包括在某一字或某一句下边或旁边写上几个字，比如在某处写上"伏一笔"，后边某处写上"回应前文"等等；有时候只写一个字，如"妙"，让读者自己去揣摩。善于"点"，是一种很好的教学艺术。点得得当，有启发性，学生应该是一点就透的。这样，不仅节省了许多话，许多时间，而且学生的学习兴趣会提高，积极性会调动起来，更愿意学习语文，因为，他自己动了脑子，自己解决了问题，感到有所得。谈到精讲，我在许多场合提倡过这个"点"字，我愿意再把这个字推荐一下。

二、关于读和写的关系

有人认为阅读是基础，有人主张以写作为中心，也有人提倡读写结合，并且分别按照各自的主张在进行着某些实验。我认为所有这些实验都是好的，都应当提倡。我无意于评论这些说法。而且，不等着看看实验的结果就凭主观的想法来发表评论，也是很不妥当的，这里，我只说我对读与写的关系的几点粗浅的看法。

在语文教学中，培养写的能力是目的，培养读的能力也是目的。写有训练写的方法，以提高写的能力；读也有训练读的方法，以提高读的能力。读与写，无疑有密切的关系，两者互相影响，互相促进，但毕竟不是一回事。

在以八股取士的时代，很多人读书就是为了写文章，应科考。许多读书人专门找"闱墨""墨卷"来读，揣摩人家是怎样中了举人、进士的，以便自己去摹仿，找到捷径。如果今天还以为读就是为了写，试问：读报纸的通讯是不是为了当记者，读小说是不是为了当作家呢？很少需要写文章的人还读不读书呢？这道理不是很明白吗？《人民日报》的社论，我们每个人都读，但是我们并不写社论；毛泽东诗词，我们每个人都读，不少能背诵，可是我们之中只有很少数人写诗。教师备课要读不少书，从事某一工作的人也需要读与他专业有关的许多书。请老师们计算一下，你每天、每周、每月、每年要读多少东西？在同一个时间里，你写多少东西？做语文工作的尚且是读的远比写的多，何况做其他工作的人！读书可以提高思想认识，增长见闻，汲取精神食粮。对任何人来说，读的能力是十分重要的。不能认为只要识了字就会读。读，并不是件很容易的事；读得好，更不简单。人与人之间，读的能力是大有高低之分的。在语文教学中，训练读的能力，本身是个目的。一个人理解得好，理解得快，记得牢，说明他读的能力高。我们搞四个现代化，科技工作者需要看很多参考资料。同样一份资料，三天读完而且记住的人总比十天读完而记不清楚的对工作有利吧！

写，当然也是目的。这一点，大家都同意，不待多说。读与写既要配合，又要分别处理，不能混为一谈。分、合之间，关系要处理好。有内在联系的两个事物，把它们截然分割开来，认为互不相干，固然不对；把各有特点的事物不加区别，纳入一个模子里，也不行。互有关联的事物，应当结合处理，但是结合要适当，否则，不适当的"结合"会造成互相牵制，互相干扰。当合者合，当分者分，分中有合，合中有分，读与写的关系怕也要做如是观。

写作水平的提高，要靠多方面的配合，如：观察力的提高，思想的提高，知识的积累，语言的不断丰富，等等。这些都同读有联系。读可以促进写，"读书破万卷，下笔如有神"，说的就是多读对写的帮助。反过来，写也可以促进读。自己有了写的体会，自然就提高了理解、欣赏的能力。语言训练首先是技能的训练，提高技能要靠反复实践，必须有一定的量，少了不行。但是，也应该有个限度。否则，老师学生都紧张，疲于奔命，不但对健康不利，而且会限制学生智力的发展，最终降低语文训练的效率。

1979 年 6 月

（这是张志公先生一次讲话的节选，原题为《关于阅读教学和写作教学的几个问题》。选自《张志公文集（3）》，广东教育出版社 1991 年版，第 331—336 页）

说 "析"

　　在语文教学的书籍或者期刊的目录里，有一个出现频率很高的字——"析"。有"分析"，有"简析""浅析""试析"，还有"赏析"。原来的词是"分析"，"析"字不单用。老说"分析"有点落俗，并且，由于在近若干年的语文教学里"分析"与"满堂灌"有牵连，所以最近两三年人们不大爱用"分析"，常常取出"析"字，配上"简""浅""试"这些字，成为"简析""浅析""试析"，一方面表示谦虚，同时把"分析"浓度冲淡一点，免得令人望而生畏，有时配上"赏"字，成为"赏析"，意思是"欣赏、分析"，欣赏欣赏不仅似乎与"满堂灌"无关，更有点轻松闲适的味道，"在欣赏中分析"，或者"一边欣赏一边分析"，或者"在分析中欣赏"，都挺好。（这个事实反映了汉字的一种"优越性"——除了"分析"之外，其余那几个，口头上说出来恐怕都不大容易让人听得懂，可是一写出来，凭着字形就能猜懂了。20 世纪 20 年代有位作家写了一篇散文，题目是《聊寞》，取"无聊"之"聊"与"寂寞"之"寞"合而为"聊寞"，语言里虽然没有这么个词，可是两个字写在一起，拿眼睛看，不仅可以猜得出意思，还能让人闻见一种气味，倒也别致。）

其实，不论怎样花样翻新地配，基本的意思都一样，都是"分析"。我读过一篇讲王之涣《登鹳雀楼》的文章，还读过一篇讲李白《望庐山瀑布》的文章。王诗是五言绝句，20个字；李诗是七言绝句，28个字。两篇讲解文章就是2000多字，百倍于所讲的诗，何尝"简""浅"？至于讲散文、论文的，且不说文言文，且不说鲁迅的杂文，就是讲朱自清的《荷塘月色》，讲茅盾的《白杨礼赞》，动辄四五千、五六千字甚至更长，不论用什么"析"，实际上都是"详尽深刻"的"分析"。

分析，是认识客观事物的重要方法。培养中学生乃至小学生具备一定的分析事物的思维能力是必要的。各门功课，例如数学、物理、化学、历史、地理，都有培养学生的分析能力的任务，就连体育、音乐、美术课也不例外。教学工作就是教给学生怎样认识客观世界，进而能动地改造客观世界；教学工作要发展学生的智力，而观察能力、分析能力正是构成智力的重要方面。在语文课里，教和学两方面运用分析方法的地方很多——音、字、词、句、段落、篇章，语言的形式和内容，作品反映的思想和艺术，等等，都是可分析的，有时候是需要经过分析才能理解、掌握和运用的，在运用分析方法的教和学的过程中也就培养、锻炼了学生的分析能力。传统的语文教学过分不讲究分析，一切都是"可意会而不可言传"的，一切都靠在多读、多记、多写的活动中自己去慢慢地"心领神会"，是不可取的。根据那样的传统经验，不加分析地全盘否定分析，是不对的。

对于"分析"要作具体分析。不加分析地否定一切分析，不对；不加分析地一切都要分析，滥用分析，仿佛语文课就是一种"分析"课，不分析就没法办——教师没法教，学生没法学，也不对。从近20多年的以至近三几年的教学实际来看，从全面来看，分析不患少而患多。"分析"之外又陆续出现了好几种别的"析"，这个事实就是证明。

任何一个年级的任何一篇课文都得"析"一通，所以一个学期20来篇课文感到分量多了，教不完。在初中一年级教《登鹳雀楼》和《望庐山瀑布》，大概每首诗只有三四个字需要各用句把话解释一下，然后带着学生好好朗读几遍，总共不消一刻钟，学生就懂了，并且背下来了，实在不需要任何类型的"析"，包括"简析"和"浅析"在内，都不必。不"析"学生自己也能懂，他们听着没有意思，无所得，引不起兴趣，更重要的是，剥夺了学生自己动脑筋想象、思考的机会，得不到锻炼，长不了本领。如果"析"得多而深，用老师的语言把学生的头脑填得满满的，束缚了以至窒息了他们的头脑，把两首非常优美的诗搞成两块索然无味而又啃不动的石头，那害处就更大了。

在这个问题上，有几点值得我们记取。

牙齿和胃肠健康正常的人，一般不爱吃"没有嚼头"的东西。不能过分低估孩子们的能力。他们善于咀嚼，消化能力也很强。教学工作的功夫在于能够引起学生的胃口，让他们自己有兴趣去嚼，去消化，吸收，当老师的在旁照料着，必要的地方给点帮助，不要把枣核、鱼刺、鸡骨头之类吞进去、卡破喉咙就是了。年轻人的消化系统就可以锻炼、需要锻炼的。万万不可把年轻的孩子们养成只能吃流食的病夫。

凡是编选得宜的课文，无论语言或语言所表达的思想内容，都是对学生富于启发性，富于教育作用的。应当让这样的语言和内容的本身去发挥作用，不能用教师的语言和引申发挥取代了、排斥了课文本身的语言和内容。必要的讲解和个别地方作点扼要的分析当然是需要的，然而，万不可"喧宾夺主"，让老师的讲解、分析成了课文，而让课文成了老师演讲的举例。

凡是编选得宜的课文，它的语言和内容都应当是学生自己动动脑子就能理解或者基本上理解的，语言的精当、优美之处，思想内容的值得体味、学习之处，都是动动脑子就能发现，而不是埋藏很深的地下资源，非钻探、发掘就找不到，开采不出来的。倘若真的竟然埋藏得那么深，必待老师唇焦舌敝地去"发掘"，那么，这篇课文大概是编选得不好的，或者文章本身就不好，不该选或者编排得不是地方，应该晚一点出现。在这里，"动动脑子"这一点万不可忽视。不动脑子就学得会的，让人感到没意思，不爱学。不动脑子就猜得出的谜语，不是好谜语（当然，大动脑子也猜不出的，往往是刁钻古怪的谜语，也不是好谜语）。喜欢下象棋的，并不愿意和棋艺比自己还差，不必用心就能轻而易举取胜的对手去下，因为那对自己没有帮助，下着不带劲。一般能下个平手，好好用点心思能赢他一盘，最好。（棋艺高于自己太多，下一百盘输给他一百盘，毫无还手之力，当然也不爱同他下。）

说句老实话，照管孩子吃饭，嚼烂了一口一口地去喂诚然是很辛苦的，可是，比之于调配得宜，既让孩子爱吃，愿意自己费点劲嚼着吃，并且吃得津津有味，吃了还想吃，又精心管理着，不让孩子吃得过多，消化不了，或者吃他们还不当吃的东西。嚼着喂是比较省力的。嚼烂了一口一口地喂，让别人看着好象非常尽心尽力，会得到称赞，然而实际上对孩子没有好处，甚至大有害处。当老师得处处为孩子着想，为他的根本利益着想。照管孩子吃饭，自己得先尝尝，烫不烫，咸淡是否合宜，有没有难嚼难咽的东西，自己先充分了解掌握了这种食品，然后以适当的办法诱导着孩子自己去吃，一边吃一边照料着，不使他吃出毛病来。这才真叫辛苦。自己得吃，可又不能替孩子去吃。难就难在这里。既当老师，就得经受这个难处。

从这些方面想想，"分析"大概会节约许多，作到比较恰当，省下来不少的时间作些于学生更有益的，更有实效的事。

有感于"析"字出现频率之高，而且大有越来越高的趋势，除了开头列举的五"析"之外，可能还有或者还会连续产生别的"析"（那里就说过，基于汉字的特点，再出几种"析"是并不困难的），所以把这个其实并不新鲜的问题提出来，说了些的确没有多少新意的老话，请同志们指正。至于把过多的"析"的时间省下来干什么，里边是大有文章可作的，那就越出文本题目的范围了。

（原载于《语文教学之友》1981 年第 2 期）

谈"启而不发"

　　近来接触一些语文老师，常常谈到"启发式"的问题。对这个问题我研究不够，只有零零星星的一些想法，说一说，跟老师们共同探讨。

　　时常听到有的老师说：我知道满堂灌不好，注入式不好。我倒满心想用"启发式"，可是学生不能配合，启而不发。我用各种办法来启发他，可他就是不说话。不点着名问他，他不举手回答；你哪怕点着名地把他叫起来问他，他还是不说话。再三地"启"，他是再三地不"发"，这又有什么办法呢？那我只好还是"灌"，否则白浪费时间，干脆不如我灌。我讲他听，听进去一些总有点好处。否则转来转去的用了很多时间，我该讲的也没讲，要他回答的他就是不回答，何必这样白白地糟蹋时间呢！像这样的议论，时常听见，话不一样，意思大体都差不多。听多了就引起我思考。想来想去，我感觉到，这个问题里头有两个方面。一个方面提出这种问题正反映了我们的老师们真是千方百计想要改进教学方法，提高教学效率，想方设法地采用启发式，不用注入式，不用满堂灌，这种用心可以说是非常之好，甚至于用得上"用心良苦"这个成语。另一方面也表明，究竟什么叫启发式，这个问题还很有值得探讨的地方。

　　什么是启发式呢？我们不去追究"启""发"这两个字的古义，这两个字连着说的来历了。我们都知道孔子说过"不愤不启，不悱不发"，"启"和"发"这两个字连用就是从那里来的。在那里是什么意思，我们不去追究了，我们现在要谈的是"启发"和"启发式"在现代的意义。在现代汉语里，"启发"已经成了一个词，所谓"启发"，就是阐述一些事理，举一些事例，引起对方的联想、想象、思考，这就是启发。所谓启发式，是教学用的一个术语，指的就是采取这种启发的办法进行教学，来代替完完全全地由教师来讲，学生完完全全地被动地来听的这种方式。谈到这里，我们首先得说一说注入式、满堂灌。满堂灌就是注入式，是注入式的一个形象的说法。注入就是往里灌，注入式就是用灌的办法来进行教学，形象地说就是满堂灌。那么我们就说满堂灌吧。这三个字里头有两个意思，一个叫"满堂"，一个叫"灌"。什么是灌呢，就是把一种液体倒在一个器皿里，那个器皿是没有能动性的一个物件。它没有能动性，你给它往里灌什么，就是什么，灌多少就是多少，它完全在那里被动地接受，毫无主动性。它不会选择，你灌的是什么，灌得好不好，你灌你的，它不为所动。这是灌。再一个是"满堂"，是从头至尾，这才叫满，是从头至尾的这样的灌法，一点空隙都不留，一点余地都不留。满堂灌包含着这样两层意思。满堂灌显然是一个带有贬义的说法。可是我们万万不能从这里得出来教师不能讲，教师一讲，或者教师讲得多一些，就是满堂灌了，不能得出这样一个结论。教师就是要讲，得会讲，得善于讲，得讲得好，讲不等于灌。刚才我们说过，所谓灌，是把学生的头脑当成一个毫无能动性的器皿，在那里完全被动地接受。那才叫作灌。讲可以是灌，也可以不是灌，尽管老师在说话，看是怎么个说法，一种说法是灌，一种说法就不是灌。不是灌的讲法，就是启发性的讲法。同样是讲，可以是灌，也可以是启发，讲仅仅是一个形式，它的实质要看我们怎么讲，讲了些什么，是把学生的头脑看成一个能动的，能思考的对象来讲的呢，还是把它当成没有能动性的，不能思考的一个物体来讲的。其次，还得看是不是"满堂"。教师不讲是不行的。教师不能当哑巴，教师的本领，相当大的一部分就用在讲上，教师就是要讲的。不过"满堂"就不好了。这也不是说，每一节课必须以十分之几的时间来讲，以十分之几的时间不讲，叫学生做什么。不是这样说法。也许这一节课讲到这部分了，就需要多讲，教师就要从头讲到底，而在另一节课，教师就可以少讲一些，另一节课教师甚至可以完全不讲，或者讲得很少。所以，是否"满堂"，也不是那么机械的，也不是那么死的，不能机械地理解，堂堂必须不满堂。我们从反面先谈了满堂灌，再回过来谈启发式也许方便一点。

刚才说过，同样是讲，它可以是灌，也可以不是灌。不是灌的讲，本身就是启发。这是什么意思呢？那我们就要来推敲一下所谓"启发"是什么意思。

启是什么意思？启就是开，打开。我们写信在信封上不是常"×××写""×××同志启"吗？"启"就是打开这封信，这封信交给×××同志来打开。发呢？就是动。我们常说发动什么，比如发动机器，发就是动。那么，启是打开，打开什么呢？发是动，什么动呢？都是指的脑子。所谓打开，就是打开脑子；所谓动，就是脑子动。所谓启发式，就是用这么一种方式：老师或者讲，或者在黑板上写几个什么字，甚至于仅仅乎作一个手势，作一个表情，或者是朗读课文里边的一段，或者全部的一篇，或者有表情地朗诵一首诗，不管用哪种方式，只要你能够迅速有效地打开学生的脑子，让它动起来，这就叫作启发。启发式不等于"谈话法"，虽然有的时候要用谈话；启发式不等于"问答法"，虽然有的时候要用问答，前边我们听见的那种议论，说是启而不发，我再三地启，他再三地不发，怎么样他也不说话，不回答问题，这多少有点意味着，把启发式同问答法、谈话法等同起来了。这是从形式上来看启发式。就是说问问题吧。问问题可以引起对方的思考，也就是说，使对方的脑子动了；问问题也可以使对方茫然，他脑子动不起来。同样的一个问题，在不同的场合，不同的时间，问不同的一个对象，产生的效果就会是不一样的。比如说，一个孩子，有一位第一次见面的不认识的人问他，"你叫什么名字？"这个问题能够使他的脑子动一下，回答说，我叫张××，我叫王××。如果是已经教了他一年两年的老师，见了面问他，"你叫什么名字？"他就会茫然，这是怎么回事呀，怎么老师不知道我叫什么名字了，忽然问我叫什么呀？这时候所引起的不是他的积极的思考，是茫然，是迷惑不解，他很可能站在那里发愣，答不出来，仿佛他连自己的名字都忘了，或者连自己的名字都不敢说似的。又比如教王之涣的一首诗"黄河远上白云间，一片孤城万仞山"，如果老师想点启发式，问学生"黄河怎么会跑到白云里边去呢？"这样一问，恐怕很有可能让学生发笑，或者让学生茫然，不知所答，而不见得有什么启发性，有什么启发作用。如果老师适当运用一点手势，姿势，一点表情，表示出黄河远远地流过来，好像是从天上那么流下来一样，没有问问题，反而可能有一些启发性，使得学生联想起来他看见过的，或者海，或者河流，远远地望过去，好像水天相连的那个景色。没有说话，没有问问题，反而有点启发性。否则，只要讲的能够让学生的脑子动起来，那就不能叫灌。满堂不好就不好在没有给学生留下余地，把学生的脑子塞得满满的，让他接受还来不及，于是乎他就只能处于一种消极被动的状态。没有给他留下空隙，没有给他脑子留下活动的余地，所以不好，满堂不好，灌不好，都在于这样妨碍了学生积极的思考，脑子动不起来，或者动的余地太小。我们知道，从幼儿起，儿童、少年、青年，他们的脑子本来是非常非常活跃的，它需要一个广阔的，自由驰骋的天地。如果我们不给他留一点余地，把他塞得满满的，把他的空间都给占领了，让他的头脑没有地方活动了，这样是会影响他的脑子的活动，严重一点说，这会残害他的智力的发展的。

学生的脑子是不是动起来了，有许多的标志。他能够回答问题，表明他的脑子动了，他不动回答不了问题，他能提出问题，也表明他脑子动了，不动他提不出问题，然而不仅仅是提出问题，回答问题，他的面部表情，也可以告诉一个有经验的老师，学生脑子动了还是没动。他是瞠目结舌，呆若木鸡呢，还是脸上的表情就告诉你，他的思想很活跃，在思考问题了；还可以告诉你，他同意了你所讲的，接受了你所讲的了呢？还是对你所讲的有疑问，不理解呢？这些他的脸上都会告诉你，只要你留心去考察，去观察。还不会说话的婴儿，你逗一逗他，还会咧开嘴笑了，那就表示他脑子动了，对你的逗有了反应了；如果你逗了半天，他木木然，毫无所动，不管你提了多少问题，你不能怪他启而不发，你这个启，没有能够打开他的脑子。

不过无论如何，说话终究是脑子动或没有动，以至动得怎么样的一个明显的标志。然而说话，回答问题，或者提出问题，这个事情很不简单。有的人思想并没有怎么动，他也信口地说，于是乎就会所答非所问呀，文不对题呀，为什么会所答非所问，文不对题呢？因为他脑子并没怎么动，向他提出的问题，他还没怎么理解呢。相反，有些人显然脑子动了，在那里思考问题了，对于我们提出的问题，他那里已经有了答案了，但是他就是不肯说，就是不肯说出来。这有各种其他的因素。我们要善于辨别这些不同的因素。我们要鼓励学生说话；而不是仅仅根据他说话还是不说话，就断定他"发"了还是没"发"。不善于说话，不愿意说话，有我们的历史传统的因素在内，我们很长期的封建社会，是不鼓励年轻人多说话的；我们长期的语文教育，也是只注重书面教育，不注重口头语言的教育的；不仅不提倡说话，不鼓励说话，甚至在长期的封建社会里，以不会说话，不善于说话，作为一种美德来表彰。孔夫子就说过，"刚、毅、木、讷，近仁"。讷，就是讷讷不能言。把讷讷不能言和"刚、毅"联系起来，认为不会说话就接近"仁"了，也就是把它作为一种很高的美德来看待。对于这种传统要有清醒的认识。花言巧语是可憎的，讷讷不能言也不必提倡。我们要提倡学生说话，鼓励学生说话，能够在课堂这样一个不大的大庭广众之下，爽朗地回答问题，能爽朗地表示自己的意见，这需要一种胆量，我们需要下一代有这种胆量；能够敏捷地而又准确地回答问题，这是一种智力，因为只有思维敏捷、思维准确才能够敏捷准确地把问题回答好，我们需要下一代有这样的智力；能够得体地，恰如其分地有礼貌地回答别人的问题，申述自己的意见，这是一种文化教养的表现，我们需要下一代有这样的文化教养。因此，口头语言是大大地需要训练的。不过，回到前面的话题，我们可不能以他能否说话，是否善于说话，是否敏捷的回答问题来衡量，是不是"发"了。他的脑子是不是动了，因为我们有不善于说话，不愿意说话的这种传统。这里边包含了一些心理的因素，社会的因素，很复杂的，由此也可以见出，我们当语文教师，的确任务很艰巨，工作很不简单。又要讲，讲我们必须讲的，不讲学生不能够理解清楚的地方；但是又不能讲得过多，不能灌，更不能满堂地灌；我们又要给学生留下余地，让他们去思考，让他们的脑子动起来，同时我们又得认真仔细地观察，看看他脑子是否动了，不能够形式地来对待；又得训练他说话，而训练他说话并不是一件很容易的事情，回答问题是否敏捷，是否踊跃，有的时候是反映他的脑子是不是动起来了，有的时候并不一定。语文这门功课，的确是很难的一门课，教好语文这门功课，的确是一项很艰巨的工作。启发式这个问题就足以说明这一点。

（原载于《语文教学之友》1982 年第 1 期）

第三辑

传统语文教育研究

《传统语文教育初探》序

　　五六十岁以上受过封建教育的人，大都进过蒙馆，在那里念过《三字经》《百家姓》《千字文》，背过在当时不能理解的《四书》《五经》，为对对子伤过脑筋，为写八股文吃过苦头。那种传统的学塾教育，就其内容而论，当然充满了封建主义的毒素；就其方法而论，也含有不少落后的、不科学的因素。郑振铎先生认为那种教育是"以严格的文字的和音韵的技术上的修养来消磨'天下豪杰'的不羁的雄心和反抗的意思，以莫测高深的道学家的哲学和人生观，来统辖茫无所知的儿童"，总之，是"注入式的教育，顺民或忠臣孝子的教育"。[①] 这种批判，无疑是一针见血，切中要害的。至于方法上的缺点，就连古代某些有见解的人，都曾尖锐地批评过。明代的王守仁说：

　　　　若近世之训蒙稚者，日惟督以句读课仿。责其检束，而不知导之以礼，求其聪明，而不知养之以善。鞭挞绳缚，若待拘囚。彼视学舍如囹狱而不敢入，视师长如寇仇而不欲见。窥避掩复，以遂其嬉游；设诈饰诡，以肆其顽鄙。偷薄庸劣，日趋

The footnote with circle 1.　　① 郑振铎：《中国儿童读物的分析》，《文学》1936 年 7 月第 7 卷第 1 号。

下流，是盖驱之于恶，而求其为善也。何可得乎?①

这段话形象地描绘出封建教育的腐朽面貌。本来，教育从来就是为一定的社会的经济和政治服务的，封建社会的教育不能不深深地浸透着封建统治阶级的思想意识。教育的方法，又为教育的内容所制约。以灌输封建思想意识为主要目的的教育，它的方法就无可避免地受到很大的局限。因此，当我们回顾传统的蒙学教育的时候，我们所接触的必然是大堆大堆的糟粕，有些东西，简直污浊到使我们不愿意伸手去碰。

然而，不谈整理遗产则已，只要接触这项工作，就用得上"披沙拣金"这个成语，怕脏手是不行的。因为，千百年来的文化遗产，无论哪个方面，在成堆的糟粕之中，总还有某些精华——前人的智慧和经验在内。把这一部分"金"拣出来，于我们总有或大或小的用处。就拿传统的语文教育来说，蒙馆能在比较短的时间里教儿童认识相当多的字，这个事实就值得重视。一本《千字文》从南北朝直到清末，流行了一千四五百年，成为世界上现存的最早、使用时间最久、影响最大的识字课本，这里边不能说没有值得探讨的地方。16 世纪 40 年代就有了插图相当精美的儿童故事书，比西洋同类书籍的出现早了一个世纪左右②；今天我们所见所知的蒙书，品种之多，某些本子编写方法的巧妙，插图刻印的精工，也都大有可观：前人的这些努力，留下来的这些遗产，不能一笔抹煞。进行语文教育，教学生识字，读书，作文，有两个重要之点：一是要符合本国语言文字的特点，一是要符合儿童和青少年学习本国语言文字的规律。在千百年长期的语文教育实践之中，前人在这两方

---

① [明] 王守仁：《训蒙大意示教读刘伯颂等》，《王文成公全书》，卷二。

② 西洋最早的插图本儿童读物是扬·夸美纽斯（1592—1670）的《世界图解》（1657）。我国插图本儿童读物，现存最早的本子是明嘉靖二十一年（1542 年）刊印的一种"日记故事"。更早的还有明刊本《对相四言》。郑晓沧先生则认为应追溯至北宋刊本相传为摹晋顾恺之绘图的《古列女传》。

面确实找到了一些门径，积累了不少经验。我们的责任应该是作一些分析研究，看看他们所用的方法之中，哪些是行之有效的，为什么会有效，哪些是不对头的，为什么不对头，进而明确哪些是应该丢弃的糟粕，哪些是可资借鉴的经验。这些有益的经验又应该怎样同现代的科学成果结合起来，赋予旧的经验以新的生命，使它得到发展和发扬。这样，对于我们今天研究语文教育工作能有些参考作用，对于研究我国语言文字的特点也会有些益处。

要研究传统的语文教育，不能不首先探索一下蒙学的发展情况。因为蒙学是传统的语文教育的一个组成部分，一个方面，必须对蒙学的一般情况有个大致的了解，才能比较确切地了解语文教育这个方面的特点和问题。但是，探索蒙学的发展情况，有一定的困难，主要是可用的文献材料不多。关于蒙学，前人的记载很少；各种课本，过去的藏书者多不重视，大都散失，现在收集起来很不容易，就连从前的书目之类，对于蒙书也不多著录，现在想查考一下书名都很麻烦。至于对蒙学和蒙书进行一些比较系统的研究整理，这种工作前人作得更少。中华书局曾经收集并且展览过五六十种童蒙读物；胡怀琛曾经写过一本《蒙书考》。开列了大约 100 种所见所知的蒙书，辑录了几十条有关的资料：这些，筚路蓝缕之功不可没，不过收集考查的范围都还不大，分析研究更付阙如。前人提供的资料和研究成果如此之少，而个人的见闻又极有限，因此，对于蒙学的这项探索工作，只能是一个初步的尝试。进一步的探索和研究，还有待于更多的、见闻较广的同志来共同努力。

这里姑且根据初步探索之所得，试为蒙学语文教育发展的情况勾画一个极粗的轮廓，作为进一步考查的线索。

古代蒙学的情况，今天我们所能知道的很少。从现存的记载和教材来看，先秦两汉时代就很重视对少年儿童进行识字教育和句读训练。《礼记·学记》里说：

> 古之教者，家有塾，党有庠，术有序，国有学。比年入
> 学，中年考校。一年视离经辨志，三年视敬业乐群，五年视博
> 习亲师，七年视论学取友，谓之小成。九年知类通达，强立而
> 不反，谓之大成。

陈澔对这段的注解说："离经，离绝经书之句读也；辨志，辨别其趋向
之邪正也。"《汉书·艺文志》说：

> 古者八岁入小学，故周官保氏掌养国子，教之六书，谓象
> 形、象事、象意、象声、转注、假借，造字之本也。汉兴，萧
> 何草率，亦著其法曰，太史试学童能讽书九千字以上，乃得为
> 史，又以六体试之，课最者以为尚书、御史、史书、令史。吏
> 民上书，字或不正，辄举劾。

在整个"小学"部分，著录了十家35篇，都是识字课本之类，例如在
《史籀篇》下面就明白地说："周时史官教学童书也。"

据王国维考证：

> 汉时教初学之所名曰书馆，其师名曰书师，其书用《仓
> 颉》《凡将》《急就》《元尚》诸篇，其旨在使学童识字习
> 字。……汉人就学，首学书法，其业成者，得试为吏，此一级
> 也。其进则授《尔雅》《孝经》《论语》。[1]

这段时期的蒙书，完整地保存下来的有两种，一是管子的《弟子职》，
一是史游的《急就篇》。这两种书流传使用了很长的时间，对于后来的
蒙书，有很大的影响。

经过魏晋南北朝到隋唐，蒙学有了进一步的发展。大致表现在三个
方面：第一是识字教育，适应新的需要有了新的发展，在《急就篇》
的基础上产生了很多种新的识字教材，其中最重要的是一直流传使用到

---

[1] 王国维：《汉魏博士考》，《观堂集林》卷四。

清末的《千字文》，再就是编注跟它相近的《开蒙要训》，此外还出现了"杂字"和其他一些蒙学用的字书。第二是出现了新的进行封建思想教育的蒙书，如《太公家教》和《女论语》等。第三是运用以上两类蒙书的编法（用整齐的韵语），产生了新的一类讲掌故故事的蒙书《兔园册》和《蒙求》等。可以说，到了唐代，蒙学初步形成了比较完整的一套，包含互相配合的三个方面，识字教育，封建思想教育，知识教育。这三类蒙书对于后世的影响非常大，在它们的基础上发展出来很大一批新的教材。

宋代继唐代的道路，又有了新的发展，从宋到元，基本上完成了一套蒙学体系，产生了大批新的蒙书，这套体系和教材，成为此后蒙学的基础。宋元以下，可以说只有较小的发展和补充，再没有很大的变动。这套体系的大致情况是：第一，识字教育方面，继承了《千字文》，补充了《百家姓》和《三字经》，成为几乎不可分的一套识字教材"三，百，千"，另一方面，"杂字"得到很大的发展，成为识字教育的另一条路线，与"三，百，千"相辅而行。第二，在封建思想教育方面，一则用《千字文》《三字经》深入到识字教育中去；再则以程朱理学为依据，产生了新的教材《小学》和大批性质相类似的书；此外又运用《弟子职》和《蒙求》的形式，产生了大批韵语的训诫读物。第三，在《蒙求》的基础上发展出来更完整的一些知识教育的教材如《史学提要》《名物蒙求》等，前者系统地介绍历史知识，后者有计划地介绍各方面的知识，包括一点自然知识。第四，产生了重要的初步阅读教材——诗歌读本《千家诗》和散文故事书《书言故事》和《日记故事》。第五，在初步识字和初步阅读的教育之上，产生了一套读写训练的方法和教材——属对，程式化的作文训练，专作初学教材用的文章选注和评点本。

此外，朱熹和他的门人，以及从事教学工作的许多人，很重视蒙学的方法、步骤问题。他们的一些言论，对后世的影响很大，逐渐形成了一套蒙学的体制和教学方法。

宋元以下，蒙学大致不离乎上述的规模。在某些方面也有些发展，产生出一些新的教材；在某些方面，也有过一些并不成功的新的尝试。就识字教学而论，"三，百，千"一直流传使用下来，没有多少改变，中间曾经有过不少人编了些新的千字文、百家姓、三字经，但是大都通行不广，而"杂字"书则有较大的发展，在群众中有越来越广泛的影响。封建思想教育和知识教育，仍是沿着宋元以来的道路前进，中间也产生了一些新课本，有的流行较广，影响很大，例如《小儿语》《弟子规》《鉴略》《幼学》《龙文鞭影》《昔时贤文》等等，到了清末还产生了一些用蒙求形式介绍新知识的蒙书，如《时务蒙求》《地球韵言》《算学歌略》等等。《千家诗》一直风行，后来并且产生了编法近似的《五言千家诗》和《唐诗三百首》，也出了一些以进行封建思想教育为主要目的的诗歌教材，如《小学千家诗》等等，属对的训练一直沿用下来。程式化的作文训练发展成为八股文，跟科举考试完全结合起来。文章选注评点的办法继续采用，陆续出现了不少新的选本。讲基本的文字、声韵等知识的蒙书和蒙学用的工具书也出了一些。此外还产生了几种总结前人经验、专谈教学方法的著作，如崔学古的《幼训》《少学》，王筠的《教童子法》等等。

以上是从先秦到清末的蒙学语文教育发展的大致情况。对于这一套遗产，可以从不同的角度，用不同的方法，进行研究。

可以从历史的角度，就各个历史时期逐一研究，比较周详地考察每个历史时期的蒙学情况，有哪些作法，哪些教材，哪些重要的教育家，进而分析蒙学发展与当时社会经济、政治、文化各方面的关系，它的成效和缺点，它如何继承前一时期的传统，它对后一时期有怎样的影响，等等。

可以就若干种重要的蒙书逐一进行专书研究，考察它产生的背景和演变的路径，分析它包含的思想内容，反映的教育方法，进而分解出它的精华和糟粕。

也可以从教学的角度，就蒙学的各个方面进行专题研究，例如专门研究蒙学中进行知识教育的方法，或者专门研究它进行语文教育的方法，或者研究封建思想教育、知识教育、语文教育怎样互相配合，等等。

此外，还可以从别的角度、用别的方法进行研究，也可以把几个角度、几种方法结合起来，进行比较全面的研究。

无论从哪个角度、用哪种方法来研究，都是有意义的，也都需要作一些繁重的搜求探索、爬梳整理的工作，而不是轻而易举的。

限于资料和能力，这里不企图对蒙学作全面的研究，只打算从语文教育这一个角度作一些初步的探讨。[1] 就是这样，目前所掌握的资料也还不足以就这个问题研究得很深入，只能作一些比较粗浅的观察和分析。

总之，这本小册子是个"初探"，它所希望的不是全面深入地解决研究蒙学语文教育的问题，而是，用个俗语来说，抛砖引玉。对传统语文教育方法的概括、分析和评价有不恰当的地方，史实、资料有遗漏，乃至运用资料有考据上的失误，等等，都是在所不免的。这些，热诚地希望得到指正。

1962 年 4 月

（《传统语文教育初探》是上海教育出版社 1962 年出版的。该书的

---

[1] 曾在《人民教育》1961 年 9 月号、11 月号，1962 年 1 月号、3 月号用笔名张耕发表过几段摘要，事后得到不少同志的鼓励，所以才把全稿加以修改整理，编成这本小册子。

《序》及《结语》表明了张志公先生对传统语文教育及教材的最初看法，本文收入《张志公文集》第4卷，广东教育出版社1991年版，文中的注释均为作者自注）

传统语文教学的得失

一

　　这里说的传统语文教学指的是汉唐以后，特别是宋代以后直到 19 世纪末叶的语文教学（当然那时并没有"语文教学"这个名称，但是这类工作是一直在进行的，这里姑以今名称之）。自从宋代王安石在科考中采行"经义""策问"的办法之后，科举考试的内容和方法逐渐定型。元明以下顺着这个路子产生了八股文。当时先生教写八股文，学生学写八股文，这方面的教学成了科举考试的附庸，不是一般的语文教学。这里只谈一般的语文教学，不谈八股文的教学。不过八股文这种科举考试方法实行了几个世纪，而那个时期许多读书人都巴望着能参加科举考试，所以八股文那一套对一般的语文教学不可能不产生影响。这影响是非常恶劣的，深厚的，甚至直到今天它的阴影还没有完全消失。只有在特别需要说到八股文对语文教学的恶劣影响的时候，本文才会偶尔提到它。

　　下边分两部分来谈。一部分谈谈传统语文教学的主要经验；一部分谈谈传统语文教学有哪些明显的缺点，今天应当怎样对待。

二

　　传统语文教学最重要的一条经验是，教学从汉语汉文的实际出发，并且充分运用汉语汉文的特点来提高教学的效率。

　　汉语汉文的特点很多。这里从教学的角度着眼，主要注意到以下四点。

　　1. 语素（morpheme）以单音节的为主。在古代汉语里，这些单音节语素中，有相当大的一部分（没有统计，估计该在 $\frac{2}{3}$ 以上）是自由的，就是说，每一个这样的语素都可以单独构成一个词，虽然它也能同另一些单音节语素合起来构成另外一些词。半自由的语素（单独构成一个词的能力小，而同其他语素合成词的能力和自由语素一样）比较少一些。不自由的语素（没有组合能力，只能单独作为语法成分使用，或者组合能力很小，而组合的时候有固定的位置）更少。总起来看，汉语语素在语言里的活动能量很大，组合能力很强。说汉语的人，掌握的语素够不够，运用得熟不熟练，是语言能力高低的重要标志之一。

　　2. 汉语是声调语言。每个音节的主要元音都有一个声调。现代汉语普通话有四个声调，即高平调、中升调、降升调、高降调。古代汉语的声调还要复杂些。一个单音节语素都有一个声调。声调有区别语素意义的作用。

　　3. 汉语是一种非形态语言。它没有或者说极少有严格意义的形态。它不靠词的形态变化表示语法关系，不靠形态变化作为把词组合成更大的语言片段的手段，而是靠语序和辅助词。

　　4. 汉字和这样的汉语相适应。一个汉字表示一个单音节语素，就是说，它有一个固定的形体，读成一个带调的音节，表示一个最小的语义单位。汉语无需用字来表示形态，因为它基本上没有形态，而用字来表示辅助词，这是汉字能够胜任的。

传统的语文教学注意到，并且充分运用了这些特点。表现在下述几个方面。

①由于大多数语素是单音节的，很多的词是单音节的，一部分词是双音节的（中古以下双音节词逐渐增多，半自由语素逐渐增多，但是除了很少数音译外来词之外，没有多于两个音节的词），而词又没有形态变化，因此，非常容易形成一连串整齐的（即音节数相等的）结构，也非常容易押韵。又由于汉字与这样的语言相适应，所以从古代直到清末民初所有的识字教材几乎无例外是整齐押韵的。这种整齐押韵的教材，容易诵读，容易记忆。一本《三字经》，包括了最基本最常用的两千来个字，全部是三字一顿，整整齐齐，全部是押韵的，并且，这600多个三字（即三语素）结构，几乎包罗了汉语全部最基本的语素组合方式和最基本的语法结构。只从初期语言训练的角度看（我们这里不谈它的思想和知识内容），这本启蒙教材可以认为是传统语文入门教学的经验总结。此外还有大量以四字为单位的整齐押韵的识字教材，各有特点，这里从略。

②基于同样的理由，传统语文教学采用了一种符合汉语汉文特点的、有一定科学性的、综合的语文基础训练——属对。属对，俗称对对子。比如，先生说"天"，学生说"地"与"天"相对。从一字对开始，然后二字对，三字对，一直练到七字对，八字对，十字对，甚至更多。这是一种高度综合的语言基础训练。用"绿叶"对"红花"，意味着用一个形名结构对一个形名结构；"红花"是两个平声，"绿叶"是两个仄声；"红"与"绿"是同一类同一等级的概念，"花"与"叶"也是。"卧牛"和"奔马"可以相对；"飞禽"和"走兽"可以相对。道理相同。但是"卧牛"不能和"走兽"相对，虽然都是动名结构，动与名之间都是修饰关系，因为"牛"与"兽"不是同一等级的概念。

由此可见，这种练习是把词类、词组、声调、逻辑几种因素综合在一起的一种训练。三字对以上，就更复杂了。然而，只要用之得当，这种练习非常容易引起学生的兴趣。既训练他们的头脑要清楚，能够辨别词性、结构、声调、概念的异同，又训练他们的思维要敏捷。属对，古已有之，到了近体诗（律诗、绝句）时期，成了一种格律，诗里的某两句必须成对。属对这种语文教学方法的形成，显然和近体诗有渊源关系，然而实际上已经超越了作诗的范围，发展成一种教学手段了。明朝以下出现了一批专为教学用的属对教材。

③还是由于汉语的特点，传统语文教学从来特别重视语序和辅助词。因为汉语是靠这两种手段来表示语法关系、语义关系以及语气情态的，所以一向被作为教学重点来对待。这一点容易理解，不必多说。这里要着重说一说的是，汉语由于基本上没有形态变化，词与词的组合以至更大的语言片段的组合少了一层约束，从这个意义上说，组合要容易一些，自如一些，因而从语义配合的角度以及从语言艺术的角度考虑的余地就大一些。王安石的脍炙人口的名句"春风又绿江南岸"，其所以被人赞赏就是由于那个"绿"字。据传说，他的手稿上首先用的是"到"，然后改为"入"，又改为"满"，经过几次修改，最后才改定为"绿"。他完全不需要考虑这里应当用形容词还是动词，不需要考虑应当用什么"词尾"，不需要考虑"江南岸"应当用什么"格"的形式，他所考虑的是在这个语言环境里用个什么词表现的语义色彩最好，用了哪个词所形成的这个语言片段的表层形式可以含蓄更多的或者更足以引起人联想或想象的深层意。用我们现在的话来说，在这里王安石所作的是语义学的考虑，而不是语法学的考虑。孟浩然的名句"微云淡河汉"，其所以有名也正是由于那个"淡"字。就连确实是起语法作用的、作为语法手段的语序和辅助词，也同样可以从语义或语言艺术的角度去考虑。这些，都不仅仅是诗人、作家的事情，也是语文教学的事

情。指导学生阅读，要帮助他们在这些地方"涵泳""玩味"；指导学生写作，要帮助他们在这些地方"字斟句酌"。如果认为语义学的研究和运用在中国有比较久远的历史，这种看法不是没有根据的。

以上这些传统语文教学的经验，都是从汉语汉文的特点中产生的。

三

传统语文教学的另一条重要经验是，教学要从语文的工具性这个特点着眼。不论他们是否明白地意识到了这一点，他们实际的作法是这样的。主要表现在两个方面。

1. 语文这个工具，要掌握得好，运用得好，首先必须手中握有丰富的材料。贫乏，是语文能力的致命伤。古人一直强调多读。他们认为，只有多读，才能善写。他们说："读书破万卷，下笔如有神。"他们不主张狭窄，主张广博。要求学生"博学之，审问之，慎思之，明辨之"；要求"穷经通史"，通晓"诸子百家言"；他们也并不都主张"两耳不闻窗外事"，有识之士是主张"读万卷书，行万里路"的，"行万里路"是比况的说法，无非是说要接触社会而已——因《出师表》而知名的诸葛亮，显然是个学问家。据《三国志》记载，当刘备三顾草庐访问他的时候，他侃侃而谈，纵论天下大势，使刘备为之心折。"两耳不闻窗外事"是作不到这一点的。然而，他们毕竟认为多读书是根本。

2. 凡工具，必须操作熟练，运用自如，才能发挥效力。尤其是，唐宋以下，一直还在教学离开他们实际使用中的活语言越来越远的以先秦两汉语言为基础形成的逐断定型化了的书面语言——"文言"（这是传统语文教学有所缺失的一面），要学生多获取语言材料，就不仅要靠多读，还必须要求熟读以至背诵，背得"烂熟"，这些材料才能真正为他所有，因为这种材料主要是从书面上得到，不是从生活里能得到的。

要把这些从书面上吸取来的语言材料作到能够运用自如，仍旧要在书面上下功夫——多写多作。

于是"多读多写"就成了传统语文教学经验中很重要的一条。如果说他们是"以多取胜"，大概是符合实际的。古人强调多读多写是与他们一直坚持使用文言有关联的，这个关联中有毛病。然而掌握语文工具要靠积蓄丰富的语言材料，要靠纯熟的驾驭这些材料，这条原则是正确的。即使他们早已重视了口头语言，也仍旧是应当这样作的，只是读什么、写什么会有所不同而已。

四

传统语文教学的另一条极易被人们忽视的经验是重视启发学生独立思考，使他们自己能不断地增长读书作文的能力。

由于我们现在老一代的人所经历过或见到过或所说过的传统语文教学已经是封建社会到了腐朽没落趋于灭亡的最后年代的作法，那时候的教育的确是纯然把学生当作完全无能为力的被动接受的机器，听凭老师灌注一些他们所不能理解或者不愿意接受的僵死的东西，从而使他们经常处于朦胧迷惘的状态，使他们的头脑趋于僵化，于是我们就很容易认为全部的传统语文教学从来就是这样的，于是就教与学的关系这一点上对传统语文教学作出全盘否定的判断。其实，上边说的那种作法纯属封建社会末期教育工作中的糟粕，不足以称为经验。在中国漫长的封建社会历史中，在许多方面都是既有精华又有糟粕的，当然不可能都是精华，然而也绝不可能都是糟粕。如果都是糟粕，何来光辉灿烂的中华民族的传统文化？教育，语文教学，亦然。

这里，我们不仅想起了先秦的诸子百家争鸣，专从教育的角度考虑，我们想到了教育家孔子说的"学而不思则罔，思而不学则殆"，他主张"学而思"；他说过"启予者，商也"，他称赞过子贡对他讲《诗》

有所发挥。前边举过《中庸》里的八个字中，除"博学"外，还有"审问，慎思，明辨"。我们想到了古人说的"教学相长"，提倡学生和老师互相"问难"。我们想到了在语文教学中老师不多讲，给予指点，要学生自己去"体会""玩索"，"悟"出文中的道理来，达到"一旦豁然贯通焉"。用现在的话来说，就是给予启发，让学生自己去思考，自己去理解，自己去发现问题，最后自己找到解决问题的途径，这样来增长学生的真实的本领。我们还想到了古人说的"入乎其内，出乎其外"。历史上，直到明清之际，有识之士无一不是反对"学究"（书呆子）的，反对"泥古不化"的。连宋代理学家朱熹都反对只用"哀而不伤，乐而不淫，思无邪"那几句教条去讲《诗》。这些才是我们传统语文教学的经验，是传统中的精华。倘若十二三世纪之后的教育家能够沿着这样的路子走下去，倘若语文教学不受到八股文的严重污染，我们的教学论本来是可以更早地达到先进境界的。

全盘肯定前人，认为不可及，或者全盘否定前人，认为不足道，都是最容易的事。实事求是地、恰如其分地作出分析，真正作到取其精华，弃其糟粕，是要下一番功夫的。笔者曾经研究过传统语文教育，写过这方面的书，今天看来，其中有些论述未尽允当。现在提出上边这些看法，带有自我鞭策之意。

五

传统语文教学有一些明显的缺点和问题。除了前边有两处已经稍稍涉及之外，这里再提出下边主要的四点。

1. 语文教学全部以书面训练（读，写）为内容，完全忽视口头语言的训练。读诗，要求吟咏；读文，要求朗诵；属对，有时口头行之。然而，这并不是口语训练，而是书面训练的辅助方式。可见的结果有三点。第一，戏剧文学发达很晚，从语言上说，半文半白，不够规范。第二，小说发达也晚，从语言上说，情形更差，除了明清之际很少的几部章回小说之外，语言大都是不好的，甚至是不通的。以上两点，当然与社会经济发展的进程有关，不能完全归之于语文教学。第三，影响所及，直到今天，我们的知识分子中相当大的一部分口语能力是不足的。更值得注意的是，社会上对于口语能力薄弱不以为意，还没有看到口语能力和书面能力之间的关系，没有看到口语能力不足对于现代化生活、现代化工作的不良影响。

2. 与前者有关，长期坚持"文言"，使人们对文言产生了错觉，甚至产生了迷信，似乎学了文言就一定能够提高语文能力，不学文言就不可能提高语文能力。事实完全不是这样。读一些古典作品对于认识古代社会，对于认识祖国的优秀文化遗产，对于提高某方面的文学修养，都是有益的；对于提高语文能力也有某些积极作用。然而，依靠文言来全面地、有效地提高现代所需要的语文能力，是不可能的，并且越来越不可能。一代一代离开文言越来越远，绝不是越来越近。这是历史发展的必然。这里不可能对这个问题深入讨论，只好说到这里为止。

3. 我们的前人似乎很不善于总结经验。尽管有如上所述的那么多很可贵的经验，可是两三千年来一直没有一部系统的论述语文教学的著作，没有形成一套语文教学的理论，据此产生出一套或几套可以广泛使用的方法。于是教学成果完全取决于教师。"名师出高徒"，如果碰不上一位高明的"名师"，那就只好倒霉了。直到晚清才有了如唐彪的《读书作文谱》，王筠的《教童子法》等几部书，里边虽然不无很精到的见解，可惜都已经不同程度地受到八股文的污染，大大降低了它们的科学性。

4. 宋代的吕祖谦编了一本《古文关键》，谢枋得编了一本《文章轨范》。用名家名作的文章选本进行语文教学，大概是从那个时候开始的。此后，陆续有了《唐宋八大家文选》《古文观止》《古文释义》等等许多文章选本，用作语文教材。类乎此的办法行至今日而未衰。这种办法有可取的一面，就是在广泛阅读之中，选择少数佳作精讲细读，作为示范，以收举一反三之效。但是，它的弊端也是显而易见的。第一，脱离实际应用。文章的语言既是与实际使用的语言相差很远的文言，而体裁又大都是抒情散文、论文、游记、杂记之属，间或有少数章奏、书信、祭文之类，日常生活和一般工作中常常用到的文体极少，科学技术性的（如医书、药书、农书等等）完全没有。第二，从语言教育的角度看，没有系统，反映不出语言训练的计划和步骤，碰上什么算什么，因此实际效率很低，又没有一个用来检查教学效果的标准，对学生没有明确的要求。再加上不教系统的语文知识，且不说历史上还没有现代的语法学之类，就是传统的文字、训诂、声韵之学，也只是极少数学问家的研究对象，而其研究成果又决不有计划有选择有步骤地教给学生。其结果是语文教学长期停留在松散的"粗放经营"的状态，陈陈相因，代代相传，没有大的突破。选本教学的办法，一直影响到现在，无非在旧的基础上加上些新的内容，所谓旧瓶装新酒而已。至于作文训练，即命题作文的办法，受到八股文的污染尤甚，这需要专题探讨，这里就不谈了。

六

以上对传统语文教学作了一个很简略的回顾。看起来，去粗取精，取其精华、弃其糟粕的研究工作还需要大力进行。令人遗憾的是，近百年来，传统经验中那一部分既符合汉语汉文实际，又符合比较科学的教学论的作法，似乎没有受到重视，得到发扬，随着我们书面语言和口头语言趋向一致的潮流，把那些作法加以改进以至改造，赋予它以时代精神和新的生命，进而与现代的教育科学、语言科学结合起来，形成一条既是传统的又是非传统的，适应汉语汉文特点的，适合现代需要的，我们自己的语文教学的路子。相反，传统作法中比较差的那一部分，影响似乎反而大一些，有的被原封不动地继续使用着，有的被部分修改甚至只是改头换面地使用着。把这种局面改变一下，扭转一下，真正作到继承传统中的优良部分，使之科学化，现代化，发扬而光大之，这是我们这一代和下一代的责任。笔者对于咱们能够很好地完成这个责任是抱有希望并且充满信心的。

（原载于中国香港《中英语文教学》1983 年第 1 期）

我和传统语文教育研究

一、对传统语文教育的研究是怎样开始的

我本来是学外语的，先是学外国文学，随后转向外国语言和语言学，从 20 世纪 40 年代后期又转而研究汉语，主要是汉语语法修辞。我对传统语文教育的研究感到兴趣，差不多是和我从事汉语文教学工作同时开始的。

1954 年我正式参与了汉语文教学工作。首先是从教材工作开始的。既搞教材，就不可能不接触课程、教学、教法这几个方面的问题，所以总称之为汉语文教学工作（加个"汉"字，区别于"外语"）。从那以后，至今整整 30 年，和汉语文教学工作一直保持着密切联系。

从一接触汉语文教学工作，我就感到研究传统语文教育的必要性。

清末废科举兴新学，各大小书院改为学堂，参照外国的办法实行分科教学。当时，像博物、物理、化学、算学这些课程，都可以直接搬用外国的教材，甚至连历史、地理也可以部分搬用。只有一科没法照搬，连部分搬用都不可能，这就是语文，当时称"国文"。于是，很自然的做法就是基本上率由旧章。内容、教法，一切照旧，只不过形式上分成

几册，每年或每学期一册，每册分成若干课，如此而已。虽然从 1903 年的《奏定中学堂章程》和 1916 年的《教育部公布国民学校令施行细则》① 中可以看到，语文教育领域多少吹进了一些现代社会的空气，但是，面对这个上千年的古老的教育传统，这么点新鲜空气显得太微弱了。嗣后，又经不少有识之士的奋斗，语文课教材的内容有了比较大的变化。比如，白话文进入语文教材就不是一件小事。但是，总的来看，传统的影响是很大的，在语文教学中随处都可以看到它的影子。长期封建社会中形成的传统，肯定会有封建主义的坏东西，但是也绝不可能一点可取的经验都没有。一个关心今天的语言教育的人，不应当对这个深深影响着今天语言教育的体系——传统语文教育漠然置之，不加研究。

这样的认识和考虑，可以说是我从事传统语文教育研究的主要原因。

此外，还有一个更直接的促使我加快这种研究的原因。

前边说 1954 年我正式参与了语文教学工作。那指的是，中央决定要在全国试行汉语、文学分科教学，组织力量着手准备编写教材。开始吕叔湘先生和我同被委托，随后于第二年（1955 年）我被调到人民教育出版社担任汉语编辑室主任，在吕叔湘先生指导下主编汉语教科书（吕先生同时被借调到出版社兼任副总编辑）。1955 年秋季，在少数学校对新编的汉语和文学两种教材进行试教。一年后，举行全国语文教学会议，总结了经验，于 1956 年秋季在全国中学实行了分科教学。到 1958 年，这个实验中断了。之后，恢复了语文课，而这时的语文教材和教学，比分科实验前的更为粗糙，效果也更差。这样就促使我思考这样一个问题：究竟什么样的语文教学适合我国的具体情况。这时，我愈益感到，语文是个民族性很强的学科。它不仅受一个民族语言文字特点

---

① 舒新城编：《中国近代教育史资料》中册，人民教育出版社 1981 年版。

的制约，而且还受这个民族文化传统以及心理特点的影响。为了摸索出适合我国国情的语文教学的路子，我觉得迫切需要对我们长期的传统语文教育进行认真的研究。

就在这种形势之下，从 50 年代末到 60 年代初，我花费了一些力气比较系统地研究了一下传统语文教育。研究传统语文教育，资料是一个困难问题。研究性的材料有一点，不多；而历代藏书者和书商对蒙书都不重视，所以保存下来的很少，并且很难搜求。恰巧在这个问题上，我有一点便利。有一段时间我曾有志于研究汉语史。为此，需要搜罗几个方面的资料。蒙书是其中之一，因为历代蒙书的编法很能反映汉语的某些特点。这样我曾在十来年的时间里。陆陆续续搜罗到一批过去的童蒙读本，这给我研究传统语文教育的工作带来了便利条件。

这次研究的成果反映在 1962 年由上海教育出版社出版的那本小书《传统语文教育初探——附蒙学书目稿》里。

二、传统语文教育的经验

对传统语文教育，多年来听到的批评性意见居多。我那次研究，虽然主观上要求作到客观，不过向传统找经验的倾向实际上是多一些的。经过对各个时代各种蒙书及有关资料的爬梳整理，我发现，传统语文教育有些作法的确有值得我们借鉴的东西。

1. 集中识字。传统语文教育非常重视字的教学，采取的办法是集中识字。儿童入学后，用一年左右的时间集中认识两千多字。宋以后的集中识字课本逐渐形成"三、百、千"那么一套，即《三字经》《百家姓》《千字文》（三本合起来正好是两千多常用字）。只要求学生会认、会读、能背诵。至于每个字怎样讲，要求很低，怎样用可以说完全不要求。在集中认识这两千多字的过程中或之后，再配合着念点诗，念点韵语知识读物，如《蒙求》《鉴略》之类，念点小故事，如《日记故事》，主要是再多识点字，同时增加点趣味，提供点常识。

这样做，从历史上看，有它的道理。汉字是一种独特的文字体系。就整个的体系而论，它的长短得失是个很复杂的问题，这里不谈。不过有一点是没有疑义的。就是在开始识字的最初阶段相当困难（识多了以后倒也有它容易的方面），如果要求认一个就掌握一个，作到会认、会读、会讲、会用、会写，那样进度就会很慢。可是不认识相当数量的字，无法读书。而语文教育以至整个的教育又需要学生尽早接触读物，以便通过书面丰富他们的语言，增长他们的知识，提高他们的思想。这里就出现了一个矛盾——需要快一点读书，可是字不够用，读不成。集中识字，即在一个较短时间内尽快让学生认识一定量的字，是解决这个矛盾的一个可行的办法。再者，"三、百、千"音节整齐，押韵，也不太艰涩，便于学童记诵。这的确不失为一个好的经验。正因为如此，集中识字，使用"三、百、千"做教材，这个办法通行了上千年。（《千字文》产生于南北朝时期，不过和《三字经》《百家姓》配合成套，得从南宋算起。）

2. 识字、写字分别进行，互不掣肘。儿童初入蒙馆，在识字课以外另设有写字课。识字、写字分别进行。"三、百、千"中的字并不要求学生会写，写字课另有自己的一套系统。初学写字，写的是"上大人，孔乙己，化三千，七十士……"，那些字包含基本笔画，而又简单，少的两三笔，多的五六笔，很合于写字入门的要求，比一上来就写"人之初，性本善"或"赵钱孙李"容易得多，合理得多。

识字与写字互不影响，也就互不掣肘。会写一个字比识同一个字要难。因为写字属于动作技能，还要牵涉到肌肉、骨骼及相应的神经系统的运动。假如一定要求儿童识一个字要做到几会（会认、会读、会讲、会写、会用），实际上就会使写字拉识字的后腿。我们聪明的古人看到了这一点，让二者分头进行，这对我们今天考虑初入小学的儿童的语文教育很有意义。

此外，当时的写字训练有一定的序列。字是由简到繁，由易到难；方法是由有依傍（即描红、影写、临摹）到无依傍。字的大小是先写中楷，后写小楷。这种方法比我们现在一上来就让孩子把不论好写还是不好写的字装进一个很小的小格子里要高明得多。

3. 句的训练——属对。属对是同句读之学密切相关的一种基础课程。人们通常认为，对对子是学做近体诗的一种准备，这实际上是把它的作用看小了。练习属对，方法是所对字数由少而多。先一字对，然后二字对，三字对以至多字对。如先是"天"对"地"，"雨"对"风"，而后是"风止"对"雨停"，再后是"水清石见"对"云散月明"。这是练什么？是在练字（词）的组合，练组词，练造句。同时，由于组合时有声韵、词性、类别的限制，所以又是在进行音韵、语法、逻辑的综合训练。如："风止"是名+动，就必须用另一个名+动比如"雨停"来对。除了词性和组合关系的条件之外，还有声调的条件：平声对仄声，仄声对平声。"风止"是平仄，"雨停"是仄平，所以能够相对。还不止此，"鸟鸣"也是名+动，也是仄平，却不能和"风起"相对，至少这不是个好对子，因为"风"与"鸟"，"起"与"鸣"是些不相关的概念。由此看来，属对实质上是相当全面、相当严格的句子训练，是学生由识字到作文中间必经的一环。所以清人崔学古把它叫作"通文理捷径"。如果认为传统语文教育中识了字就要练写文章，训练表达能力没有什么"序"，那是一种误会；认为古人不讲究语法、逻辑，也是一种误会。

4. 作文训练。封建社会很重视写文章。传统语文教育到了元明以后，作文训练就以训练做八股文为主了。这是历来受到批评最严厉的一点。总的说，八股文无疑是应当反对的东西。内容上，它是"假、大、空"的鼻祖；写法上，它是程式化的典型；在当时起的作用，对后世产生的影响，都很坏。不过，从训练方法上看，多多少少有没有一点可资借鉴之处呢？

从宋朝开始就有人把一篇文章分析为由几个部分组成的，叫作"起、承、转、合"，随后又有人分析成五个部分，叫作"冒、原、讲、证、结"。训练作文就让学生依着这个模式去练。练习一般是分步骤进行的，先练习写第一个部分，练熟了，再练习写第二个部分，然后第三、第四、第五，最后练习写全篇。

以后，从这四部分或五部分发展成为八股文。八股文是议论文。就议论文而言，总不外提出问题，论述问题，得出结论。八股文的模式，是否部分地反映了议论文结构上的这一特点呢？模式是某些方面规律性的一种概括，它是有用的。模式与程式化不同。把模式搞成僵死的东西，就成了程式化，那当然是要反对的。就写文章而言，我们通常说，"大体则有，定体则无。"这个"大体"就是一种模式。我们今天应当有能力取模式之长，废程式化之病，把这个"大体"比前人更科学地概括出来，用更合理的方法引导学生较快地入门，免除他们摸索之苦。

一整套语文教育的做法在我们这个辽阔的国土上通行上千年，其中总会有一些有价值的东西供我们批判地继承。比如，他们的一些方法适合汉语汉文的特点，而且有的方面的训练也注意了有序列地进行，并非如我们想的一概那么盲目。这些都给我们以启发。我自己就从对传统语文教育的初步研究中得益不少。（1978 年后，我提出的语文教育科学化的主张以及小学生借助汉语拼音从语言训练入手，把阅读、识字、写字稍有先后地分头进行，互不牵制的看法，就与对传统经验的探索不无渊源关系。）

《传统语文教育初探》那本小书出版后，出乎意料地受到欢迎。这表明，语文教学思想向传统探求经验的，大有人在。那次研究归结出的几条传统经验，集中识字这一条起了一定的实际作用。有的地方原已试行集中识字，我的研究成果发表后给予实验以历史根据。有的地方则是在我的书文发表后开始实行的，并且参照书里的介绍编出了新的《三字经》《四字文》《儿童学诗》等等几种教材。

三、传统语文教育的积弊

1978、1979 年之后，拨乱反正，各项工作逐步走上正轨。这时，在教育界，语文教学质量不高，成了一个非常突出的，全社会都很关心的问题。语文教学界的同志纷纷起而研究改进之道。语文教学为什么这么难办呢？其症结何在呢？为了寻求这个问题的答案，我重新想起了传统语文教育的悠久历史和巨大影响，使我第二次投入对传统作法的研究。这一次我对传统语文教育的研究，实质上是对它的再认识。

如果说，过去我对传统语文教育的研究比较注意总结其中的经验，那么，这一次则比较注意它对今天语文教学的消极影响。这样做也有一个思想文化的背景。这些年，我们从十年内乱中的许多问题上看见了封建主义的阴影，对封建主义有了一些新认识，真是"百足之虫，死而不僵"。语文教学中的封建主义遗迹同样不少。在这种对于历史传统进行再认识的情况下，从 1976 年以后，我逐渐多接触了一些国外的应用语言学和新的教学论一类的东西，使思路有所开扩。更重要的一点是，现代化建设成为我们的工作重点。我们的头脑无可避免地会随着这个大的形势来活动。简言之，在我们国家进行社会主义现代化建设的要求之下，语文教学的低效率问题必须解决。为此，必须对它的历史和现状进行再研究，再认识。

近年来，通过对传统语文教育的再认识，有些问题逐渐看得更清楚了。比如，传统语文教学的特点是整个教学为科举考试服务。几乎可以、这么说，就培养目标而论，它是封建社会官吏制度的附庸。它面向选吏，而不是面向社会实际需要。读经—写八股文—科考，这是它的基本路子。所谓"学成文武艺，货与帝王家"，就是这么回事。于是，在语文教学的具体作法上，千百年来一直是两大重点。首先是花很大的功夫去对付字，解决字的问题是第一大关。——识了字好去读古文，读经。其次是再花很大的功夫去对付文章，念文章，背文章，摹拟着前人写文章，最终练成熟练的写八股文的能力，这是第二大关。——学会了作八股好去应科考，作官。所谓语文教育，实际上就是对付这两个东西：字、文章（八股）。有一出京戏叫《二进官》，主要人物之一杨波有一句唱词很生动地描绘了封建教育的本色，他唱："十载寒窗，七篇文章，落一个兵部侍郎。"妙极了。60 年代初我写过一篇谈语文教学的文章，里边提出了"过三关"：字关，句关，篇章关。那篇文章先是登在报纸上，接着好些有关刊物纷纷转载，很产生了一些影响。说穿了，那正是受到传统影响的产物。

全力对付字和八股文的结果是什么？第一，完全脱离了实际语言——只管书面，不管口头，并且管的是与实际语言相距很远的文言。第二，完全脱离了实际应用——八股文是彻底没有用处的东西。

那么，今天，传统语文教育脱离实际语言，脱离社会需要的问题解决了没有呢？没有。

首先，忽视口语的问题一直存在。我们现在常常讲，语文能力包括听说读写四方面的能力，要培养学生这四种能力。而实际上，我们所重视的仍是"读写"，仍是书面语言。学校的教学是围绕着读写来进行，不少口号也都是围绕着"读写"而产生。自然，书面语言是区别文明人和野蛮人的标志，它在人类社会生活中的巨大作用毋庸赘言，重视它是应该的。但是假如重视到不适当的程度，以至完全忽视口头语言，那就不仅是失于片面了。忽视口头语言必然会回过头来削弱书面语言能力，其结果是两败俱伤，全面降低了语言能力。

自从两汉以后，书面语言与口头语言产生了距离，在教育中忽视口语的问题就存在了，而且越发展越严重。在长期的封建社会中，生产水平低下，交通不发达，社会经济的基本结构是自给自足的自然经济，社会交往、产品交换都不发达，所以，忽视口语训练的弊害还显示不出来。但是到了今天，大规模的机器生产改变了人们几千年来的生活方式，人们从事生产、交换、科学文化活动要协同行动，而且现代交通发达，交往频繁，通信技术高度发展，千万里之外可以通话，用说话来处理紧急的、重要的工作，口头语言在社会生活中越来越重要。过去，"口讷讷不能言"曾经被认为是一种美德；现在，这将成为适应现代生活的一种障碍。在当代我们要发展智能机器人，并且将不是用程序语言而是用自然语言发出指令。口头语言能力低下，将无法适应这种已经存在并将日益迅速发展的新形势。假如在这种社会需要之下，我们的语文教学仍然一味钻在读写的象牙之塔中，不去管口头语言的问题，这不能不说是传统语文教育留给今天的一种严重的弊病。

此外，由于社会生活的发展，我们的学生毕业后不仅不再需要写八股文，连写那些无目的、无对象的什么什么"论"，什么什么"记"之类的需要也不多了。他们应当会写实验报告、病历、调查报告、研究论文、总结、产品说明，等等，可是我们的作文教学并不注意教学生练习这些。曾经有一段时间，爱让学生写《霁》《路》《窗外》《晨》这类非诗非文，既够不上文学习作，又不切合实用的文章。近几年情况有所改变，但并没有从根本上解决问题。结果，社会上到处反映：中学毕业生连封信都写不成，医学院毕业生写不好病历，工科大学毕业生写不好实验报告，文科大学毕业生写不好公文，写不好调查报告。我们的作文教学不理会现实需要的情况还不严重吗？

例子还不止这些。可以看出，传统语文教育脱离社会需要的积弊直到今天还在影响着我们的语文教学。

可是，我们对此常常难以觉察。为什么？"不识庐山真面目，只缘身在此山中。"我们接受的是这份历史遗产，祖祖辈辈生活在这种习惯势力之中，于是习焉而不察。这是可以理解的。

其实，许多有识之士早就看到了这种痼疾，多次批评过这种弊病。比如，叶圣陶先生在这方面就发表了很多深刻的见解。值得深思的是，叶老在 40 年代提出的许多切中肯綮的批评，直到现在我们读起来还觉得切中时弊，很有针对性。这就说明，他在几十年前批评的东西今天依然存在，说明传统语文教育的积弊之深，势力的顽固，也说明了我们对付它的软弱无力或者还处在朦胧之中，认识不到。

以上可以说是我第二次研究传统语文教育的一些新认识。它是对前一次研究的重要补充。当然，我并不因这次的补充就全盘否定传统经验。经验还是经验。道理就无须多说了。

四、怎么办

现在，迅速革除上边说的那种积弊已经是刻不容缓了。我认为需要抓紧以下几点：

1. 开展对传统语文教育的深入研究，实事求是地、全面地评价其长短得失，并把理论工作者的研究和普及宣传工作结合起来，使广大语文教师像过去知道"举一应能反三""教学可以相长"那样，清楚地了解传统长在哪里，短在哪里。进行必要的语文教育理论的普及宣传。

2. 主管部门要发挥行政系统的力量，把理论研究的成果运用到教学大纲、教材系统中去。不要坐等理论十分成熟了，十分完善了才进行这一工作，不要以"不够成熟、没有把握"作为陈陈相因，不敢改革，不敢实验的理由。教育的周期长，教育进展落后于社会需要的现象更应注意尽早避免。时间拖不得。只要看准了，就办。要尽快组织各方面力量，构成一个专门的班子，考虑改革我们的教学大纲、教材体系，力求新的大纲、教材能反映现代科学的成果和社会生活的需要。

3. 光就语文教育论语文教育不行。教育既然是个社会现象，解决它的问题，就不能关起门来只在教育的圈子里进行。首先，要有相应的评价系统。比如，社会上的招聘、各级学校的考试、高考办法都要改革。要立足于考察学生实际的语文能力，有条件的地方要进行口试。——不要以为这个工作量大得惊人。高考制度改革后，这问题并不像想象的那么困难。这个评价系统非常重要。它会迅速改变人们的价值观。而价值观的改变是人们指导思想改变的标志。

五、方法论问题

现在回到传统语文教育研究这个问题上来。在研究的方法上，我以为，首先要有开阔的视野。不能把眼光死死地盯在被研究的事物本身上。要有些全局观点，或者说要把语文教学放在一定的社会背景中去考察，再或者，用个时髦点的说法，要有点"宏观"的眼光。评价传统语文教育的得失长短，光知道它本身的情况不够。要知道这种情况据以产生的社会政治、经济原因。同时，要了解我们当今的情况——当然不只是语文教育的情况，要了解当今社会生活的情况，了解它对语文教育提出了哪些新的要求。此外，还要了解国外语文教育发展的情况。比如，日本的语文教育就注意面向社会需要。他们的教学大纲对说话能力有明确的要求；他们向全国推荐的光村图书公司的语文教材以及其他出版社出版的教材中，都有写作教材，里面除了让学生学会观察、思考、总结自己想法的练习而外，还让学生练习各种实际需要的文体，如讨论记录、笔记、书信、日记、实验报告、调查报告、研究报告等等。知道些左邻右舍的情况很重要，它有助于考虑我们自己的问题。

此外，研究的方法要科学化。很遗憾，由于客观条件的限制，我自己的研究是偏于分析性的，没能做必要的科学实验，取得翔实可靠的事实论据和最富说服力的数据。这是一个很大的缺陷。今后，我愿和有志于此道的同志一起，在传统语文教育研究方法的科学化方面作出努力，以期进一步提高研究的水平。

（选自刘国正主编《我和语文教学》，人民教育出版社 1984 年版）

汉语文教学的过去、现在和未来

前　言

1. 这篇论文的意图在于回顾汉语文教学过去和现在一些主要作法的得失利弊，展望一下今后改革的趋向。

2. 这里所谓"过去"，指的是 20 世纪 20 年代五四运动之后，当时的国民政府公布《新学制课程标准》之后，直至 1949 年那段时间。"现在"指的是 1949 年中华人民共和国成立至今，但是"文化大革命"的十年内乱期间的不正常情况不考虑在内。

3. 对过去和现在汉语文教学情况的概述和评价，对今后前进中应当着重考虑的问题和应当重视的趋向，完全是本文作者个人的观点，不反映任何政府部门，任何学校，任何学术团体的意见。在那些地方，可能有人完全或者部分同意我的观点，也可能有人很不同意或者不完全同意我的观点。

4. 谈汉语文教学本来应当包括国内少数民族学习汉语文，也就是国内的双语教学问题，以及外国人学习汉语文，也就是把汉语文作为外国语文的教学问题。但是限于篇幅，本文不涉及这两个方面。

一、20 世纪 20 年代之后

1. 19 世纪末，清政府宣布废除科举考试，废除八股文，开办新式学堂。办新学堂，从学制到课程设置，以至各级各科教材，大都是从东西方几个国家引进的。只有"国文"（即汉语文课）教材无法从别的国家引进。因而这门课从内容到教学方法可以说是率由旧章，只不过形式上变一变，教材编成一本一本的，每个学期一本，每本里边分成若干课，如此而已。真正有所改革，是 20 世纪 20 年代以后的事。

2. 20 世纪 20 年代之后，进行了哪些改革。

（1）五四运动提倡白话文，提倡"国语"（即现在说的"普通话"，在台湾仍称"国语"，推行的成绩很好，香港不少人也习惯于称为国语），发起国语运动。经过了相当时间的努力，终于取得胜利，白话文合法化了；与此同时，教育界人士认为小学语文教科书应当以白话文为主，因为这才符合儿童的语言实际。此后，国民政府公布《新学制课程标准》，规定小学改称"国语"。（中学仍称"国文"，以文言文为主。）虽然当时的白话文也还只是比较接近实际口头语言的一种新的书面语言，但毕竟不是与实际口头语言完全脱节的文言了。虽然在全部普通教育阶段（小学至中学毕业）学生仍旧是以读文言文、写文言文为主，但是毕竟可以读一部分白话文，至少小学阶段可以写白话文了。打破以往从启蒙开始一直完全读文言，写文言的状况，这不能不说是一项重要的改革。

（2）1898 年马建忠发表了我国第一部系统的语法著作《马氏文通》，他的意图是作为教材使用，给传统的语文教学注入一点科学因素，以提高教学效率；但是他的尝试没有成功，就是几年后全面废除科举考试和八股文，开办新学堂之后，也没有把语法教学纳入国文课之内。直到 1924 年黎锦熙发表《新著国语文法》，陆续有了一些学校在国文课之内照黎氏著作多少讲一点语法。另外，与此先后，唐钺发表了《修辞格》，张弓发表了他的修辞学讲义，到 30 年代，陈望道发表了《修辞学发凡》，陆续有少数学校也教一点修辞学知识。还有，叶圣陶（当时用名叶绍钧）、夏丏尊等发表了《文章例话》《文心》等著作，讲作文的知识，有些学校也教一些。虽然并不普遍，教的也不多，大都不成系统，但是，毕竟打破了国文课内完全不教有关语文的科学知识那种局面。

（3）汉字注音是一个困难问题。传统的办法有两种，一是用甲字注乙字，一般叫作"直音"或"读若"。这种办法当然不准确。另一种稍后起的是"反切"，这种办法比较麻烦，有时候也并不准确。到了近代，逐渐有人设计各种不同系统的字母，但是都没能通行。20 世纪 20 年代之后，随着国语运动的进展，陆续产生了两种比较科学的注音办法，一种是"注音符号"，在一段时期内曾被广泛采用（目前中国台湾仍在使用），另一种是"国语罗马字"，没有通行。（但是在美国有一些教汉语文的一直在使用它。最近了解到，中国台湾"教育行政部门"公布了经过修订的国语罗马字——修订的主要点是不再用字母表示声调，而改用注音符号的那四种符号，也就是汉语拼音方案所用的四种符号标调，把它作为国语注音第二式，与第一式即注音符号同样合法使用。本文作者个人赞赏这个决定。）为教汉语文而采用一种新的注音工具，也应当看作一项很有意义的改革。

（4）从 19 世纪末叶开始，直到 20 世纪初、中叶，逐渐有些人把欧洲，后来加上美国的教育学、心理学的若干不同流派的学说引进我国，首先是通过翻译某些重要论著，然后在有的高等师范学校开设课程，还有少数学者进行了一些专题研究，其中有的与汉语文教学有直接关系，例如陈鹤琴研究幼儿教育，第一个作出了基本常用汉字的统计，艾伟研究识字心理学，等等。这些侧重理论的探讨研究，尽管所起的实质性作用并不大，但是对于传统的汉语文教学或多或少是有所冲击的。

3. 积弊未除。

传统的汉语文教学实行了若干世纪，积累了不少好的经验。作者曾经就此进行过一些探索、整理和研究，在 60 年代初写了一本小书《传统语文教育初探》。当时由于种种原因，对那些经验研究得不够深透，还计划作进一步的工作，对那本小书进行增订补充。传统经验是历史存在，不容否认，并且其中有些部分对于我们今天和今后的工作仍旧很有参考价值。

然而，毋庸讳言，实行了若干世纪的以封建主义为基础的汉语文教学，必然也会有不少弊端，正因为时间久，传统深，那些弊端逐步形成了相当固执的难于动摇的力量，甚至使人们习焉而不察，视为理所当然，于是代代相传，积累得越来越厚，成为一种"积弊"。

20 世纪 20 年代之后虽然有了如上所说的几项重要改革，对传统语文教学有所冲击，但是改革的时间不长，范围不广，冲击的力量不大。传统的积弊依然存在，并未消除，至少，改变是微乎其微的。

（1）传统的积弊，最突出的是只重书面，严重忽视语言实际。一个客观原因是，汉字是一种独特的文字系统，学习运用，尤其是在初学阶段，困难相当大，因而人们在语文教学中首先把注意力集中在识字、写字上，从而投入很大的力气去突破这个难关。社会的原因是，政府提倡熟读古代经典，并且以文取士。于是，全部语文教学的内容就是识字，写字，读古文，写古文。人们没有感觉到学习当代实际语言和训练口头语言能力有什么必要性；没有觉察到口头语言能力和书面语言能力之间有什么重要的联系；没有体会到有目的有计划的口头语言活动对于活跃学习生活，形成孩子们的性格，发展孩子们的智力有什么重要意义。其结果是，古文未必学通，因为它与实际的活的语言没有联系，从而也就与实际生活甚少联系，而运用实际语言，特别是口头上运用的能力很差，元明清几代的早期白话作品的语言大量不通，可以证明。

（2）另一项突出的积弊是严重忽视应用实际。教给学生读的是古圣先贤的经典和历史的名家名著，要求学生写的是模仿前人的用字造语、布局谋篇等并不切合当世当代实际应用的文章，以至写完全程式化的，没有实际内容的，毫无实用意义，只备参加科举考试用的八股文。其结果是，语文教学和生活、工作、科学技术研究完全脱节，或至少在极大程度上脱了节。

（3）再一项突出的积弊是严重忽视语文知识的教学。我国本来有历史很久的，很发达的文字、训诂之学和声韵之学，但是在语文教学之中并不教给学生这些知识，也极少运用这些知识去处理文字教学和文章教学；尤其是稍后起的已经比较接近近代语言科学的声韵之学更被视为一种艰深奥秘的东西，不教给学生（事实上多数教师也不懂），至多，只有习诗者知其然不知其所以然地了解一下韵部，知道某字属某部而已。

（4）还有一项也应归之为积弊的是相当严重的忽视文学教育。我国本来有历史久，内容十分丰富，数量很大的文学遗产（其中自然也有比较薄弱的方面）。但是在语文教学之中完全不予重视。诗，已经不属于语文教学的正当内容（只有在启蒙教育阶段，为了便于背诵，教儿童读很少量的短诗），习诗者大都是自学的或者另行单独拜师学习的，不是在语文教学中作为正常课业学来的。至于戏曲、小说则完全视为邪门歪道的东西，不仅不教，甚至禁止孩子们阅读。属于教学内容的名家名篇中有不少是文艺散文性质的，然而并不把这些作为文学作品来教，而是作为文章范例，供背诵模仿之用。

4. 20 世纪 20 年代之后，上述各项传统积弊不能说丝毫未受触动，然而由于传统力量强大，触动很小。识字加作文章就是语文教学，这个观念牢固地植根于人们的思想中和语文教学的实践之中。

二、1949 年以来

1. 1949 年，中华人民共和国成立，至今即将满 35 年，其中 1966 至 1976 经历了一场十年内乱，除去这十年，只有 25 年是正常工作时间，而这当中，1966 年之前也已有某些失误，1976 年之后不免有一段恢复时间，所以完全正常工作的时间实际上是很有限的。在这很有限的时间里，汉语文教学有了相当可观的发展和改革，尤其是进行了一些很有意义的探索、研究和实验，并且目前正在更加积极地进行中。

2. 1949 年以来，汉语文教学有过哪些进展、变革和实验。

（1）学校里汉语文学科的名称问题，看起来不是什么大事，却也在相当程度上反映人们对这门学科的观点和认识。前边说过，最初称"国文"；以后小学称"国语"，中学称"国文"。1949 年之后，小学、中学一律都称"语文"，"语文"的"文"指什么，人们有不同的理解，但"语"是"语言"，这一点，大家的理解是完全一致的，并且是没有人不赞成的。这就意味着，在全部普通教育阶段都应当进行语言教育，这个观点已经被人们普遍接受了。在那么悠久的以文为主的传统语文教学之后，经历了几十年的往复激荡，终于建立起来语言教育这个观念，这是十分值得重视的。尽管在作法上还有不少问题（下文将会谈到），单说建立起这个认识的本身，已足可以认为是一件有划时代意义的事情。

（2）1949 年之前，中学仍以读文言为主；在绝大多数学校，作文必须写文言；中学以上所有的考试，作文必须用文言。1949 年之后，中学虽然还读一些文言，但是退居次要地位了；作文，都用白话，不要求写文言了；中学以上的所有考试，作文也不要求写文言了。（在社会上，政府公文，报纸期刊，文件文献，科学论著，统统使用白话，不用文言了。）这个变化的意义，也是十分值得重视的。

（3）50 年代中期，经过学术界和社会各界反复研究、讨论，最后由政府公布了简化汉字方案，汉语拼音方案，并且决定了在全国范围内推广普通话。这些决定立即实施，在短短的三十几年时间内收到了很好的效果，语文教学不仅实施了这些决定，并且成为推广实施这些决定的首要阵地，起了很好的作用。

（4）也是在 50 年代中期，进行了一次变革相当大的实验：把中学的语文科分为文学和汉语两科，分别编出文学和汉语两套教科书，初中文学教科书以中国近代现代文学为主，加入少量外国文学作品的现代汉语译文，按照文学体裁编排；高中前两年是中国文学，按照文学史的顺序由古至今编排，第三年是外国文学。汉语课只在初中开设，教科书按照语音、文字、词汇、语法、修辞的知识系统编排。1954 年作出决定，随即着手准备，1955 年在少数学校试教，1956 年在全国所有中学推行。但是实验进行了不到两年就废止了，停用了两种教科书，恢复了语文课，重新编写了初中和高中的语文教科书。由于实验是半途而废，一直总结不出那次实验的得失利弊。但是，毕竟实验是以失败的面目而告终的，因而产生了两种十分明显的副作用。一是比以前更加不谈文学教育了，一是比以前更加不谈系统的语言知识教育了。这种情况一直持续到现在。近两年来，作者个人逐渐认识到那次实验真正的缺失所在。

（5）60 年代初，有几处学校参考传统教学的经验，试行在小学前两年进行集中识字教学，取得很好的成效。其中比较突出的是辽宁省黑山县的北关小学和北京的景山学校。他们都能够在小学一、二年级，不影响其他功课的正常进行，不加重孩子们的学习负担，使孩子们学会2500 个以上的字，为小学后期开展大量阅读和作文训练打好基础。他们的这种实验，和本文作者当时探索传统经验，提倡集中识字有关，尤其是景山学校，曾为此聘请作者担任该校顾问。他们这两所学校至今仍在实行集中识字的作法，另外还有些学校也在实行近似的作法，当然，并不是所有学校，所有研究这个问题的教师和学者都赞同集中识字教学法，有的并且很不赞成。

（6）从 1982 年开始，东北黑龙江省在三个县市的共六所小学中（每所小学用两个班）进行一种称为"注音识字，提前读写"的实验。试行两年的成绩表明，效果是良好的，小学二年级的孩子们的阅读量大大超过了非实验班的同龄学生，作文的能力也远远超过了他们。有些报纸期刊报道了他们实验的情况和取得的成绩。现在，上海、广州等地已经有学校开始参照他们的经验进行实验或者准备进行实验。这种实验的特点在于充分利用汉语拼音来推动识字和读写，以提高效率，加快进度。这是"注音识字，提前读写"与"集中识字"两种实验的主要区别。本文作者和这种实验也有关系，是以吕叔湘先生为首的实验小组的成员之一。

（7）1979 年以来，随着各项事业的发展，在汉语文教学领域，研究实验之风大盛，有关的学术团体纷纷建立，前不久还设立了专门机构"课程教材研究所"，工作范围当然包括对汉语文教学的研究。探索、研究、实验，涉及汉语文教学的各方面，尤其是阅读教学和作文教学，研究成果更多。口头语言训练开始受到部分教师的重视。有些人在探讨如何把教学论几种新的流派的理论有选择地运用于汉语文教学。如何分担开发学生智力的任务也被很多语文教师纳入自己探索研究的范围之内，汉语文教学正在朝着提高效率的现代化、科学化的方向前进。

3. 传统教学积弊的影响尚在，有待进一步研究改革之道。对于语文教学，人们还是习惯地把更大的注意力放在字和文章两件事情上。不是说字和文章不需要重视，绝对不是。重视读和写的能力的培养是完全必要的。文化、科学、技术的发展使得出版物不是越来越少，而是越来越多，多到使人目不暇接，必须具备更科学更快捷的阅读能力才能应付。自然语言永远不能取代书面语言。每个受过教育的人都必须会写。

无论通讯技术和信息技术多么发达，也很难想象人类可以回到没有文字，没有书籍文献的原始生活中去。然而让字和文章过多地减弱了对语言实际和应用实际的重视是不可取的。现代通讯技术以至信息技术的迅速发展，对于人们运用自然语言的能力的要求越来越高，"讷讷不能言"已经决不再是应当提倡的美德，而是急需克服的缺陷了。现代技术使得人们可以用自然语言迅速地处理工作，用自然语言指挥机器。会说，会说得好，越来越成为生活、工作、生产发展的必要条件。这一点，在传统积弊很深的汉语文教学界是很难被理解、重视得足够的，或者虽然理解了，重视了，然而在教学实践中是很难作得足够的。为作文而作文，为考试而学作文，不是为实际应用而学作文，这个传统积弊的影响很大。本文作者从几个地方的二十几所中学收集了近年来教师出的几千个作文题目，绝大多数是介乎诗文之间的抒情散文性的，很少数是没有实际目的的议论性的，绝少切合生活工作实际需要的说明性的。就连试行文学、汉语分科教学的那个短时期（作者是参与其事的，是汉语教科书的主编者），今天回顾一下，作者认为那次实验的真正缺点也在于忽视了语言实际和应用实际。识字，读文章，作文章，这就是语文教学，这一点不能说毫无改变，然而改变确实仍旧不大。90 高龄的作家叶圣陶先生从 20 年代起就从事国文课程标准的制定，从事国文、国语、语文教科书的编审，近年曾慨叹地说："60 年来的语文教学没有什么改变。"他是语文教学的老前辈，在这条路上走过了 60 个年头，他是最有发言权的，他的慨叹发人深思——促使人们去认真地深入钻研，寻找出语文教学历经多年多种变化而效果至今不能令人满意的症结所在，进而寻求改革前进的道路。

三、今后改革的趋向

1. 要进行改革，应当先弄清楚有哪几个必须解决而一直没有解决或者解决得不够好的重要问题。

（1）首先是汉字问题。汉字这种文字系统和汉语这种语言的特点是相适应的；在历史上，汉字有过很大的功绩；在应用上，它有许多优越性。然而，对于五或六或七周岁初入小学的儿童来说，是他们急于要求开展阅读的拦路虎。他们已经从生活中学会了丰富的语言，他们的智力发展已经到了相当的水平，他们已经有了强烈的求知的愿望和兴趣，他们也迫切需要接受更有条理的语言训练，然而汉字这种文字系统在认识500个之前只能读简单的句子，至少要1000个才能读内容极简单的，落后于他们的语言、智力和求知兴趣很远的小文，必须有2000多个才能大体和他们的需要逐步适应起来。照一般常规进行，学会2000个字需要相当艰巨的努力和相当长的时间。在这段时间里，字不够用简直成了他们成长提高的障碍以至成了对他们的压抑。汉字有用，今后还要用下去，所以必须学，并且必须学好，可是在开始阶段却对于儿童如此不利。这是一个极大的矛盾。古人摸索出一套集中识字的办法是为了解决这个矛盾；黑山北关小学、景山学校实行经过改造的集中识字，乃至最新的黑龙江的"注音识字"，也都是为了解决这个矛盾。矛盾是否已经很好地解决了呢？汉语文教学究竟是如千百年的传统那样从字出发呢，还是应当从语言出发？有没有办法使初入学的儿童从字那个紧箍咒中解脱出来而最终又能把汉字学好呢？（现在，字学得不好，真正学会的不多，写得很差。）这是一个有待研究的根本性的问题。

（2）文言，是又一个我国特有的问题。文言文负载着我们丰富的文化遗产，丢弃不得。像许多珍贵的文物一样，文言必须保护好，不容许抛弃。然而它和现在的实际语言已经离得那么远；它很难学；它不能解决我们的孩子们今天和今后所需要的语文能力的问题。由于文言这个障碍，我们的年轻人对祖国的文化遗产知道得越来越少了。难道能让他们花费更多的时间去学更多的文言吗？不，又怎么办呢？这是又一个有待认真研究解决的困难问题。

（3）口头语言能力（听和说），书面语言能力（读和写），都需要，都重要，训练起来各有各的困难处，它们相互为用，相互促进，没有孰难孰易，孰轻孰重的问题，更没有谁可以取代谁的问题。怎样把二者的关系处理得恰到好处呢？如果说，前两个问题是汉语文教学所特有的，那么，这个问题应当说是各种语文教学所共有的。但是，也正由于有了前两个问题，这个问题在与别种语文教学的共性之中也有了它一定的特殊性。

（4）知识，能力，应用，是汉语文教学中一直没有解决好的一项重大问题。人们不能对于日夕不可离的，并且在工作和生产中越来越重要的语言继续处于朦胧混沌的状态之中了。应当对它有科学的认识，具备必要的科学知识，然而语文是一种能力，不应当为知识而知识，要学以致用。语文的应用范围是非常广泛的。现在，且不说中学毕业，就是大学毕业，作财贸工作的写不好商品说明，作医务工作的写不好病历，作行政工作的写不好公文的，比比皆是。可是 360 行，行行有他们实际应用的东西，语文教学显然不可能样样都教到。那么，如何找出有助于实际应用的共性的东西作为语文教学的基本内容，就成了语文教学必须研究的一个重要课题。语法修辞等等知识的教学，说话作文等等训练，应当把帮助学生学好规范化的语言，能够用最经济的语言传递最大的信息量，取得最大的表达效能作为自己必须完成的一项重要任务。同前一个问题一样，原则上说，这是汉语文教学和别种语文教学共同的，然而汉语文有汉语文的特点，共性之中又有它的特性。

（5）这里又不得不说到文学。文学教育是一种精神教育，思想教育，美学教育。同时它又是一种非常有利于智力开发的教育。学文学有助于发展联想能力，想象能力，创造性的思维能力。文学和科学绝非没有关系的。作者很同意这句名言："很难说牛顿和莎士比亚谁需要的想象力更多一点。"在普通教育阶段，文学教育是绝对不应忽视的。不需要每个受过普通教育的人都成为文学作家，然而非常需要每个受过教育的人都具备一定的文学素养——文学的理解力，欣赏力，鉴别力以及联想力和想象力。鉴于我国的历史特别长，文学遗产特别多，鉴于我国的文学遗产中有大量的文言作品，又鉴于我国历史上从来是把文学和非文学并合在一门学科里进行教学这个传统（除了那不成功的文学和汉语分科教学的两年实验期之外），从而也就把文言和白话杂糅在一起进行教学，带来了一些明显的困难和不可避免的副作用，那么，今后的汉语文教学应当怎样处理这个问题，也是需要认真研究解决的一个并不简单的课题。

2. 作者认为，今后汉语文教学改革的趋向，主要是在研究解决上述那些问题的基础上形成一整套从小学到中学到高等学校，特别是高等师范学校的课程和教材的合理方案。方案可以有一套，也可以有几套，但是必须成为整套的，不能只管一点或者一段，必须能解决上述那一串问题，不能只解决其中某一个问题。

本文作者构拟了一套方案。由于还不是很成熟很细致的，也由于本文篇幅所限，这里只把这个总的趋向的设想提出来，至于方案本身，留待适当时机另文专论。

（1984 年 8 月，香港中文大学召开"应用语言学研讨会"，这是作者提交给会议的论文）

《传统语文教育教材论》导言

一、为什么要研究传统语文教育和教材

在基础教育阶段，语文教育是最基本的，或者说，是教育的第一个层次。儿童、少年只有先学了语文，才能进一步学习自然的、社会的各种常识；再进一步，学习各种或某种专科知识和技能；更进一步，研究探求高深的知识、理论和技能。

现在，基础教育阶段的语文教育还不够理想，有作得比较好的或者很好的，但是比例不大，也有作得相当差的。这种情况，对于以后各层次的教育很不利。总的说，对现代化建设是不利的。因此，应当给予足够的重视。不少教师重视了，做了不少研究工作和各种实验。然而，苦于成效不十分显著，或者在某一处或某一点上有些成效但未能推广。今天，在已经或即将进入信息社会的时代，语文教育本身就肩负着很重的责任，它已经不仅仅是为别的学科、为接受更高的教育服务的了。

语文教育的效果不理想，症结何在呢？

因素自然是多方面的。单从学术研究这个角度来说，有一个非常重要之点，即，没有足够地重视传统，正确地对待传统。

我国有文字记载的历史有四千多年，其中大部分是封建社会，直到1911 年辛亥革命，中间没有大的间断。即使 1911 年之后，封建主义在不少方面仍然延续着。它钻进了社会的每个阶层，每个角落，教育领域自不例外。时间久，方面广，深入，逐渐形成了传统。既成传统，力量就强大顽固，使人很难跳得出来，以至习焉不察，身在其中而不自知。一种文明或文化，生命力如此强，存在这么久，其中必然有异常优秀的、超时间局限的东西，但它毕竟是封建社会的产物，无可避免地也有大量封建主义糟粕。鱼龙混杂，泥沙俱下。精华与糟粕，并不是泾渭分明，整整齐齐分成两大块，互不相谋，各走各的路，成双行齐步走过来的；而是"你中有我，我中有你"，忽而此前，忽而彼后，犬牙交错，错综复杂，像泥石流那样滚落流动下来的。教育自同此理。任何事物都不是突然之间从天上掉下来的，各有它的来踪去迹。连前人都知道，"观今宜鉴古，无古不成今"。前边说，基础教育阶段的语文教学有作得比较好或者很好的，其中不无传统经验在起作用；有作得相当差的，其中更不免有传统糟粕方面的影响。然而，除去少数专门研究传统的人之外，大都是不自觉的，至于是否还有遗珠没有受到注意，是否有把精华误认为糟粕，一股脑儿抛弃，误把糟粕（或者不触动实质，只改头换面一下）当成精华而抱住不放，诸种情况，都还说不十分清楚。因此，客观冷静的，科学的，认真研究研究传统，十分必要。首先是，只有这样才能真正作到取其精华，弃其糟粕，真正作到继承优秀的文化遗产，对今天和今后以至对世界文化的发展作出贡献。同时，只有对自己的家底有了数，才谈得上参考借鉴别人的理论和实际经验，为我所用，不至于从外引进我们自己本来就有的东西。或者反之，夜郎自大，闭关锁国，以为"万物皆备于我"，不理会别人有比我们先进的东西。

二、为什么要从研究历代的语文教材入手

根据古代历史的记载，从春秋战国时代起，各诸侯国互相交往，派

出的"外交"人员都那么能言善辩。从西周时代起，历朝历代，出现了那么多优秀的文学、历史、哲学、政治、经济，以至自然科学、应用科学著作。从这些事实似乎可以推断，古人有一套或几套行之有效的语文教育的办法。可惜，只有东鳞西爪的叙述，缺少详备的记载。所以流传下来的教材就显得特别宝贵。

说实在话，研究历史上的语文教育，求之于教材往往比求之于史传记载的章程、条例更可靠可信一些。教材是实际使用的，而其余则往往是作出来的文章，说得头头是道，但与实际不见得相符，回顾清末的《奏定学堂章程》以及随后相继而起的"课程纲要""课程标准"之类，就都说得言之成理，但实际的教育教学与之出入很大，大多是各学校各教师各行其是。

古今中外，语文教材对社会的发展变化最为敏感。它反映产生它的社会背景，包括文化传统、风土习俗等等，反映当时社会主导的思想意识，以及教育观点、教育政策，可以说语文教材是语文教育、思想教育、知识教育的综合性教育读物。语文教材充分体现本国母语的特点，使得思想教育、知识教育以及语文教育便于为儿童、少年所接受。语文教材又受母语特点的制约，如果使用教材得法，语文教材又会起到规范语言，纯化语言，促进语言发展的作用。所以研究教材的意义很大，收获会是多方面的。本书可以说是以研究教材为主要线索编写的，正是为此。

但是，教材并不易收集。小孩子念的书，念完就破烂不堪了，或者当作废纸处理了，极少人注意收集保藏，书商也不屑于买卖这种不值钱的书。作者为此花了很不小的力气，花了很多时间。如果说本书有什么特点，有点什么贡献的话，资料收集得多些是很重要的一条，居然还编成了一份《蒙学书目》。虽然它不可能是十分齐备、完善的。

三、社会背景和语言文字

社会背景、语言文字是对语文教育和教材起制约作用的两个重要方面，前边已谈到。这里作一些补充。在整个封建社会及其延续期间，起主导作用的始终是以孔子为代表的儒家思想，当中有过一段"百家争鸣"，但到西汉就"罢黜百家，独尊儒术"了。所谓儒家思想包括孔子学派和源出孔子的思孟学派，以及发展到宋代演变出的程朱性理之学，再发展演变出（特别到明代以下）的道学。那已经步入封建社会的没落阶段了。儒家思想之外，又加入了佛家思想。东汉时期印度的佛教传入我国，到魏晋南北朝而大普及。后经唐初抵制了一下，并没能把它压下去。至少，作为一种思想，长期存在着，并且也分了不少流派。此后，佛学和儒学逐步靠拢，互为表里，相互为用。原始的儒学，后起的理学、道学，外加上佛学，这几种思想在传统语文教材中都有充分的反映，我们研究传统语文教材接触到的主要也就是这几种思想。社会上自然还有些别的思潮，例如打着道家老子的招牌而产生的道教及其各种流派等等，在传统语文教材中也有反映。清末维新运动之后，出现过一些用传统形式传播"新学"以至基督教思想的教材，但为时短暂，书也不多，在社会上没起多大作用。总的情况如此，所以除非很有必要，这些就不多去重复了。

关于语言、文字要略多补充几句。汉语是一种"非形态语言"，就是说，语言成分由小向大组合的时候，没有繁难的形态变化的那种制约，只要意义上合得拢，符合习惯，就能组合，非常灵便自如。基本的语言成分——词，大都是单音节的和双音节的，多音节的极少。汉字是一种独特的文字体系。每个字表示一个带声调的音节（不是一个音素），有一定的形体，表示一定的（一个或多个）意义。汉字的形体有很大的特点。古人说汉字有六种造字方法，实际上从秦始皇统一文字之后，所谓"形声"字逐渐成为汉字的主体。所谓"形声"，就是说，这个字由两部分构成，一部分是"形旁"，表义，一部分是"声旁"，表音。表音问题不去说它。这里只说说形旁表义。秦始皇"书同文"，在篆书的基础上形成了隶书，基本上没有象形的味道了。所谓"形"旁，并不象形，它表示的不是这个字的确切含义，而是提示一个意念范围，引起人们联想以至想象。可以说，它已经成为一个很有用的"符号"。"氵"这个符号，提示这个字的意义是液体范围的："油，酒"，"汗，泪，涕"，乃至自然界里容纳水的东西，"江，河，湖，海"。这个作用非常大，几乎使每个常用字都成为多义的。甲字同乙字合用是一个意思，同丙字合用是另一个意思，同丁字合用又是一个意思。如："柴米油盐""油腔滑调""油头滑脑""添油加醋""春雨贵如油""焚膏油以继晷"等等。由于前两个特点，汉语的基本语言成分——词在语言里已经很够活跃了，再有这么一种文字，在书面上，如虎添翼，达到了千变万化，用法无穷的境地。这三个特点合起来，产生了这样三个后果：容易造成整齐的句子，可以通篇是三字句，或四字句，或五字句；容易构成对偶；容易押韵。且不说这些后果在文学创作中的作用，单就编写基础教育阶段的语文教材而论，是非常有利的。

我们将会发现，本书引用的传统语文材料，大都充分运用了汉语汉字的这些特点，对它们的作用，本书都将在适当的地方再加申论。

至于汉字在初学阶段有困难，与急需进行的阅读教学之间有矛盾，古人也想出了对付的办法，本书后边也将详加评述。

四、对传统语文教育的理解要更全面一点

以往，由于我们集中注意到封建社会晚期科举考试、八股文为害之大，对后世不良影响之深，曾经对传统的语文教育有一种误解，认为，传统的语文教育就是先在官学或者根据官家要求所办的学塾里教学"三

百千",接下去教学儒家经典,非常狭窄贫乏,目的就在于应科考,考中了去作官,既不提倡博学多闻,也不注意语文知识。当然,封建社会的教育,必然是为封建统治服务的,这一点毫无疑问,然而封建社会也不乏有识之士,他们早就提倡广泛读书,接触社会,获取多方面的知识、技能,也注意到要教给学童一点必要的语文知识。"读书破万卷,下笔如有神","读万卷书,行万里路",如果单是正统的儒家经典,哪有"万卷"?"万"极言其多,反正,决不仅仅是四书、五经、九经、十三经。不单单提倡坐在屋里读书,还提倡走出书斋去"行万里路"以增广见闻,接触了解社会。如果只是死读"圣贤书",怎么可能产生那么多杰出的文学家,思想家,科学家,产生琳琅满目的文学著作和各类优秀史籍?怎么可能产生蔡伦、张仲景、毕昇、祖冲之、宋应星、李时珍等等那么多作出杰出贡献的科学家?从封建社会的基础教育阶段就有一路和"三百千""八股文"走着另一条道的思潮和实践。研究传统语文教育不应忽视这一类的思潮和实践经验。这样,我们对传统语文教育的理解会更全面一点。总之,蒙学、蒙书是祖国文化遗产的一个重要组成部分,以往对此研究很不够,并且往往有所偏。或者认为它一切都好,或者认为它一无是处。这项研究课题,应当赶紧补作。

五、几点说明——本书与 1962 年《传统语文教育初探》的关系

1. 1962 年,这本书的前身在上海教育出版社出版,1964 年重印一次,1979 年再印过一次,书名叫作《传统语文教育初探》(附蒙学书目稿)。现在这一本并不是 1962—1979 年本的一般的重版本,只在文字方面小作修订,而是改动幅度相当大的一个新版本。

2. 根据前边说的,研究传统语文教育主要要从研究教材入手,本书的内容也是以教材为线索编排的,所以干脆把"教材"在书名上就标识出来,名实更相符一些。既然侧重教材,则教材的书影宜于相应增

多。(《初探》出版后，书影格外受到欢迎。）经过"文革"的内乱，传统蒙书被当作"坏书"扫荡了一通后，幸存者无几，现在更难得到了。因此就作者个人所保藏的，友好赠送的和借到的，有选择地补充了一些，并且把书影也作为一项重要内容在书名副标题中和"蒙学书目"并列标识出来，既符合书的内容的实际，也表明了我们展示出这部分遗产的意图。八股文是传统中属于糟粕的部分，既是客观存在，对后世影响又很深，我们也不加隐讳地选印了少量的书影示众。

3. 作者为考察传统语文教育和教材，花了相当多的时间，进行了两轮考察工作（见所附的论文），这次大修订，也可以算作半轮吧。1962 年本叫作《初探》，现在总算已经再探、三探了，因此，把"初探"二字去掉了。限于个人知见不广，探求水平不高，大概只能探到这样的程度，再求深入，要看个人精力是否许可，更有待于同道和有志于此的年轻一代共同努力。去掉"初探"这两个字，作为标题显得有点光秃秃的，添个什么呢？还是照实际说话为好。就书的实际内容看，这次修订，"论"的部分增多了一些，"述"的部分把不重要的删汰了一些，于是索性就叫"论"吧。尽管就"论"而论，浅了些。求"深"是无止境的，也有各种不同的"深"法，听之而已。"蒙学书目"去掉"稿"字，因为不论有没有这个字，它总归是个稿，到任何时候也不敢说"收全了，编好了，再没有遗漏和失误了"。这个新版本的书名大致是经过上述一些考虑产生的。——以上可以叫作解题，也许可以算作对写作这本书的意图、设想的说明介绍。

4. 前边说"改动幅度相当大"，有哪些改动呢？增加书影，前边说过，大概增加到 60 幅左右。此外，第一，内容的编排也作了一些调整。"述"的部分可精简的地方删汰一些，适当增多点"论"，使肯定或否定的态度明朗一些。在"论"之中，把作者个人现在认为以前的说法不妥当的地方改一改，没说到的地方补充补充——其中也包括吸取别人的意见。这里特别要提到我的老领导、已故的辛安亭先生。他是位老教育家,对于传统语文教育既有兴趣,更注意研究,1962 年本出版后,他从头至尾看了一遍,提出好些条具体而中肯的意见和建议,涉及教材的分类和对某几种教材的评价。这次改动,我把他的意见基本上都吸收进来了。还有已故的魏建功先生,他指出了两点:(1)传统语文教育非常重视词的教学(实即文字训诂之学),这一点没说清楚。(2)遗漏了《碎金》,居然全未提起。这两点这次也作了补充。再就是老朋友吴晓铃兄,他也是全本看了一遍,随看随手作了许多批注。这次修改时吸收了不少。最有意思的是,他把他批注的那本交给我,我把批注过录下来之后还给他,他盖上他的藏书印收藏起来。在我这里,封面上写着"录晓铃兄批注"的是作者自藏的 1962—1979 年版唯一的一本了。除这三位之外,还收到相熟的,如任铭善先生,和未曾谋面的一些朋友的来信。他们对此书有兴趣,看过之后除奖誉外也提供了不少很好的意见。第二,《蒙学书目》作了调整和补充,成为独立的一部分,不再作为附录。第三,附录了作者的两篇论文。从其中一篇可以看出作者考察传统语文教育的过程。还有一篇考证《新编对相四言》的文章,可以看出考察传统语文教材这项工作的甘苦。文后还补记了发表后的几件重要的事情。

总的说,改动是大的,不过在许多地方也尽可能保留了 1962 年本的原貌以存真。

5. 1962 年本有一篇《序》,从"蒙学"说起。这篇《序》的有些部分似有可参考处,摘要并略加修改,引在这里:……(见前文,略)

以上是从先秦到清末的蒙学语文教育发展的大致情况。本书也就按照上述的发展过程结合教育内容的分类,一类一类地介绍。如前边说的,既"述"源流,在若干地方也作一些粗浅的分析和评论。

专就传统的语文教育而论,可以说早已形成了相当完整的一套步骤和方法。大体说来,从开始识字到完成基本的读写训练,这整个的语文教育过程是由三个阶段构成的。开头是启蒙阶段，以识字教育为中心；其次是进行读写的基础训练；第三是进一步的阅读训练和作文训练。

以识字教育为中心的启蒙阶段，有的又分作两个步骤。第一步是集中识字。第二步是把识字教育和初步的知识教育以及封建思想的教育结合起来，巩固已识的字，继续学习新字，开始熟习文言的语言特点，同时学到一些必要的常识，为第二阶段进行读写训练打下基础。这样，全部语文教育也可以说包含从集中识字开始的四个步骤。

古代的教学制度不是很明确的，语文教育的每个步骤，用的时间可长可短，各个步骤也可能是互相交错，而不是逐一衔接。前边所说的，是根据目前所掌握的资料概括出来的一般的情况，前人并没有明白地这么说过，各个时期、各个地方的实际作法，也很可能跟这里所概括的有出入。不过，根据种种可用的资料看来，这样一个粗线条的描写是大体能够反映出传统语文教育的基本面貌的。

（本文是张志公先生为所著《传统语文教育教材论——暨蒙学书目和书影》写的导言，该书 1992 年 12 月由上海教育出版社出版）

第四辑

外语教育及其他

新编中学外语课本
所体现的教学目的和具体要求

新编中学外语（俄语和英语）课本是根据中学外语课的教学目的编写的，即：使学生初步掌握一种外国语，具有初步阅读外语书籍的能力。

这里谈一谈我们对所规定的这个教学目的是怎样理解的。

一

一个高中毕业生，无论升学或者就业，具有初步阅读外语书籍的能力都是必要的。

升入高等学校的学生，需要懂得一点外语，以便参考与所学专业有关的外语书籍；高等学校还需要培养一些从事各项有关国际交往工作的外语人才。这些，都是大家所了解的。既然升入高等学校的学生有掌握外语，阅读外语书籍的需要，那就应当在中学阶段培养他们初步具有这种能力。因为学习外国语，越早越容易，越晚越困难，而且升入高等学校之后，专业课程的负担很重，不能花费很多的时间精力去补学外国语。如果升入高等学校的学生外语基础太差，非补学几年不能管用，甚至补学几年仍旧不管用，那对于我们高等教育的发展，对于科学技术的发展，从而也就是对于社会主义建设事业的发展，将是十分不利的。

当然，中学毕业生并不都升学。但是，究竟谁升学，谁不升学，在进入中学的时候是无从断定的，也就是说，个个中学生都有升入高等学校的可能性。那么，所有的中学生也就都应当学到升学所应具备的外语能力。

中学毕业，不再升学而去参加工作的青年，同样需要初步掌握外国语这个工具。学了一种外国语，有助于开阔眼界，扩大知识领域。随着我们与世界各国人民的交往日益广泛，随着科学技术的不断发展，各方面的工作人员，不论他是中学毕业还是大学毕业，今后在工作中都将有或多或少的接触和运用外语的机会。中学毕业就参加工作的青年，以后还会通过函授，业余学习等种种途径去接受高等教育，那就更得运用外语。所以，对不升学的青年来说，学会一种外国语总是有用的，绝不是什么浪费。考虑中学外语教学问题，不仅要从目前的需要着眼，更应当从长远的需要着眼。而且，外语这种东西，既学就得学到初步管用。能够初步看看外语书籍，所学的外语知识和技能才可以巩固下来。如果中学毕业的时候，外语知识还全不管用，连看看浅近的外语书籍的能力都没有，毕业之后略微荒疏两年就会丢掉，当初学习时所花的时间精力，倒真的成为浪费了。

总上所述，要求中学外语教学达到培养学生初步掌握一种外国语，能够初步阅读外语书籍的目的，我们认为是必要的，对所有中学生都是适当的。

达到这样的目的，是否可能？要求是否太高了？

我们理解，所谓初步阅读外语书籍，这不是一个很高的要求。"初步"大致包含着这么两点意思：第一，这里所说的外语书籍，是指一般的，比较浅易的，无论就内容或者语言说，都不深奥的书籍。第二，只是说大致能读得下去，还不是流畅无阻地阅读，还要借助字典，甚至还要查考语法书，等等。

我国的和外国的经验都证明，达到这样一个要求是完全可能的。如果教的人和学的人认识明确，积极努力，方法得当，用上五六年的时间，只会超过这个目标，收到更高的成效。有些外国青年，只花四五年时间学习汉语，就大致能够阅读《人民日报》，阅读我国当代的一般书籍，而我们的汉语、汉文，并不是比别的国家的语言文字更容易掌握的。

二

中学外语教学要使学生具有初步阅读外语书籍的能力，这里边包含着口头运用（听、说）和书面运用（读，写）的各项具体要求。不能认为只是要培养阅读能力，而不在其他方面提出并且保证达到应有的要求。外语教学当然不能培养一些只会听听、说说，而读不成书的人；然而也不能培养一些只会读书，开不得口，动不得笔的人。那样的外语教学是畸形的，不健全的，效率很低的，培养出来的人才也是不符合需要的。

那么为什么教学目的首先提出阅读方面的目标，然后再提其他方面的具体要求呢？我们是这样理解的：

第一，我国大部分中学生学习外国语的最直接的目的是阅读外语书籍；中学毕业生的绝大部分都会有阅读外语书籍的需要，而在口头上和笔下运用外国语的机会比较少。首先把培养阅读能力的目标明确地、具体地提出来，符合这个实际情况。

其次，提出培养阅读能力的目标，可以作为达到的程度的一个标志。具有某种程度的阅读能力，意味着在其他方面也具有大致相当的一些能力。本来，无论说的能力，读的能力，写的能力，都反映一个人掌握所学语言的程度。不过，就表现出来的实际运用能力来说，口头和书面表达的熟练与否，更多地依靠语言环境。所以，在母语环境中用普通的方法学习几年外国语，就一般情形而论，说和写的熟练程度往往低于阅读。我国大多数中学生，平日在学校外语课的课内课外活动之外，接触外语，听听、说说、写写的机会很少，情形更是这样。因而用说或者写的能力作为程度的标志，不如用阅读能力作为标志更能反映所应达到和能够达到的实际的语言水平。

总之，具体地提出培养阅读能力的目标，是作为一个标志，表明中学外语教学所应达到的程度，并非说这是外语教学的唯一要求。

我国有句古话，说学习语文必须"口到，眼到，手到，心到"。学习外国语也是这样。听、说、读、写几方面的训练是不可分的，相辅相成、互相促进的，因而是不可偏废的。必须多读，熟读，从读之中不断地扩大词汇，不断地巩固和加深语法的知识技能，说和写的能力才能得到更好的发展；必须发音准确，能够流利地朗读，能够听听，说说，还必须常常动笔，能够写写，译译，在这些实际活动之中不断地运用所学的词汇和语法知识，阅读能力才能得到提高。因此，在全部教学过程中，应当始终把语音、词汇、语法的教学，把听、说、读、写的训练，紧密结合起来，每个学年，每个学期，都应当在这几个方面定出具体的要求。当然，会话、阅读、作文，这几个方面的要求可以有所区别，会话、作文的要求要定得适当，不宜太高。无论如何，高中毕业生在听、说、读、写几方面都要具有一定的能力，虽然这几方面的能力的水平和熟练程度可以有所不同。在读的方面，借助字典和其他一般工具书，应当能够读懂普通的外语书籍，只要所涉及的思想内容和知识内容是能够理解的，只要语言方面没有什么特殊的现象，就应当理解得大致准确，并且能够用汉语翻译；在会话方面，凡是学过的东西，特别是日常生活的话，就应当听得懂，说得出，至少可以彼此大致了解，即使不够流利，熟练；在写的方面，至少应当能够写写普通书信之类的很简单的东西，能翻译内容和语言都不复杂的文字，用词、造句没有很大的语法错误。

为了达到这样的要求，一方面全部教学过程中始终要进行全面的训练，使听、说、读、写几方面的工作互相配合，另一方面，各个教学阶段，各个年级也应当各有不同的重点，比如在入门阶段着重语音训练，在低年级着重基本的语法训练，综合地进行会话、阅读的训练，在高年级则比较侧重阅读的训练，以及作文和简易的翻译训练，等等。

新编中学外语课本的内容，大致就是本着对外语教学目的和要求的这样一些认识来安排的。上边粗略地作了一些说明，供教师同志们研究外语教学问题的时候参考。

（原载于《人民教育》1963 年第 4 期，第 20—21，25 页，署名张耕）

中学英语教材的现状与未来

自 1977 年 7 月根据邓小平同志的指示，重新编写全国通用的中小学教材，到现在已有整整十个年头了。《全日制十年制学校中学英语课本（试用本）》于 1978 年秋季开始使用。1983 年增编了高中三年级英语暂用本（全一册）。从 1981 年起根据原教育部颁发的《六年制重点中学教学计划试行草案》和经过修订的《五年制中学教学计划试行草案》，并参考各地教师在试用期间提出的意见，将初中试用本六册、高中试用本两册及高三暂用本一册修订成为现行的《初级中学课本英语》第一至六册和《高级中学课本英语》第一至三册。到 1987 年秋季，这套课本（包括试用本和正式本）已完成了五轮教学。同时，为适应农村和边远地区的需要，从 1982 年起开始编写出版了供高中开始学习英语的班级使用的英语课本第一至六册。

近几年来，由于有了相对稳定的教材，师资培训和教学研究有了一定的条件，中学英语教学逐步走上正轨，教学改革实验日趋活跃，教学质量逐步有所提高。现在使用中的中学英语教材，十年来作出了贡献。然而，无疑它存在着若干缺点和问题。目前全国各地很多教师和教研人员正在遵照"教育要面向现代化，面向世界，面向未来"的方针，积极地探索中学英语教学和教材改革的路子，以适应我国社会主义经济建设的需要。在这样的时刻分析一下现用教材的基本情况是很有必要的。

一、现行中学英语教材的理论背景及特点

（一）现行中学英语教材的理论背景

这里只说"理论背景""理论影响"，而不说理论"基础"或"依据"，因为无论在教学大纲里或教学参考书里都没有明白地打出任何理论流派的旗号；并且，编出的教材也的确不是单一的、典型的、某一种外语教学理论的产物。不过，既是一整套自成系统的、有计划有步骤的、有若干明显特点的教材，就不可能没有一种理论体系的基本原则或精神作用于它的编著过程之中。尽管可能不纯，或多或少还杂有别的理论的因素；尽管编著者也许并非都很自觉地、充分有意识地以某一种理论为指导思想来进行工作，然而客观上不能没有一个主导的思路，这思路往往是受到学术潮流或学术动向的影响逐步形成的。

70年代初期，中美关系正常化，中国恢复了在联合国的合法地位。80年代，中国开始实行对外开放政策，与欧美的经济贸易和文化交流日益频繁。形势的发展对外语教学，尤其是英语教学起到了极大的推动作用。在这个时期，结构主义语言学、行为主义心理学、认知心理学、社会语言学和应用语言学等理论纷纷传到我国。其中以结构主义语言学对我国近十几年外语教学的影响最大。（应当附带说到，汉语语言学，尤其是汉语语法学的研究和教学，也受到结构主义语言学很大的影响。）

以结构主义语言学和行为主义心理学为理论基础的语言教学法名称不一，有的叫听说法，有的叫口语法，有的叫结构法或句型法。尽管名称不同，但都是以结构主义语言学为基础来研究外语教学的，就连视听法和情景法也是以它为语言方面的理论基础的。结构主义语言学的代表

人物有布龙菲尔德（L.Bloomfield），弗里斯（C.C.Fries），拉多（R.La-do），还有英国的杭恩比（A.S.Hornby）等。以结构主义语言学为基础的外语教学，其心理学理论基础则是行为主义心理学，其创始人是华生（J.B.Watson）和斯金纳（B.F.Skiner）等。

近十几年来，我国引进了很多外国英语教材，这对现行中学英语教材的编写有相当大的影响。在教材编写过程中，经常参考的教材有：《这样学英语》（*English This Way*）、《情景英语》（*Situational English*）、《看、听、学》（*Look，Listen and Learn*）、《新活用英语》（*New Active English*）、《捷径英语》（*Acess*）、《英语 900 句》（*English* 900）、《新概念英语》（*New Concept English*），等等。这些英语教材几乎都是 60 年代末和 70 年代初出版的，基本上都是以结构主义语言教学理论为基础编写的。

现行的中学英语教材，自然不可能不继承建国以来以至更早些的英语教学和教材编写的经验，不可能一下子完全抛弃我国自己的传统方法，例如，课本的框架结构基本上同以往的英语课本相似，每一课都是以课文、生词表、注释、语音、语法练习等几个部分构成的，语音和语法的体系也大同小异。然而，在编写现行教材的过程中，由于接触了一些新的理论，参考了上述引进教材，也就自觉不自觉地吸取了这些理论和教材中的某些东西。开头所说"背景""影响"，指的就是这些；简言之，主要是结构主义语言学及由此产生的外语教学理论和实践。

（二）谈谈结构法与语法翻译法

前边说现行英语教材的路子受了结构主义语言学较多的影响，为了进一步论证这一点，有必要把结构法和传统的语法翻译法的区别搞清楚。因为有些人认为这套课本"以语法为纲"或"以语法为主线"，断言是以"语法翻译法"为理论基础的教材。（或者，含糊一点，说它是"以传统教学法"为基础的，这里，直截了当，索性就说"语法翻译法"，不用"传统"那个模糊概念。）这个论断是不符合事实的，需要辨明。这倒不是为了现行教材的"名声"问题，而是因为：只有把现行教材分析透彻了，对它的优缺点，特别是缺点，看得准确了，才能稳妥地设计出切实可行的改革方案。今后的新教材的路子不可能是一夜之间从天上掉下来的，或者原封不动地从外国搬来的，与原有的基础毫无瓜葛的"全新产品"，也不应当是改头换面、旧瓶装新酒那一套。准确地知道了路是怎么走过来的，才有利于更好地往前走。把"语法翻译法"看成"十恶不赦"坏透了的东西，恐怕未必十分妥当，如果再把一切对语法教学有所考虑的作法一概称之为"语法翻译法"，那恐怕对研究外语教学的工作更是无益的。为此，这里有必要把"语法翻译法"和结构法作一简要的对比，把两个概念先搞清楚。

1. 语法翻译法

（1）强调掌握书面语言的重要性，主要以培养阅读和翻译能力为目标，对语音和口语不重视，最极端的甚至不反对只能"目治"不动口耳的"哑巴英文"。

（2）重视系统的、详细的语法知识教学，多采用由词类而句法，注重定义解说的教学方式。揭示语法规则的主要途径是演绎，即先讲授语法规则，后举例并译成母语。

（3）不提倡用外语作为教学手段；课堂上绝少用外国语讲课，会话。

（4）课堂上阅读量少，通常总是详细分析课文和语法结构，翻译，反复朗读，并要求背诵。

（5）书面练习的目的主要是为了熟悉和应用语法的规则。

2. 结构主义语言教学理论

（1）口语是第一性的，文字是第二性的，语言首先指口头说的话，而文字则是记录口头语言的，是第二性的表现形式。所以在外语教学中应当以听说训练为主，听先于说；读写为辅，读先于写。

（2）语言是一种线形结构，是由不同层次的小的结构一层一层地组成的，而句是基本的结构。因此，句型是语言教学的基础。无论是语言材料的安排还是语言技能的培养都要以句型为出发点，以句型为中心来进行，句型操练是主要的教学方式。

（3）语言体系的形成是由自身的规律支配的，不依任何个人的意志而改变。语言教学过程是一种新的习惯形成的过程，语言习惯形成的过程犹如动物的行为一样，是一种"刺激—反应"的过程。因此，弗里斯主张学生把85%的时间运用在反复模仿、记忆、重复、交谈等实践练习上，使得语音、词汇、语法结构达到不假思索脱口而出的境界，形成自动化的习惯。

（4）语言教学是教语言本身，而不是教有关语言的知识。要求通过模仿和反复大量的操练，使学生养成正确运用外语的能力，首先是听说的能力，也就是纯熟的语言习惯。换言之，语言教学是培养能力，不是教知识。

（5）教学要借助直观手段、语言环境（即情景和上下文等）来进行，要用所学外语直接教授。

（三）现行中学英语教材的特点

上边比较了"语法翻译法"和"结构法"各自的特点，下边我们来考察一下现行中学英语教材，看看它究竟是属于哪个范畴的。

1. 现行中学英语教材讲一点语言的基础知识，很少，并且不作为教学的重点；重点是培养学生运用英语的技能

中学英语课本从第一册就明确提出"外语是一种工具课"（参见《初级中学英语第一册教学参考书》前言），掌握工具的主要途径是练，学习外语是一个练功夫的过程。英语语言知识和规则必须学一点，但是

只有在足够的操练中，才能领会和运用所学的知识和规则。

中学阶段的英语知识，主要是指语音、词汇和语法的基础知识。课本根据中国学生学习英语的特点，做了循序渐进的安排。这种安排是通过大量的语言实践进行比较归纳，使学生逐渐领会语言中的一些基本规则的。例如，课本中对于语音强调以模仿为主，让学生通过朗读字母、单词、句子和课文逐步学习发音和语调，通过学习大量单词的拼法和读音逐渐记住必要的拼读规则。又如构词法，也不是先教构词规则，而是通过练习归纳派生词、合成词和多义词，等到感性知识较多时，在高中一年级才出现一点有关构词法知识的小结。至于语法，课本主张精讲多练，反对注入式，采用句型训练和语法归纳相结合的方法。

课本重视听、说、读、写的综合训练。在初中阶段，尤其是初中一、二年级，以听说训练为主，逐步进行适当的读写训练，这一阶段，句型练习和反映日常生活内容的课文在教学中占的比重较大。到了初中三年级，逐渐扩大阅读的分量，高中课本在继续进行听、说训练的同时，侧重培养阅读理解能力。这一阶段以课文为中心，辅以大量的口头和书面的练习。

2. 重视语音和口语训练

课本明确指出，"语言，首先是有声的语言，书面语言是在口头语言的基础上发展起来的。"因此，在初级阶段必须十分重视听说训练。

为了发展听说能力，课本在初中阶段采用了句型教学的方法，逐步从以句型训练为主过渡到以课文为中心的教学，目的是以此培养学生听说的习惯和能力。教材接受这样的观点：典型的句型练习，有助于掌握句子结构，使学生容易说出完整的句子，表达思想；句型练习的句子要简短，容易上口，便于模仿和实践；多数句型和句型对话要尽可能结合学生生活实际。为了便于学生开展英语口语活动，课本中还编入了一定量的日常用语（参见《初中英语教材分析与研究》的附录部分），和反映日常生活题材的对话与课文，例如打电话、问路、看病、上商店等。每一课的练习大部分都先要求在课堂上口头进行，然后在课外书面完成。

既然重视口语训练，就必然把语音教学放在重要的地位。课本把学好语音看作学好英语的基础，因而把语音教学列为入门阶段的重点。在字母教学阶段，通过教字母和单词，教学了五个元音字母的发音。起点年级的词汇和句型的选择充分考虑到语音教学的需要，例如尽量选择符合拼读规则的单音节词，使学生在初中第一册课本结束时可接触到英语的绝大部分音素。第二册第1、2课集中教学国际音标，以后又不断反复进行拼音和辨音的练习。初中第一至三册课本中专门安排了语音和语调练习，后三册课本各课练习中也编有语音练习，这样来保证初中阶段始终把语音教学放在重要的地位。语音训练不单纯依靠课本中的语音练习来完成，它贯穿于初、高中课本的各个部分内容之中，无论是教学句型、对话或课文，还是做口语练习，都要求语音语调基本正确。

3. 采取句型操练（Drills）和语法知识归纳相结合的方法

课本的编者认为，学习外语不可能完全不理会语法，但是语法教学不能靠讲解术语、概念，背诵定义和举例来进行。以大量的句型练习提供典型结构才是进行基本语法教学的一种有效方式。因此，课本中以基本的句型操练为主，或者说以句法为主，词法结合句法学习。各课以句型为核心，由它来体现各课的语法重点。首先教学生确立句子的观念，学习句子的基本结构和基本用法，掌握简单句的各种基本句型，初步掌握一般复合句的结构和用法。一般在学生对所学句型有了一定的感性认识，通过模仿和实践掌握了该句型的结构和意义之后，在当课或几课以后再进行语法规则的小结。一个语法项目或一次小结完，或连续几次，或分布在不同年级逐步归纳总结，这些安排都是有计划的。

4. 尽量使用英语，适当利用母语

为了使学生的思维尽快地与英语联系起来，在英语教学中要尽可能使用英语，以排除对母语的依赖和母语的干扰。课本从起始阶段就注意提供大量插图，教学课堂用语，用英语说明练习题的要求，便于教师使用直观手段来解释词义、教学课文等，培养学生直接理解、直接学习和直接应用英语的习惯，使学生初步养成用英语直接思维的能力。随着学生英语知识的增长和运用英语能力的提高，在课本中编入了用英语解释生词的练习；在教学参考书中也提供了用英语来介绍新课文的范例。

课本的编者提倡利用英语进行教学，但并不像早期"直接法"的推崇者那样完全排斥母语。课本的编者认为，在学习外语的过程中，外语与思维的关系要经过一系列复杂的变化。初学外语时，学生已充分掌握了母语这个思维工具，运用它已经成为自然的习惯，因而，通过母语的中介作用（心译活动）与思维联系起来，这是不可避免的。学生习惯于用母语思维，在学习英语时，必然会受母语的影响。因此，如何利用母语的正迁移并克服其干扰，是英语教学中的一个重要问题。课本根据英语和汉语的异同，确定了语音、词汇、语法教学的重点，而且在课本中编入了英译汉、汉译英的对比练习。

5. 图文并重，利于进行直观教学

初中六册课本共有 428 幅插图。这些图画帮助学生直接理解英语词语、句子和课文的意思，使英语的文字同这些形象的代表的语义和概念直接联系，不采取翻译的办法，这样非常有利于英语听说实践，而且也易于吸引学生的注意力和兴趣。

基于上述分析，可以看出，现行中学英语教材从指导思想到编排体系，从根本上不属于传统的语法翻译法的范畴，而是接受了结构主义语言教学理论的许多观点，带有结构法的特点。上述这些特点对于语法翻译法来说，是很大的进步。值得注意的是，结构法本身也有它的缺点，这些缺点在现行教材中有所反映，下边就谈这个问题。主要表现在以下三个方面：

（1）对作为交际工具的语言功能重视不够

课本的编排体系受结构主义学派的影响，基本上着重考虑英语语音、词汇、语法这些语言要素的特点，以句型为主要脉络把诸种要素贯穿起来，组织编排语言材料。课本对语音训练和语法训练等的安排比较细致，系统性也比较强，但是对于语言的交际功能和交际中需要理解和表述的意念重视不够。在教材编写的过程中，对学生的需要，也就是学生想运用英语达到什么目的：想听什么、说什么、读什么、写什么，研究得不够。尽管课本里出现了不少日常用语，但缺乏周密的计划来使学生通过反复操练能在实际的交际活动中运用。课本中脱离语境的句型练习较多，有的在实际语言生活中并不存在，是为句型而句型的练习。例如，手里举着一本书问：Is this a pen? 生活里不会说这种傻瓜话的，只是为了让学生练"No, it isn't. It's a book." 这个句型。课本中训练学生运用语言进行交际的练习较少，缺乏像沟通信息（Crossing the Information Gap）和完成任务（Getting Things Done）这一类有实际意义的练习。

重视语言的结构形式，而对语言的内容和意义有所忽视。这一点是结构主义语言学理论带给以它为基础的教学法的通病，过于机械的句型操练，形式上活跃，但并不能有效地培养在生活实际中运用语言的能力。例如提供很多动词短语套进"Can you ...?" 的句型中，可以说很多句子，然而对 can 这个词在不同句子中的真正含义仍然不甚了了，运用的能力自然也就不高。就是理解了句子的意思，如不了解应在什么时候、什么场合、对什么人、用什么方式说这个句子，那就可能说得不合乎习惯，或者不得体，也就是缺乏社交上语言的妥适性（Appropriateness）。现行中学课本在这些方面是考虑得很不够的。尽管课本也强调培养运用语言的能力，其实确切地说，这种所谓能力主要是指转换句型等那一类的能力，与运用语言进行交际的能力还有一段距离。

（2）阅读量小，生词率高，重要语言现象的复现率低

以初中六册课本为例，在修订课本的过程中，曾设法把选定的 800 个英语最常用词编入了课本，保证了常用词在总词汇量中占绝大多数。但是，课本的阅读总量不大，词的复现率也就比较低。六册课本的课文（包括句型练习），仅有 24 000 多词，加上练习和阅读材料也不过 63 000 多个词。六册课本的生词为 1 250 多个，生词率约为 5.1%，词汇平均复现率为 50 次。然而，引进教材《这样学英语》的前六册课本的阅读总量为 108 368 词，生词为 1 415 个，生词率为 2.2%，词汇平均复现率为 76.59 次。

由于课本的阅读总量不大，各种重要的语法现象不能得到多次复现的机会，这对学生理解和掌握所学语言现象来说自然比较困难。加上教学中往往要求过高，就必然会加大难度。

（3）课本的趣味性不够强

主要表现在：①在编写课本时，对学生的生理和心理特点缺乏深入的研究。课本注意到青少年的某些特点，如 12—13 岁孩子模仿、记忆力强，爱开口、爱活动、羞怯感少等，在入门教学中侧重听说训练。但对学生的思维能力与英语语言能力有很大的差距这个特点注意不够，对学生的需要和爱好了解不够。初中课本，特点是入门阶段内容单薄，信息量小，有些内容显得过于幼稚，不足以引起学生的兴趣和满足他们的求知欲。②课本重视语言的形式，机械的句型练习较多，缺少生动活泼的、有交际意义的、有助于发展能力的练习。学生在学习过程中不能经常感受到"学了英语就能用上"的乐趣。③课本编排方面有缺陷，如阅读量小、重要语言现象复现率低，要求不分层次，没有领会（Receptive）和复用（Productive）的差别，这就增加了教学的难度。如果教法又不当，学生就学得更加费力，兴趣就不易保持。

（四）弥补现行中学英语课本缺陷的一项措施

为了配合课本的教学，帮助学生巩固课本中所学到的材料和提高运用英语的能力，更好地贯彻大纲的精神，人民教育出版社组织编写出版了与现行课本配套的同步教材，即初中和高中的阅读训练、听力训练、练习册等。此外，还有《初中英语句型情景教学》《中学生英语读物》（共50本）及一套初中外语教学挂图。

配套教材编配了很多培养学生语言能力的练习，成倍地增加了阅读量，并且加强了趣味性、知识性和实用性。如能有效地使用配套教材，是可以弥补课本的一些缺陷的。

二、中学英语教材改革的方向

（一）结合中国的国情，吸收现代语言教学方法的优点，探索改革中学英语教材的路子

1. 谈一谈当前国外流行的外语教学法——功能法

70年代初期以来，现代科学技术日新月异，随着电脑的出现，通讯联络空前发达。在这样的信息社会中，国际间政治经济、文化科学技术的交流对语言教学的要求比历史上任何时期都要高。西欧共同体国家，以英国为中心，研究出了功能法（又称交际法或意念法）。功能法是以语言功能为纲，培养交际能力的一种教学方法体系。功能法的代表人物有特里姆（J.L.M.Trim）、范埃克（J.A.VaneK）、威尔金斯（D.A.Wilkins）、亚历山大（L.G.Alexander）和威多森（H.G.Widdowson）等。其理论基础，除了上述语言学家的理论，还有以海姆斯（D.H.Hymes）和韩礼德（M.A.K.Halliday）等为首的社会语言学、有关意念这一概念的心理语言学和乔姆斯基的转换生成语法学。目前，功能法流行相当广

泛，尽管有些国家的有些教师还并不完全赞同、采用。

所谓功能法有以下几个主要特点：

（1）培养学生掌握交际能力。语言是人们在社会生活中进行交际的工具，这是语言的基本功能。那么，教学语言的终极目的就是让学的人具备发挥这种功能的实际能力。安排教学就应当以交际功能为主要线索，要同时考虑意念、情景、话题、语音语调、词汇和语法结构，以及语体等，而不应当以语言知识为线索，或者以语言形式（如句型）为线索。

（2）教学过程交际化。功能法把外语教学过程设计为语言交际的过程，在适当的语言情景和适当的交际情景中恰当地使用语言，使得学生感受到运用所学语言成功地达到交际目的后的愉快，改变完全或主要从语言形式出发，句型练习机械、生硬、乏味的弊病。这样做有利于调动学生的积极性。一旦学生对外语学习产生了兴趣，就会形成极大的动力，去克服困难，获得成功。

（3）鼓励学生多接触和使用外语，特别是真实的语言（Authentic）材料，即实用性强的、来自实际生活的活的语言材料，而不是为了教某种语言知识或某种语言形式人为地造出来的、生活中并不存在的语言。反复使用真实的语言，才会逐步做到正确地使用语言。学习语言必须经过一个由不完善到完善的中继语言阶段（interlanguage）。

功能法能够抓住语言的本质职能，掌握语言发展的规律，而且善于发挥学习者的主观能动性。目前，功能法在全世界受到重视，许多地方都在采用，是不无道理的。

2. 功能法应当重视，应当参考，但是不能照搬；结构法不宜全盘否定。

（1）我国中学外语教学是基础教育的一部分，不具有专用性质。学生需要的是基本技能，而对实际交际能力的需求是有限的。

（2）教学条件的限制，不可能使功能法全面推行。功能法教学要有良好的语言环境，交际的场合，交际的对象——所学语言国家的人，语言水平较高的教师，小的教学班，不同的教学小组以利于因材施教，有现代化的教学设备，等等。这些，都是我们绝大多数地区和学校不具备的。

（3）功能法本身也存在难以解决的问题，并不是完美无缺的。例如，如何协调语言功能和语言结构形式之间的关系就是一个难题。以功能项目为纲，为了表现语言功能，适应交际活动，势必会出现难易程度不等的语言结构，这就会影响教学循序渐进原则的贯彻。其次，功能法既以实际生活语言为基础，就不得不容忍运用语言中出现的各种错误。任何学科的教学固然都不可能过分性急，希望毕其功于一役，既教过就不再出错，而往往是在不断出错、不断改正的过程中逐步接近于完善；然而，听之任之，放任自流，也并不是可取的。

在我国，中学既不可能普遍推广功能法，而以结构主义理论为基础的听说法、情景法、视听法、句型法等已为不少教师所熟悉，颇有生命力。这是不可忽视的实际情况。

这当然并不是说，结构法在中国就不需要改进或改革了。结构法需要改革，其改革主要可以体现在引进功能法中可引进的确有成效的部分。在不少问题上，我们需要多搞点科学分析，少来点主观随意性；多搞点唯物辩证法，少来点极端化、绝对化；多讲求实效，少来点形式主义。具体到外语教学和教材，取功能法和结构法以至别的什么法之长，为我所用，结合我国的实际——多方面的实际情况（下文会谈到）、实际需要等等，探索出一条改革我国中学英语教材，适合我国国情，适合以汉语为母语学习英语的最有效的路子。

（二）改革中学英语教材需要研究解决的几个主要问题

任何一门学科的教材工作，涉及的问题都很多，需要处理解决的矛盾也很多。外语教材在各科教材中可能是比较突出的一门。有些属于一般性的问题，早已经过各方面多次讨论，例如所谓"文道关系"，也就是思想教育与知识教育及技能培养的关系；知识性、科学性与趣味性的关系；以至于教科书的用纸、版式字体设计、插图、装帧与节约的关系，等等。这些，这里就不谈了。下边扼要谈几点在英语教材中比较难于处理的问题。

1. 学习与应用

学以致用，这是无论学什么都应当遵循的原则。学是为了用，不是为学而学，用什么学什么，尽可能地边学边用，尽可能在用中学，避免学用脱节，避免为某种理论系统所囿，学很多无用的东西。这恐怕是各种教学论、教学法流派，从所谓语法翻译法到各种牌号的直接法到结构法、视听法、情景法、认知法，到最时髦的功能意念法（交际法）等等所共同持有的信条和追求的目标。就连为大家认为最陈旧、过时，只重知识、忽视能力的语法翻译法也没宣称它是不管应用的，而且用那种法教出来、学出来的人的确也不都是只会背诵语法条条，完全不能应用的。至于此后的各种法，更无一不是标榜从语言实际（首先是口语实际）中学习实际应用的语言。学以致用、学用结合，这是一句不需要议论的话题了。

然而，一切学科，学习和应用完全、绝对同步前进的，或者更进一步，完全按应用方式学，恐怕没有。就连本国语文，似乎是同步的，实则也不是。中学毕业，以至大学毕业，学了十多年本国语文，终于不能正常有效地应用，说起话来结结巴巴，前言不搭后语，音不准，调不对，随便写个什么简单的东西写不通，甚至错字连篇，语无伦次，实在不乏其人。不独中国如此，教育普及、发达的国家也不例外，程度不同或者不足的方面不同而已。自然科学诸学科的学习大体上都有基础、技能、技术应用几个层次，不能一蹴而就，尽管在开始学习之前都有了若干感性知识，会作若干有关的事情，比如，每个六七岁的孩子都会拉一下开关的拉线让灯亮起来，可是离开会应用电还有不小的一段距离呢！学习和应用差距最大的可能要算外语吧？因为，学习基本上是从零开始。各种教学法流派，说到底，无非是想方设法力求尽可能快地缩短这个差距而已。

所谓"想方设法"包括进行理论探讨，科学实验，难度很高。这样作十分必要，意义十分重大，各种流派研究出的、所倡导的各种"法"，都作出了贡献，十分可贵，值得我们重视。不过，这项工作很难，因为有关的因素异常复杂，其所以有多种不同的流派相继产生，正是由于这个缘故。在多种有关因素之中，最重要的一种是母语与目的语的关系。以英语或法语为母语的中学生学法语或英语，学习与应用间的差距假如是1，那么，以汉语或英语为母语的人学英语或汉语，学习与应用间的差距大概不会小于3。这是仅就语言体系本身的差异而言。如果再考虑到语言身上背负着的社会、文化、历史背景以及民族生活的风俗习尚，社会、政治、经济的发展道路逐渐形成的语言心理的各种差异，那么，后一个数字将会比3再大许多。此外，从儿童时期开始学还是从进入中学的少年时期开始学；在纯粹的母语社会中学，还是在多语社会中学，还是到目的语社会中去学，这个数字又有变化（在中国的绝大多数的地区和学校是从初中开始在纯粹母语社会中学）。

总之，必须加紧研究以最捷便有效的合乎语言科学和教育科学的方法尽可能快地缩短学、用之间的差距，尽可能快地达到学、用一致，这是英语教学工作者，包括外语教学理论工作者，英语教材工作者和英语教师们共同的责任，这一点是毫无疑问的。不过，在这样做的过程中，必须把上述那种有关的主要因素以及其他一些因素充分考虑在内。否则，只凭某一种理论（就其本身而论是言之成理，持之有故的理论，可信的理论），例如"语言是一套符号系统""语言是一套形式系统""语言是一种社会行为""运用语言是人类共有的一种潜在能力""语言是交际工具，交际功能是语言的本质功能"，等等，而不考虑教语言、学语言的其他多种因素，这样得出的教学法、教材体系，结果是很难期望达到完善的。在这里，我们不得不遗憾地说，过去曾经有过的和目前还在使用中的各种"法"，很少考虑到汉语与印欧语的差异对教学方法所产生的作用。这一点，我们决不能责备那些不了解汉语和中国社会种种情况或者了解不够多的西方外语教学法专家们，而应当"反求诸己"。这正是我国外语教学工作者迫切需要进行深入研究的一项重要课题。

2. 知识与能力

这里所谓"知识"，指的是有关英语语音、词汇、语法的一般常识，例如，元音和辅音，清音和浊音，单元音和复合元音，短元音和长元音，舌位和口形，辅音的发音部位和发音方法，音节的构成，开音节和闭音节，重音和轻音、弱化、语调等等，此外，语汇和语法也有一些类乎此的常识。

英语教学的最终目的无疑是培养实际应用英语（口头上应用和书面上应用）的能力。有关英语这种语言的上述那些常识的教学与实际应用英语能力的培养，关系是怎样的呢？应当怎样处理呢？这是英语教学和教材工作中需要认真研究处理的重要问题之一。

在英语教学的历史上，有过过分依赖知识讲授的教训。讲了许多语音知识，并没能使所有的或大多数学生发音正确，语调入耳。讲了许多语法知识，许多学生说得出若干语法规则，背得出若干语法概念的定义。如果出一些填空、改错之类的单项的测验题考一考学生对那些规则、定义等等记得对不对，熟不熟，多数学生能得到不低的分数。于是认为讲授这些知识很有用，因而教材也就按照知识系统来编。这就是所谓"语法为纲"。可是学到末了，听的能力差，反应迟钝，跟不上，头一句还没听清楚，人家已经又说了两三句了。心里有什么想说，说不上来，要先用母语在脑子里起个稿，然后默默地译成英语说出来，即使译得没有语法错误，却往往不合习惯，不得体，或者说成了笨拙累赘的"书呆子腔"（bookish or awkward speech）。写，一般也是写不成，或者效率极低，和上述说的情形差不多。能读些东西，但是速度慢，还往往理解得不准确。大家逐渐明白过来了：知识≠能力。这其实不是新鲜问题，我国从古代就不断讨论"知"与"行"的关系了。有"知难行易"说，有"知易行难"说，有"知难行也不易"说，有"知行合一"说，现代教育家陶行知先生的名字就是来源于知行观的演变的。在发现了过分强调以至依赖知识而忽视通过语言实践培养语言能力的弊害之后，大家（无论是持哪种外语教学理论的）都重视了从语言实践中学习语言，培养实际运用语言的能力这条原则。但是，逐渐也出现了走向另一个极端的倾向：从主张简化知识，寓知识于实践之中（例如：通过摹仿学会语音，通过句型操练理解、掌握语法规则，等等）终于有了否定知识，以至把知识和能力对立起来的苗头——讲授知识必然会削弱能力的培养，把学生语言能力不足完全或主要地归过于讲多了知识。事情往往有从一个极端发展到另一个极端这种现象，可是我们知道，极端化、绝对化是不符合客观实际的，带有很大片面性的，因而是不可取的，不会有良好效果的，除去了某一种弊端，同时又带来了另一种弊端。知识≠能力；能力的形成≠取消知识教育。"知识就是力量"，知识是取消不得的。现代人与原始人的主要差别就在于现代人对于自然界，对于社会，对于人活着所须臾不可离的东西（例如空气，阳光，水，也包括语言），对于人本身，知道的比原始人多得太多了。人对语言各方面知识的发展，成十百千倍地增长了人对语言驾驭运用的能力。人已经能用自然语言指挥机器了。如果对语言的知识太少，不懂得语音合成等等那些知识，那是不可思议的。

说来说去：还是个教学问题——在教学语言的过程中，怎样最恰当地处理知识和能力的关系，这又是个十分复杂的问题。

首先，还是要问母语与目的语的语言体系差异大小。母语的名词有性、数、格的变化，学另一种也有性、数、格的变化的语言，关于性、数、格的概念不难形成，心理上没有什么奇异感，不难建立正确运用的习惯，养成运用能力，不需要多少知识讲授；以根本没有性、数、格的变化的语言为母语学那些形态语言，情形就有所不同了。如果用一个理论框框来套，都不讲，或者都讲一样多，都用一种讲法，恐怕不行。笼统地说"外语"还不够。中国孩子学英语，学俄语，学日语，办法恐怕也不能一样。

其次，又是开始学英语的年龄段和学习环境的问题。儿童学语言主要是靠耳濡目染的摹仿，他们不大问"为什么这么说，不那么说"这类问题。进入初中后的少年，尤其是进入高中后的青年，如果又是在纯粹的母语环境中学外语，缺少耳濡目染的机会，他们往往就不安于总是知其然不知其所以然的单纯摹仿，而希望知道为什么这样而不那样的道理。在已经学了一些数学、物理、化学、动物学、植物学等知识，已经有了较高的推理能力，也有了推理习惯的少年和青年，知道些道理很有好处。他们能够举一反三，触类旁通，增长运用知识于实践的能力，收到事半功倍、提高语言能力的效果。在我国，一个中学生除了在每周四节左右外语课的课堂上至多再加上有条件的学校和教师设计的数量不多的一点课外活动之外，再没有或者很少有接触外语的机会了。在这些实际情况之下，一个中国的中学生学英语，比一个，比如说，法国学生学英语，对语言常识的需要必然会有些不同的。

总之，办什么事都要从实际出发，讲求实效，外语教学应不例外。考虑英语教学和教材中的任何问题，必须充分重视以汉语为母语、中学生在纯粹的母语环境中学习这些实际。脱离了这些实际将会使工作遭遇困难。而密切结合这些实际，来研究问题、处理问题的责任和前边所谈的同样又落在了我国英语教学工作者的肩上。

无论如何，中学英语教学和教材中进行点有关英语的语言常识的教学，绝对不应贪多求全，烦琐艰深，而学了又用不上。中学语文教学大纲关于汉语文常识的教学提出六个字的要求："精要，好懂，管用。"这个原则，也许可供编写英语教材时参考。

3. 形式与意念

语言是形式（包括语音形式和语言成分的组合形式）和意念的结合体。形式表达意念，意念靠形式表达。二者是不可分的；教/学语言，二者不可偏废。要教/学的是如何把生活中、工作中实实在在有的，要表达的意念用正确的、合乎习惯的（至少没有太大毛病的）形式表达出来。外语教学中，母语和目的语的形式有所不同，意念有同有异。把这两者的关系处理好，又是个重要问题。

这里，也许会令人生厌地又不得不说到以汉语为母语带来的必需着重考虑的问题了。汉语的形式上的独特性太大了。语音形式的独特性就不小，这里存而不论。组合形式的独特性就更大了，可以说，它与任何一种印欧语言的组合形式都有本质的差异——它根本不以形态变化为组合手段，语序这个手段的灵活性也很大。这个特点使得说汉语的人很自然地在表达中首先考虑的是意念而不是形式。产生"洋泾滨英语"（"中国式英语"），这是个重要的而往往为人们所忽视的原因。以汉语为母语的人学习包括形态变化已经脱落不少的英语在内的印欧语，需要多重视一点形式训练，也是这个缘故。结构法在中国流行得快而广泛，不是没有原因，而是有语言上的需要，不论人们意识到或者没有意识到。

说到意念，说汉语的人与西方人有同有异，而异的方面也颇不小，因为意念这东西与文化传统、社会风习、思维方式的关系十分密切。你称赞一位中国主妇作的菜肴作得好，她当然有回答一句有礼貌的客气话的意念，然而她不会有"谢谢您的称赞""我很高兴您喜欢它"这类念头，想说的往往是"粗茶淡饭，不成敬意"之类。这也是产生"洋泾滨"的一个重要原因。实质上，这已经远远超出纯语言的范围了。

编英语教材需要设计两张目录，一张语言形式目录，一张意念目录。设计这两张目录很需要下下大功夫，不是轻而易举的。

4. 量的问题

编英语教材，必须有量的观念。量必须适当，因为量与质有关系，与教学难易有关系。太少了不行，太多了也不行，上下都得有个度。

好几个方面都有量的问题。最常被谈起的是"词汇量"。

一说到词汇量，不免又要絮叨絮叨汉语问题。印欧系诸语言有大量的同源词（都来源于古希腊语或古拉丁语），有大量互借词。语言系属近的，或者历史上有过特殊接触的，更为突出。字典，法语是 dictionaire，英语是 dictionary，两方的教材里可以都不列入"生词表"。汉语与此大不相同，它同印欧诸语言，同源词、互借词，极少极少。这个因素决不能不考虑在内。

与此有关的还有一个所谓"复现率"的量。只说"复现率"，太笼统，要分析。有一些词，如冠词 a, the；若干介词，of, at, in, on 等等；若干基本的常用动词，do, have, take, make 等等，都会自然地成百上千次地"复现"，不需要教师和编辑操心。要考虑的不是它们露面多少次，而是它们有哪几种意义和用法（凡这种词都是多义、多用的）应当在什么时候出现，哪几种意义和用法要多出现几次。有些在课堂上是常用的，如 chalk, eraser 等等，在生活里并非常用词，但是在课堂里几乎天天说，也不必操心。为了教学需要，有时候讲个故事，谜语，读首小诗，会碰上少量罕用词，这些，也可以不操心——难于"复现"，因不复现而记不住也无所谓，因为罕用；事实上，这种怪词往往遇见一次就记住，再也忘不了。要注意露面次数够不够的，是除去这几种词以外的常用词。那么是哪些呢？编辑和教师都要心中有数。

露面也有多种露法。可以连续地露，也可以隔几课露一次；可以在课文里露，也可以在练习、插图等"配件"里露；可以在教材里露，也可以在教师嘴里甚至学生嘴里露（在课堂活动中），有时候这样露法比在教材里露的效果更好些。

"复现率"是个重要问题，然而这并非仅仅是点点数目的问题。

除去"词汇量"，还有很重要的一种量是"活动量"——学生作哪些、作多少语言活动。不是要从实践中学语言，增长语言能力吗？活动量实质上就是实践量，这是万万忽视不得的。

阅读量是另一个重要的量，尤其在缺少外语环境的国家和地方，这一点更为重要，因为语言材料大部分来于阅读，而不是来于生活。如果接触的材料太少，要培养应用语言的能力是困难的——"巧妇难为无米之炊"！

大家都很关心一个问题：避免加重学生的负担，避免增加学习的难度。这很对。不过，量与负担和困难是怎样的关系呢？无论上述哪种量，过分多了当然会难而重，不行。那么是不是越少越好呢？显然也不是。例如，倘若活动量和阅读量都过分少，肯定就会大大提高生词的密度，大大降低词汇的"复现率"，从而大大增加学习的难度，而难度就会成为负担。所以开头说，量，上下都得有个度。再提高一点来说，很多问题的考虑，考察，研究，处理，都需要多运用辩证唯物主义，少来点绝对化、极端化、片面性。少把问题孤立起来看——简言之，少来点形而上学。我们作为曾经或正在从事教材工作的人，在研究英语教材改革的工作中愿以此自勉。

（本文是张志公先生和人民教育出版社副总编辑刘道义联合署名发表在《中小学英语教学与研究》上的一篇论文，其中一部分是张志公先生执笔写的，全文并由张志公先生修改定稿。经征得刘道义同志的同意，收入《张志公文集》）

关于外语教学的几个基本问题

一、外语是基础教育阶段的一门基础学科

（一）基础教育

什么是基础教育？所谓基础教育，平常也叫普通教育，不过以往说普通教育，包括小学和中学（初中和高中）教育。现在我国已确定逐步推行九年义务教育，指的是包括以往的小学和初中的这一段——小学五年，初中四年或小学六年，初中三年，总共九年。因而，目前我们说基础教育，指的就是九年义务教育这一段，以至包括幼儿教育在内。义务教育之后将要分流：大部分进入中等职业教育或中等技术教育，小部分进入专为高等教育作准备的普通高中。这两流就都不属于基础教育的范围了。（但是，一则由于历史原因，二则由于现在中等职业教育、中等技术教育还不普遍，所以人们仍旧习惯于把初中和高中连在一起叫作中等教育，加上小学，合称基础教育，也就是与以往的"普通教育"名异实同。这大概可以认为是一种过渡的现象吧。）所谓义务教育，就是公民教育。作为一个现代化国家的公民，必须具备基本的文化素养，它为每一个人进一步学习专业，学习高深技术，或者是去学习某种职业

技能打下必要的基础。义务教育，在有些国家叫作强迫教育，国家有义务为每个公民提供接受基础教育的机会，每个公民都应该接受这种教育，儿童的家长有责任使子女接受这种教育。进行基础教育，既是权利，又是义务，所以，对国家来说，对个人来说，都带有强制性。

（二）语言教育

在基础教育中，基础的科目是语言教育。因为语言是接受和进行教育的最基本的手段，语言是一个交际工具，传递信息的工具，同时也必然是进行和接受教育的工具。每个人降生后，很快就在生活里开始学语言。几个月的婴儿就开始牙牙学语。在他学会语言之前，他几乎可以说还未能积极参与小小的社会——家庭的活动，还是个被豢养的小动物。只有当他逐步学会了语言，才能作为一个积极的成员参与周围的人的集体生活。幼儿开始利用语言工具进行交际，认识周围的人和事物，接受教育，开始正常的社会生活。大人利用这个媒介、工具对幼儿进行教育，一直到进幼儿园，进行幼儿教育，主要是通过语言这个媒介，利用这个工具，教给幼儿基本知识，训练儿童利用语言这个工具进行思维。在整个人受教育的过程中，语言是基础的基础，是第一个层次，缺少这个层次，其他都谈不上。没有语言只能在很小的范围内，通过直觉学到一点知识，但这是非常有限的，也是非常困难的。

语言尽管是个媒介、工具，但是个不可缺少的工具。在基础教育中，最基础的是语言教育，包括母语的教育，即所属民族所通用的语言。母语本来是在生活中自然习得。一般说来，两岁左右的幼儿可以相当完整、熟练地使用母语同周围的人进行交际。但这种自然习得的语言还不够用，无论从理解、表达哪方面来说，都是很有限的。从语言质量来说不高。它包含了自然语言中很多好的东西，活的语言内容，也包括了自然语言中杂乱的、不纯洁的东西。作为进一步进行教育，更广泛地进行交际的工具，这是不够的。接受幼儿教育、初级教育，母语教育非常重要。这时候，母语教育的目的、任务，是来充实、丰富它的语言，同时使它的语言逐渐地纯洁化，规范化，更高效率地达到运用语言进行交际的目的。语言教育的重要性如此，所以，就是母语也需要进行教育。

（三）第二语言的教育

语言教育包括第二语言的教育。在现代世界、现代国家里，需要进行第二语言的教育。我国是一个多民族、多语言的国家。一个国家总会有一种代表该国的语言。就全世界而言，语言很多，而今现代世界，由于交通、通讯发达，地球缩小了，人与人接触越来越多。现代科学、文化、技术的发展，要求各国进行频繁交流，同时进行竞争，都要求自己发展得快一些，好一些。这样，产生了既互相学习，又互相竞争的局面，接触非常频繁，单知道自己的母语是不够的。同时，多学习一种语言，对于一个人的思维、认识的发展大有益处。语言不仅是外在的工具，也是内在的、思维的工具。多会一种语言，多具备一种思维的工具，会使我们的思维能力更活泼起来，也会增强比较的能力。因而，多会一种语言，还是现代世界每个公民提高思维认识能力的一个条件。学习外语，最好是在基础教育阶段，越晚困难越多。因此，在现代世界，在基础教育阶段，学会至少一种外语是必要的。每个现代国家无例外地都这样作。

我们要特别注意的一个问题是，封建社会留给我们关于语言的影响。人们不认为学习母语以外的语言是重要的。小农经济使人们安土重迁，排斥外来语，造成我国长期存在方言分歧的现象。至于外国语就更不用说了。到了近代、现代，这种状况有所改变，交通比较发达了，交流较多了，人们逐渐接触外语。沿海地区首先感到有必要学习外语。我国地大，传统影响很深，工作、学习用不着的地方，就不怎么想学。但这种现象不会长期存在下去。我国实行"对外开放"政策，很多地方，很多人，有接触和用到外语的机会。虽然当前大多数人还没有接触外语的机会，但逐渐会多起来的。基础教育中，外语是基础学科，教育周期长，现在学习教学大纲，研究外语，主要是为了下个世纪。今天不需要接触外语的人，将来会有越来越多的人要用到的，谈教育而头脑中没有将来，那是不行的。

二、探讨外语教学的几点基本认识

（一）外语教学必须从国家的实际出发

所谓国家实际，就是我国当前的整个经济、社会的发展，以及根据经济、社会的发展产生的教育的发展。外语教学处于什么地位？教育的发展处于什么状况？我们国家的实际是：我们对于外语的需要还不那么迫切，若干地区进行外语教学的条件还不那么充分；我国的经济基础还很薄弱，教育还比较落后，我们必须加紧改善条件，迎头赶上，既不能性急，也不能迟缓。

我们说的外语，主要是指英语，以及其他少数我们所需要的外语语种。我们国家很大，讲外语的邻居很多，如讲俄语、阿拉伯语、缅甸语、越南语的国家。我国在国际事务中起的作用越来越大。在外语教学中，应该设哪些语种，需要有一个规划。这是一个非常重要、也很复杂的问题，应由国家作为一个重点问题来考虑。

（二）应注意母语与目的语的差异

根据我国目前的情况来说，外语主要指英语、俄语、法语、日语。英语、法语、俄语都属印欧语系，而汉语是汉藏语系的一个语支，使用的人口多，是个独特的语言。中国人学外语，母语同目的语在语言上差异很大。我国在基础教育阶段普遍开设外语课，从十九世纪末到现在，不过一百多年。这一百多年是变动很大的时期，顾不上对学科教学这类问题进行研究。时间短，缺乏研究，只好引进、参考国外外语教学的方法。但是，所有那些外语教学的方法，都是同属印欧语系某一语支的人学习另一语支的，有的几乎比北京人学广州话还要容易。印欧语言重要的一条是词汇大量来自古希腊、古拉丁语。由于历史上、地理上的关系，相互借用的词汇很多，比如英语和法语之间互借的词就非常多，而汉语和它完全没有同源词，借用词也极少。印欧语言是形态语言，而汉语不是。印欧语言是重音语言，多音节词中有一个重音，可能还有个次重音，而汉语是声调语言，四个声调和一个轻声（指普通话）。外国人学汉语，最难的就是声调，因为他们的语言同我们的重音、语调不相符合。我们听外国人说汉语，总觉得"直腔直调"的，很不顺耳（除了那些汉语说得很好的）。因此，研究外语教学需要重视这个问题，过去我们对这方面很缺乏研究。

（三）应十分重视语言心理

由于社会历史的不同，产生了不同的语言心理。前面提到由于封建社会的影响，中国人不习惯于学外语、民族语、地方方言。西方封建社会持续的时间短，很快就进入了资本主义社会，他们的语言心理同我们说汉语的人的语言心理很不一样。中学生的语言心理与小学生不同，学习的各个阶段学生的语言心理也不同。比如入门阶段，学生一般对英语感兴趣，取得一点进步就很高兴，爱学，这时教师要特别注意学生的语言心理，不要"有错必纠"。学生如果在一入门就吃几个闷棍，他就会认为自己不是学外语的料子，也就容易产生畏惧以至想放弃的心理。二年级以上学生产生"两极分化"的大小，都与语言心理有关。

学习任何一种技能，都需要实践。学习语言也需要实践，需要语言环境。我们很多地区、很多人缺少外语环境，原有的语言心理又产生影响，所以不爱张嘴。学习语言的有效方法是直接从语言中学语言。我国的中学生是在母语环境中学习外语，他们吸收外语知识不是从生活中获得，而主要是从书本上，从少量的广播中学，但这毕竟不是生活中的语言，吸收的量很小，很狭窄。有些教科书上的语言不是"真语言"，生活里不说那种话。比如，老师手里举着一支笔，问：Is this a book？这简直是"疯人院语言"！当然，这是特定环境造成的。教师要尽可能为学生创造一点外语环境，这种外语环境尽管也还是虚构的，但总比没有好。

三、中学英语教学的目的和要求

（一）中学英语教学应达到的程度和目标

《大纲》规定，中学英语教学的目的，是对学生进行听、说、读、写的基本训练，培养学生在口头上和书面上初步运用英语的能力，侧重培养阅读能力，为进一步学习和运用英语切实打好基础。

在现阶段，中学英语课有两个起点。一个是从初中一年级开设，另一个是从高中一年级开设，其要求接近初中一年级起始的英语课的要求。

从初中一年级开设的英语课的要求是：在学习期满时，要求学生掌握基本语音和语法，学会 1 800—2 000 个单词和一定数量的短语和习惯用语，具有一定的听、说、写的能力，能借助词典独立阅读难度略低于课文的一般题材的读物。

从高中一年级开设的英语课的教学目的，是通过三个学年的教学，对学生进行听、说、读、写各方面的基本训练，侧重培养阅读能力，注意培养自学能力，为进一步学习和运用英语打下一定的基础。在学习期满时，要求学生掌握基本语音和语法，学会 1 800—2 000 个单词和一定数量的短语和习惯用语，能借助词典独立阅读难度略低于课文的一般题材的读物。

(二) 听、说、读、写能力各达到什么目标

1. 学习语言是能力的培养、训练。凡是一种能力，首先是一种技能；大体上都有个共性。学习外语能学得管点用，就不太容易丢，即使有段时间不太用，也不会丢，达不到这个要求，学了也会丢。学语言同学游泳、骑自行车的性质很相近。学到管用了，有一段时间不用也不会丢。否则就会丢掉。丢掉以后要再捡起来，就要浪费时间、精力了。因而，既然学了，就要学到基本上管点用。

2. 语言，不管是母语还是外语，口头语言和书面语言这两方面互有关系。书面语是口语的书面形式。口语能力的提高有助于提高书面语言的能力。书面语言同口头语言相互作用。口头语言是第一性的，应绝对重视，把它作为基础。口语能力的培养更要多靠实践，要靠语言环境。书面语言同口头语言不同。没有语言环境也可以培养读、写能力。欧洲在中世纪以前，书面语言的需要多，口头语言（指外语）的需要，相对来说少一些。所以，那时他们重视外语的书面语言能力，不重视口语。通行的外语教学法是语法翻译法。欧洲进入资本主义社会以后，口语需要渐渐增多，需要进行口语训练，因此产生了直接教学法。在现代，各国之间人们相互接触多了，口语需要多了，因为需要多，口语、书面语都逐渐受到重视。我们国家现在对口语还不够重视。口语是领先的，是根本的，但实际上在人们的感觉中不那么重要。因此，如何处理口头语言和书面语言的关系，需要研究。中国的传统是，对于母语也只重书面语，轻口语。知识分子读文言，写文言，因此口语能力一般不

强。学外语，不能倒退到从前学母语那样的轻口语，当然也不能忽视实际、环境、条件。《大纲》对口头语言和书面语言作同等要求，要求"培养学生在口头上和书面上初步运用英语的能力"，必须按《大纲》的要求去做，否则会事与愿违，达不到目的。比如口语，要使学生达到初步能够用一点英语，完全能够做到，也应该做到。当然也要看到我们国家发展不平衡，缺乏不少必要的条件，因此，要求不能性急，可以有点伸缩性。《大纲》是个原则性的规定，有些地区、有的学校完全可以超出《大纲》的要求，有的地区不能完全达到，需要有一定的灵活性。

3. 口语与书面语之间，听说与读写之间，有几点要明确：

（1）语言是一种活动。既然它是一种活动，我们就应当从活动中学，这是普遍真理。只要是活动，就要在活动中学。需要动手的，就动手学；需要动嘴的，就动嘴学；需要动脚的，就动脚学；是活动的，就要在活动中学。而口语是语言的基本活动。

（2）符合这个基本认识进行的语言活动，就能够提高学习的兴趣。儿童少年的兴趣很关重要，成年人也不例外。学得枯燥无味，受苦受难，效果就不好。有兴趣好得多。能够运用这个活动工具活动，就能助长兴趣。看见外国人会说 How do you do? Good morning，他的兴趣就大了。看见别人和他说 Good morning，他没词了，他就不会发生兴趣。很简单地能对上一两句，他的兴趣就来了。如果再能听个故事，讲个故事，哪天再能看看电视，哪怕只能听懂一点，兴趣却会无限增长。真正做到在活动中学，才能提高学习兴趣，提高学习效率。

（3）活动，口头语言并不是那么难的，语音、语调当然要求基本准确，但是差一点也不要紧，不妨碍交际。越说越容易，越听越容易，老不说就张不开嘴。"万事开头难"。他越是觉得听不懂，就越要给他听，给他说，讲得差一点不要紧。过去我们老一代人常觉得口语难。现在极大的不同是教学手段多了，尽管在我们国家电化等新的教学手段还不普及，但是在逐渐普及。我们不要怕，要有勇气。

（4）语言活动需要语言活动的环境。而我们却缺少这个环境。教学手段从大面积来讲还差得很远，不能充分发挥作用。即使教学手段、设备能够比较齐备，教师仍旧是中心。国外运用语言学进行研究得出的共同结论是：不论教学手段多么齐备、先进，究竟教师是中心，教师是起决定作用的，那些设备都是辅助性的。设备首先得教师用，得会用，配合教学用，中心还是教师，这不能否定。而我们的教师要满足教学需要，还需要作很大的努力。

（5）学了外语以后，在目前大量的情况下是需要阅读，需要读点东西，需要说的不多。这不能凝固起来看，因为到了二十一世纪，情况就要改变，需要运用口头语言的人会越来越多。但是，毕竟中国这么大，人口这么多，现代化建设还在进行当中，在相当的一个阶段中，这是个客观事实：需要大量有阅读能力的人，需要口头语言的人比较少，这一点也要承认。

根据以上几点，大概可以得出这样一个结论：

口头语言的训练绝对不能忽视，要作为基本功的一个重要方面来对待。要看到它对整个学习的作用，比如提高学习兴趣，提高学习效率，助长阅读理解能力，等等。不能单看到我不需要说话，就可以忽视口头语言。口头语言的能力是个基本的东西。要通过活动来学活动，这个认识是要坚定的。但我国的实际不能忽视，要量力而行。我们的确需要有阅读能力的人，需要相当大数量这样的人。可以考虑适当地侧重在阅读训练上。

（三）关于分量问题

分量和程度有关，单独作为一个重要问题来考虑，因为大家都很关心。首先，所谓分量，不应只指词汇量，而过去有个误会，只要一谈到教材的分量，就是词汇量的多少。所谓分量，包括词汇量和阅读量（课内阅读和课外阅读）。阅读量和词汇量的相互关系很重要。同样多的词汇，阅读量够，就不那么难，阅读量不够，就难。还有活动量（如做多少量的习题，有计划、有组织的唱歌、演戏等活动）。这些要作综合的考虑，要互相作出最好的配合。这样多的词汇量就要有这么多的阅读量，这些都得经过论证，经过研究，经过实验。假如 2 000 个单词量，那得有多少阅读量才适当，得有多少活动量来保证配合？这都要做出综合整体的考虑。

（四）知识和能力

应该明确外语教学的最终目的是培养外语能力，也就是口头语言和书面语言的能力。要着眼于能力的培养，实际能力的培养，活动力的培养，因为语言是活动，不培养语言的活动能力，而满足于理解、记忆若干知识条文，这是不妥的。我想这得首先明确：教学里的一切环节都应该以最终培养能力为目的。不过要明确，能力的培养需要通过多种渠道才能实现。比如说，多参加实际的几样活动，是培养能力的一个有力的基本渠道。合理的大量阅读，也是培养能力的一个重要的渠道。甚至于我们一般并不提倡的死记硬背，也未尝不是一种渠道。理解知识，而且能联系实际地来学，来用，也是培养能力的主要渠道。不能把能力限制在某一种而忽视其他各种应该运用的渠道。各种渠道在各种不同的年龄阶段，在不同的问题上起的作用是不同的，也就是说某种渠道在某种阶段，在某些问题上应该多用一些，某些渠道相对地少用一些，总之，不能一概而论。

知识从来是获得能力的一个非常重要的渠道。从大的方面来说，从人的整个认识论的角度来说，实践，认识，再实践，再认识，这确是普遍真理。但是在不同的阶段，不同的问题上，也会有不同的进程。越到现代，根据以往的实践所积累的认识，为提高认识再实践，通过实践再去验证、证实、发挥、发展，这种情况越来越多。当然，从总的来说，实践仍旧是基础。但是在这个阶段，这些事情上，它的前身是实践。先从试管研究，实验室研究，然后到临床试验，然后得出结论，再付诸于实践，再去改进实践。为什么做这个实验呢？因为原来有这个认识，这样认识就有发展，知识就有发展。就一个人来说，不同的年龄阶段，情况不一样。要注意知识同实践，知识同能力的相互关系。对一个人来讲，不同的年龄阶段，情况确实不一样。在同一个年龄阶段里面，某项知识和某项能力同另一项知识、另一种能力并不一样。能力有不同的等级，知识也有不同的等级，不能一概而论。总之，凡是合理地教、合理地学的知识，对于能力的培养都是有益处的，至少是无害的。因此绝不能把知识和能力对立起来，关键在于教知识、学知识，要教得合理，学得合理。所谓合理，就是在这个年龄阶段，在这个问题上需要教这么多的知识，知识需要这样一种教法，这就是一种合理的教育。怎样是合理的学呢？就是能够付诸于实践，而不是死记这一个条条。不能满足于理解、记熟了一些知识的条文，同样也不能满足于没有知识的盲目实践。

处理好知识和能力的关系，是任何一门学科的教学都会遇到的一个重要问题，尤其是在基础教育阶段，外语学科这方面的问题很突出。原因是，外语的实际能力的培养是很困难的。在外语教学中，知识怎么处理的原则，用最简单的话来说是：要精，简要，所学的知识是最必要的知识，这些知识要生动，好懂，还要让它管用。当然在外语教学中，处理一些语言知识的范围不能仅限于语音、语法和词汇。要真正理解语言，不懂文化历史背景，那样的知识是非常浅薄的。

我们现在有一种反知识潮流，而且反的知识非常狭隘，特别是语法知识。所谓知识不应仅仅是这些东西。

（五）理论和方法

在国外，在西方，外语教学历史长，有好几个世纪，他们逐渐在研究外语教学。不管他们出于什么动机，他们毕竟逐渐形成了若干的理论。在这方面，我们很缺乏。我们外语教学的历史短，而且外语课是在不正常的情况下开设的，始终没有顾上理论的探讨研究，所以相对来讲，外来的一些理论，以及根据那些理论产生的某些方法，研究的成果很多，而我们却很缺乏。我们现在要提高教学质量，改进教学，就需要很好地了解别人的成果，其中有许多值得参考。他们有许多研究方法是值得我们学习的，这得肯定。由于过去历史的因素，近些年来，我们的外语教学工作者对于这些方面还是重视得很不够。往往安于把课教好，学生考的分数好就行，而忽视了对于教学理论的研究、实验，提出一些改进方法。这种状况应当改变。要真正做到改进外语教学，提高外语教学的效率，这种研究是必不可少的。我们的外语教学工作者工作很辛苦，负担很重，但是在万难中，还是要挤出时间和精力做这方面的工作，这方面要大大提倡一下。但是我们应该了解到，国外学者的研究没有把我们的情况包括进去，没有替我们研究。研究外语教学的问题不能不理会母语同目的语的关系，而他们一般研究的母语与目的语，基本上是一个大家庭里的成员，具有亲属关系。从一般原理、方法来考虑他们的那些工作、那些成果，很有价值，很值得我们参考，有些值得我们学习。但在具体的运用上，多半并不是拿来就能运用的，因为他们没有把我们的语言包括在内。我们一定要有理论、方法上的探讨、实验，而这些方面则有待于我们去努力。

方法问题非常重要，本来在各种学科，各个教学阶段都要讲，尤其在比较低的教学阶段，如初中。像外语这种难度较大的学科，方法问题就更加重要。所以要重视方法，研究教学方法。可以说，初中外语教学的成败，在某种程度上与教学方法有关，甚至决定于教学方法。

教学方法有优劣之分。有的方法科学依据比较充分，有的方法经验积累多，有的方法比较新，比较先进，而有的方法流传的时间比较久，有点陈旧。不管有什么样的方法，关键在于运用方法的人，接受方法的人。对于方法，不要绝对化，某种方法一定好，某种一定不行。常常受到批评的是语法翻译法，即使如此，某位教师在某一教学阶段运用语法翻译法也有取得成效的。对某些先进的、科学的方法应当尽量试行。但是不要说某种方法就一定不行，甚至歧视采用某种方法的教师。方法好不好，要看它能不能引起学生的兴趣，把外语学好。好的方法不使人感到可怕，而会感到有趣，能破除学生对外语的畏惧感，不好的方法则相反。

[由张志公先生任主编，马俊明、王碧霖、唐钧任副主编，合著了一本《中学英语教学指导书》，帮助教师理解和使用新的教学大纲（人民教育出版社 1992 年出版）。本文是由张志公先生执笔写的该书第一章《总论》。收入《张志公文集》时，由编者作了极小的删节，改用了现在这个题目]

关于对外汉语教学的几个问题

　　我从事对外汉语教学论年头相当久了。这一点，不少同志不了解，所以先说一说。

　　20世纪50年代初，我们建国不久，第三世界不少友好国家向我国索取语文教材，以便于他们参考并作为教学汉语的教科书。但是，我们国家当时有一条原则：教科书不出口；并且内容也确实有不适合于外国使用的地方。所以，在当时的教育部领导下，组织了一个小的编写班子，专门为第三世界编写一部汉语教科书。我是编写班子的成员之一。书已经编成了，并且开始出版了，但由于我们国内的因素，停止出版。这次工作没有完成。此后，成立了以对外汉语教学为主要任务的语言学院。我和这个学院来往很密切，无论私人，无论工作，都有很多交往。他们的不少工作时常邀我参加，例如关于对外汉语教学测试标准的拟定，关于对外汉语教学理论的探讨，等等，我都参加过，发表过一些粗浅的意见。随后成立了中国对外汉语教学学会，我被聘请担任顾问，又后来，成立了世界汉语教学学会，我也被聘请为顾问。顾问虽然是个名誉职，但是他们的会议我都按时参加，并且发表讲话。再后来，北京外国语学院（现经国家教委批准，改称北京外国语大学）聘我担任讲座教授，主要教一个在职研究生班。这些研究生都是从事对外汉语教学的。我曾倡议为说不同语言的外国人编写不同的汉语教材，因为说不同语言的外国人，他们的母语同汉语的差别不同，风俗习惯、历史背景等也不相同，让他们使用同一种汉语教材，是不适宜的。如日本人学汉语，俄罗斯人学汉语，英语民族学汉语，等等，都应有所不同。当时计划了八种。但是，由于编这样的教材需要编者既通汉语，又通某个国家或民族的语言，也就是说需要的不只一个方面，要几个方面的合作，比较困难。因此对于我的这项倡议，虽然有很多人支持，但酝酿了相当长的时间，却没能实现。直到两年前由于北京外国语大学和华语出版社的支持，这项倡议终于得到了实现。开始，由我担任主编，工作开展起来以后，我声明由于年纪大了，精力有限，不再担任主编；推举北京外国语大学王福祥校长担任主编，中文系主任和华语出版社社长担任副主编。据了解，现在英语版已经编出两册样本，日语版已经着手，将定期全部完成，交由各国试用。

上边说了这么多，目的是表明，我接触对外汉语教学时间相当久，有点直接经验，不是信口瞎"侃"；不过近来由于健康以及其他社会活动还比较多等种种原因，这方面的工作做得比较少了。因此，我下边将要谈到的有关对外汉语教学的几个问题，很可能是一些比较陈旧的看法，希望得到指教。

第一，语言本身是一种社会活动。无论怎样给语言定义，交流信息也好，表达思想感情也好，它都是一种社会活动。而社会是一个非常复杂的群体，所以语言本身涉及的方面就非常广，诸如文化背景、历史背景、社会背景、文学背景、意识形态背景，等等。如果说到语言教育或教学，加上一个"教"字，有教者有学者，就更加复杂了。毫无疑问，它和教育学有关，和课程论、教学论、方法论等有关，和心理学，特别是教育心理学、学习心理学、儿童心理学，等等，关系更为密切。再进一步说到外语教学，又复杂了一步，因为它不仅涉及到某一个国家、民族的上述诸多因素，而且涉及到说母语的民族和所学外语之间的异同。语言从来不是孤立的，它身上背负着很多东西。从学习第二语言来说，这里就有各种风俗习惯的差别，各种习惯用语的差别。所谓对外汉语教学，也就是教给不以汉语为母语的人学汉语，以汉语为第二语言，因此，上述差别非常显著。随便举个例子。你做一次演讲，讲过以后，听讲的人说：讲得真好！按照英语的习惯，应该回答：噢，谢谢！或：谢谢你赞赏！倘若你说：噢，不，不，我是瞎说一通。这对人是极不礼貌的。还有一个笑话。一对新婚夫妇举行婚礼，有一位外国朋友对着新娘说：啊，真漂亮！又对新郎说：我祝福你娶这么一个漂亮的新娘。新郎赶紧说：哪里哪里。这位外国朋友很愕然，心想中国人真麻烦，你说他漂亮，他还非得要指出地方，只好说：眼睛，还有鼻子。当作第二语言学汉语的人，应该懂得新郎说的是客气话，意思是并不见得像你夸的那样漂亮吧。像这种了解非常重要，既是学好语言的必要条件，又是真正达到互相交流、建立友谊的必要渠道。因此，我认为，所谓对外汉语教学是一个非常重要、非常复杂的社会工程。

第二，对外汉语教学是十分迫切的。大家都知道，现在由于交通的发展，由于各国家、各民族、各地区互相交流的需要，外语教学已经成为全人类共同的需要。所以外语教学的研究和发展受到特别的重视，从而产生了许多不同的流派。大家也都知道，今天几乎在全世界，产生了一股所谓的汉语热，要学汉语的人成倍成倍地增加。特别是我国实行改革开放以来，许多国家和地区的人要同我们做生意，要进行文化的、学术的、艺术的、体育的等各方面的交流。有的没有这些具体需要，但却看到我们国家有非常光辉灿烂的历史文化传统，很想看看，了解了解。不是吗？连中医、中药、针灸，在许多国家都成了热门。孔子的学说，甚至连孙子兵法，不是已经成为许多国家和地区想要进一步深入了解的内容了吗？如果讲机遇，这也是一种非常难得的机遇，是使汉语能够为全世界、全人类的繁荣、发展、和平来尽力的一个大好机会。而我们过去从事对外汉语教学工作的人虽然不少，然而进行系统和深入研究的却不多，同实际需要还有相当大的距离。所以，我认为对外汉语教学的需要是紧迫的，对对外汉语教学的研究是紧迫的。

第三，对比研究是对外汉语教学极为需要的一种方法。前边已经说到，说各种语言的国家、民族和地区有许多的不同，单说语言，差别就很不少。所谓比较，并不是说要同学生大讲比较，而是说教师在教学过程中心里要有数，我这里从简说一点。比如教给以汉语为第二语言的人学汉语，语音方面，音素的困难很小，因为汉语的音素数量不多，它们组成的音节也不太多。而且，客观地讲或者说从语言理论上讲，其中并没有什么难发的音；至多像所谓儿化，虽然在汉语普通话中有逐渐减少的趋势，但是在许多场合它还是必要的。比如 "zhēnjiānr"（针尖儿），这个儿化就有必要，如说成 "zhēnjiān"（针尖），很多人会不懂。还有所谓卷舌音，对有些人来说也会有点困难。再比如，汉语的语音除去三个鼻音和一个边音（l）是所谓浊音（Voiced Consonant）之外，其余都是清音（unvoiced）。清音多是成对出现的，它们的区别不在于清浊而在于送气不送气。这对母语有清浊之别的人来说，学起来可能是一个不小的难点。然而，汉语语音最大的难点不在这些，而是汉语的声调。我们常说不少西方人以至日本人学汉语，说起话来"直腔直调"的，就是因为没有掌握高低升降的声调变化。而且汉语的声调非常重要，能够区别意义。对外汉语教学，教师头脑中需要有这些比较，并不是要对学的人大讲区别，而是要心中有数：重点放在哪？难点是什么？怎样帮助他们突破难点，化难为易？这又与在哪里学汉语有关。如果是到中国来，生活在汉语环境之中，这种声调的差别往往是自然习得的。如果是在他的母语环境中学汉语，在生活中接触汉语的机会很少，这个难点就更加突出了。再举个例，关于语汇的。比如普通话说喝茶，喝酒，不说吃茶，吃酒，说成"吃"，就不符合汉语普通话的语言习惯了。有什么道理呢？没有。就是语言习惯。语汇中这种约定俗成的地方很多，讲不出许多道理的。比如药，都是吃药，哪怕是中药中的汤药，也说"吃"，不说或极少说"喝"，也是语言习惯在起作用。只有掌握这种习惯，才能说出来地道的汉语。语法方面这种情况也非常多，限于篇幅，这里就不多举例了。

第四，要充分运用唯物辩证法来研究教学问题，包括对外汉语教学问题。我最近在北京举行的"21世纪英语教学国际研讨会"上就讲过这个问题。我先声明：我这里并不是讲政治，也不是宣传共产主义。唯物辩证法是一种思想方法，是观察事物的方法，也是研究各种问题、研究各分支学科包括语言教学的一种方法。总之，是一种方法（methodology），而方法是可以为任何人服务的。唯物辩证法要求我们对待任何问题不要搞绝对化、极端化、片面性。我们要承认世界上所有的事物都有利弊两个方面，无非有的利多于弊，有的弊多于利。我们的任务无非是选择利多于弊的做法，充分发挥有利的方面，尽量避免、纠正或改革不利的方面，对外汉语教学还有许多问题有待探讨，对探讨中的问题尤其不宜于轻易下断言。某种方法绝对好，好得天衣无缝；某种方法绝对坏，坏到必须打入地狱，这种情况是不存在的。我们只有互相交流，不断探讨，逐步地接近，认识得更加透彻。唯物辩证法提倡要联系地、不孤立地看问题。事物都和它周边有关的事物有大小不等的联系，不能孤立起来看。前边已经说过了，跟对外汉语教学有关的学科、知识多得很。唯物辩证法还提倡用发展的、运动的眼光看问题，不能静止地看，因为事物无时无刻不在发展、变化之中。今日之我已非昨日之我，那么当然明日之我，也非今日之我。不能以今天的情况来判断今后应该如何。虽然找出些基本规律来是可能的，但具体运用起来则是千变万化的。唯物辩证法还要求我们研究任何问题都要注意时、空条件。在这个时间是一个良好的方法，在另一个时间就不见得很好；在这个地方是一个不好的方法，在另一个地方可能是个可行的方法；在这个条件下好或者不好，在另外条件下可能恰好相反。我建议我们研究对外汉语教学应该齐心协力，和舟共济，互相交流，取长补短。这样，我们的教学效果才可能不断地发展，不断地提高。

拉拉杂杂，想到的问题还有不少，限于篇幅，就讲这么几点肤浅的意见，请同志们指教。

（原载于《汉语学习》1994年第4期，第2—4页）

张志公著述年表

1.《从语言的特征说到学习语文的意义》,《语文学习》创刊号,署名向超。

2.《从分析句子谈起》,《语文学习》创刊号。

3.《认清学习语文的意义和任务》,《语文学习》3 月号,署名向超。

4.《这几个句子对不对?》,《语文学习》3 月号。

5.《谈修辞》(1—3),《语文学习》1、2、4 月号,署名瓌一。

6.《写作杂谈》,《语文学习》1、2、3 月号,署名纪纯。

1952 年

7. 张志公著:《怎样学习俄语》,北京:开明书店。

8. 张志公著:《怎样造句》,北京:青年出版社。

9.《汉语语法常识》,《语文学习》1、2、3、4、5、6、7、8、9、10、11、12 月号。

10.《谈修辞》(4—14),《语文学习》1、2、3、4、5、6、7、8、9、10、12 月号,署名瓌一。

11.《写作杂谈》，《语文学习》1、2、3、4月号，署名纪纯。

12.《关于新词和新义》，《语文学习》1月号，署名向超。

13.《用同音字？新造字？还是"考本字"？》，《语文学习》9月号，署名向超。

14.《重视语汇问题》，《语文学习》11月号，署名向超。

1953 年

15. 张志公著：《汉语语法常识》，北京：中国青年出版社。

16. 张志公著：《修辞概要》，北京：中国青年出版社，署名张瓌一。

17.《在实际的语文工作中学习斯大林的伟大著作——〈马克思主义与语言学问题〉》，《语文学习》4月号。

18.《进一步加强我们的学习》，《语文学习》6月号。

19.《两方面的责任——给翻译工作者和翻译作品读者的一个建议》，《语文学习》7月号。

20.《谈虚词》，《语文学习》8月号。

1954 年

21.《一般的、特殊的、个别的》，《语文学习》4月号。

22.《可能的和必要的》，《语文学习》5月号。

1955 年

23. 张志公编：《中国语文研究参考资料选辑》，北京：中华书局出版，署叔重编。

24. 张志公主编：《初级中学课本汉语第一册》，北京：人民教育出版社。

25. 张志公主编：《初级中学课本汉语第一册 教学参考书》，北京：人民教育出版社。

1956 年

26. 张志公著：《汉语语法的特点与语法学习》，上海：新知识出版社。

27. 张志公主编：《语法和语法教学》，北京：人民教育出版社。

28. 张志公主编：《初级中学课本汉语第二册》，北京：人民教育出版社。

29. 张志公主编：《初级中学课本汉语第三册》，北京：人民教育出版社。

30. 张志公主编：《初级中学课本汉语第四册》，北京：人民教育出版社。

31. 张志公主编：《初级中学课本汉语第二册 教学参考书》，北京：人民教育出版社。

32. 张志公主编：《初级中学课本汉语第三册 教学参考书》，北京：人民教育出版社。

33.《编辑工作者怎样分担促进汉语规范化的任务》，《中国语文》第 3 期。

34.《关于汉语句法研究的几点意见》，《语文学习》4 月号。

35.《根据什么原则选择拼音方案》，《光明日报》11 月 21 日。

1957 年

36. 张志公主编：《初级中学课本汉语第五册》，北京：人民教育出版社。

37. 张志公主编：《初级中学课本汉语第六册》，北京：人民教育出版社。

38. 张志公主编：《初级中学课本汉语第四册 教学参考书》，北京：人民教育出版社。

39. 张志公主编:《初级中学课本汉语第五册 教学参考书》,北京:人民教育出版社。

40.《语法研究的理论意义和实用意义》,《中国语文》第 1 期。

41.《比喻和夸张的区别》,《语文学习》2 月号,署名张璟一。

42.《学习语法有什么用处——答读者问》,《语文学习》8 月号。

43.《拼音方案·普通话·文字改革》,《语文学习》11 月号。

44.《汉语教学中的几个重要问题》,《人民教育》第 4 期。

1958 年

45. 张志公主编:《初级中学课本汉语第六册 教学参考书》,北京:人民教育出版社。

46.《汉语拼音方案和语言教育》,《中国语文》第 2 期。

47.《从根本问题入手》,《语文学习》4 月号。

48.《从 "想" "说" "写" 的关系谈起》,《语文学习》4 月号。

49.《大力普及语言科学》,《中国语文》第 4 期。

50.《说 "长" 道 "短"》,《语文学习》5 月号。

51.《为什么学语法,怎样学语法》,《语文学习》10 月号。

52.《语法学习讲话》,《语文学习》10、11、12 月号。

53.《作者·编者·语言》,《新闻战线》第 6 期。

54.《怎样提高写作能力》,《中国青年》第 10 期。

1959 年

55. 张志公主编:《汉语知识》,北京:人民教育出版社,署人民教育出版社编。

56.《语言规范和 "约定俗成"》,《北京日报》8 月 5 日。

57.《语言教育的深刻变化和迅速的发展》，《中国语文》第 10 期。

1960 年

58.《削足适履？赤足废履？改履适足？》，收录于北京大学中文系语言学论丛编辑部编：《语言学论丛（第四辑）》，上海：上海教育出版社。

59.《修辞的目的、内容和学习态度》，《语文学习》1 月号，署名张瓌一。

1961 年

60.《词章学？修辞学？风格学？》，《中国语文》第 8 期。

61.《难字注音和语言教育》，《文字改革》第 11 期。

1962 年

62. 张志公著：《语法学习讲话》，上海：上海教育出版社。

63. 张志公著：《传统语文教育初探（附蒙学书目稿)》，上海：上海教育出版社。

64. 张志公著：《通俗语法基础》，长春：吉林人民出版社。

65.《漫谈语文教学》，《光明日报》1 月 17 日。

66.《语言教育杂谈》(1—10)，《文字改革》第 1、2、3、4、5、6、7、10、11、12 期。

67.《谈"辞章之学"》，《新闻业务》第 2 期。

68.《对新闻标题的两点希望》，《新闻业务》第 8 期。

69.《从几份测验材料看中学生字、词、句的基本训练》，《人民教育》第 6 期。

70.《读文言文对学习现代语有什么好处》，《人民教育》第 10 期。

71.《怎样过语文关——写给几位青年朋友》，《中国青年》第 24 期。

1963 年

72. 张志公著：《漫谈语文教学》，福州：福建人民教育出版社。

73. 张志公主编：《十二年制学校初级中学课本 英语》(一至六册)，北京：人民教育出版社。

74. 张志公主编：《十二年制高中〈英语〉》(送审本，一至三册)，北京：人民教育出版社。

75. 张志公主编：《十二年制学校初级中学课本 俄语》(一至六册)，北京：人民教育出版社。

76. 张志公主编：《十二年制初中〈俄语〉》(送审本，一至三册)，北京：人民教育出版社。

77. 《谈作文教学的几个问题》，《光明日报》1 月 15 日、17 日连载。

78. 《说"工具"》，《光明日报》10 月 10 日。

79. 《怎样锻炼思路》，《中国青年》第 12 期。

80. 《试谈外语教学的两个基本问题》，《文汇报》4 月 13 日。

81. 《中学外语教学的意义和目的要求——读新订中学外语教学大纲草案》，《外语教学与研究》第 4 期。

1964 年

82. 《加强外语教学的研究工作》，《外语教学》第 1 期。

83. 《有关教学方法的几个问题》，《文汇报》6 月 7 日。

1965 年

84. 《需要研究些教学问题》，《中国语文》第 1 期。

1973 年

85. 张志公、邱汉生著：《〈孙子兵法〉注》，北京：人民教育出版社。

1977 年

86.《试谈〈新编对相四言〉的来龙去脉》,《文物》第 11 期。

1978 年

87.《语文训练问题需要加紧研究》,收录于《语文学习》丛刊编辑组编:《语文学习丛刊2》,上海:上海教育出版社。

88.《语文教学需要大大提高效率——泛论语文教学科学化和进行语文教学科学研究的问题》,《中国语文》第 1 期,署名张志公、田小琳、黄成稳。

89.《再谈语文课的几个问题》,《中国语文》第 4 期。

90.《建议多提倡研究问题》,《语文教学通讯》第 2 期。

91.《外语教改从何始》,《文汇报》1978 年 12 月 25 日、1979 年 1 月 6 日及 13 日连载。

1979 年

92.《说"语文"》,《语文学习》第 1 期。

93.《向〈中学语文教学〉提点希望》,《中学语文教学》第 1 期。

94.《重视语言运用中的逻辑问题》,《语文教学通讯》第 1 期,署名张志公、田小琳。

95.《要重视接受与表达的训练》,《江苏教育》(中学版) 第 1 期。

96.《提高语文教学的效率》,《江苏教育》(中学版) 第 3、4 期合刊。

97.《"文""理"议》,《光明日报》2 月 8 日。

98.《要消除推广普通话的一个思想障碍》,《光明日报》8 月 15 日。

99.《关于语言教育的几个问题》,《安徽师范大学学报（哲学社会科学版)》第 3 期。

100.《关于语文教学中科学性与艺术性问题的探讨》,《天津师范学院学报》(社会科学版) 第 2 期。

101.《谈语文教学中的阅读问题》,《山东教育》第 3 期,署名张志公、田小琳。

102.《至少无害,何妨一试——谈口头语言训练问题》(与黄成稳联合署名),《山西教育》第 4 期。

103《谈谈语文教育同普通话的关系》,《文字改革通讯》第 8、9 期合刊。

1980 年

104. 张志公等编:《语文教育研究第 1 集》,北京:教育科学出版社。

105.《普通话和语文教育》,收录于文字改革出版社编:《第五次全国普通话教学成绩观摩会资料汇编》,北京:文字改革出版社。

106.《使语法切合实用的一点尝试——〈语法学习讲话〉再版序言》,《语文学习》第 6 期。

107.《谈谈"语文知识短文"问题》,《语文学习》8 月号,署名张志公、田小琳。

108.《关于"暂拟汉语教学语法系统"及其他——〈汉语知识〉再版前言》,《中学语文教学》第 6 期。

109.《语言教育研究的现状与展望》,《中学语文教学》第 12 期。

110.《中学语文教学研究会成立大会暨第一次年会发言摘要》,《中学语文》第 1 期。

111.《关于汉语语法体系分歧问题》,《语言教学与研究》第 1 期。

112.《前进一步,深入一步,提高一步》,《语文教学与研究》第

1 期。

　　113.《怎样对待"语文知识"?》,《语文教学》第 1 期。

　　114.《语法研究和语法教学》,《语文研究》第 1 期。

　　115.《闲话语言》,《扬州师院学报》第 2 期。

　　116.《有关语文教学研究的几个问题》,《中国语文》第 3 期。

　　117.《语言教育》,《语文战线》第 6 期。

1981 年

　　118. 张志公著,孟宪范编:《语文教学论集》,福州:福建教育出版社。

　　119.《语文教学改革与发展学生的智力》,收录于中学语文教学研究会会刊编委会编:《语文教学研究——中学语文教学研究会会刊第二辑》,北京:教育科学出版社。

　　120.《方法·模式·程式化》,《河南教育(中学版)》第 1 期。

　　121.《需要学点逻辑,逻辑不难学》,《中学生与逻辑》第 1 期。

　　122.《谈谈单元教学》,《语文教学通讯》第 7 期,署名张志公、张定远。

　　123.《说"析"》,《语文教学之友》第 2 期。

　　124.《什么叫"有所得"》,《中学语文教学》第 2 期。

　　125.《关于建立新的教学语法体系的问题》,《中学语文教学》第 6 期。

　　126.《从"言为心声"说起》,《中学语文》第 3 期。

　　127.《语文学科与电化教学》,《电化教育》第 3 期。

　　128《谈汉语的语素——并略介绍哈尔滨语法教学讨论会》,《语言教学与研究》第 4 期。

　　129.《分歧点和交叉点》,《中国语文》第 6 期。

130. 《语文学科的现代化问题》，《课程·教材·教法》第 3 期。

131. 《承担逻辑训练的任务是可取的》，《语文战线》第 7 期。

1982 年

132. 张志公主编：《中央广播电视大学教材现代汉语（试用本）》（上、中、下），北京：人民教育出版社。

133. 张志公主编：《语文论坛（一）》，北京：知识出版社。

134. 张志公主编：《语言文学自修大学讲座》，北京：地质出版社。

135. 张志公、程力夫主编：《语文教学研究》，福州：福建教育出版社。

136. 张志公编：《语文论集》，北京：外语教学与研究出版社。

137. 《修辞是一个选择过程》，《修辞学习》第 1 期。

138. 《〈修辞学发凡〉给我的教益》，《修辞学习》第 4 期。

139. 《谈 "启而不发"》，《语文教学之友》第 1 期。

140. 《写作教学要重视实用性》，《语文战线》第 1 期。

141. 《要重视阅读教育和阅读教育研究》，《语文教学通讯》第 4 期。

142. 《汉语的词组（短语）》，《语言教学与研究》第 4 期。

143. 《在教学中开发智力的必要性和可能性》，《语文教学与研究》第 4、5 期合刊。

144. 《敬意和关切——纪念〈中国语文〉创刊三十年笔谈》，《中国语文》第 4 期。

145. 《谈谈学习现代汉语的几个问题》，《电大语文》第 7 期，署名张志公、庄文中。

1983 年

146. 《说 "比""兴"》，收录于中国修辞学会华东分会编：《修辞学研究（第一辑)》，上海：华东师大出版社。

147.《谈文章之学》，收录于北京市语言学会编：《语文知识丛刊
(5)》，北京：地震出版社。

148.《〈文章学概论〉序》，《学语文》第 1 期。

149.《汉语语汇中单音节语素和多音节词的相互关系》，日本《中
国语》第 1 期。

150.《传统语文教学的得失》，中国香港《中英语文教学》第 1 期。

151.《为什么写，写什么》，《青年文摘》第 1 期。

152.《两种目的 两种文章》，《青年文摘》第 3 期。

153.《对象和目的》，《青年文摘》第 4 期。

154.《篇章》，《青年文摘》第 5 期。

155.《篇章（续)》，《青年文摘》第 6 期。

156.《〈汉语学习〉应该雅俗共赏》，《汉语学习》第 2 期。

157.《要对口语进行全面的研究——序陈建民〈汉语口语〉》，《汉
语学习》第 3 期。

158.《汉语语法与汉语辞章学》，《语言研究》第 2 期。

159.《谈谈〈中学教学语法系统提要（试用)〉》，《中学语文教学》
第 4 期。

160.《〈语文之窗〉序》，《语文月报》第 9 期。

161.《加强汉语拼音教学 进行大量阅读训练和有计划的语言训练》，
《文字改革》第 10 期。

1984 年

162.《龙虫雕余》(第一至七则)，《人民政协报》1 月 11 日、1 月
18 日、2 月 15 日、3 月 7 日、4 月 18 日、7 月 11 日、8 月 1 日。

163.《谈谈写文章》，《逻辑与语言学习》第 1 期 。

164.《张志公谈〈中学教学语法系统提要〉》,《中学语文教学》第 4 期。

165.《从"导读"说起——黎见明〈读书新编〉序》,《中学语文教学》第 5 期。

166.《谈单元教学要解决的几个问题》,《江苏教育》第 7 期。

167.《谈谈教学语法——庄文中〈中学教学语法新编〉序》,《语文教学通讯》第 9 期。

168.《我和传统语文教育研究》,《语文教学论坛》第 2 期。

169.《关于改革语文课程、语文教材、语文教学的一些初步设想》(上),《课程·教材·教法》第 6 期。

170.《介绍〈中学教学语法系统提要〉》,《语文学习》4 月号,署名张志公、黄成稳。

171.《学作文是为了用》,《人民教育》第 7 期。

1985 年

172. 张志公著:《汉语语法的特点和学习》,上海:上海教育出版社。

173. 张志公主编:《语文论集 1》,北京:外语教学与研究出版社。

174.《龙虫雕余》(第八则),《人民政协报》1 月 25 日。

175.《关于改革语文课程、语文教材、语文教学的一些初步设想》(中、下、下续),《课程·教材·教法》第 1、3、5 期。

176.《加紧开展英语教学的研究》,《中小学英语教学与研究》第 3 期。

177.《汉字鸟瞰》,《文字改革》第 4 期。

178.《提高语言的效能——《修辞和修辞教学》序》,《修辞学习》第 4 期。

179.《语文教学要注重实际应用——谈今年高考作文试题》,《光明日报》8 月 28 日。

180.《努力探索发展学生智力的新途径》,《中学语文教学》第 10 期。

181.《黄成稳〈教学语法阐要〉序》,《中学语文教学》第 12 期。

182.《〈中学语文教材语言特色论析〉序》,《语文教学与研究》第 11 期。

1986 年

183. 张志公主编:《语文论集 2》,北京:外语教学与研究出版社。

184.《汉语词类问题需要进一步研究》,收录于张志公主编:《语文论集 2》,北京:外语教学与研究出版社。

185.《重温〈国文百八课〉,再谈语文教学科学化——为纪念夏丏尊先生诞辰百周年作》,《中学语文教学》第 6 期。

186.《传统的写作观念要突破》,《语文学习》11 月号。

1987 年

187. 张志公著,庄文中编:《张志公论语文教学改革》,南京:江苏教育出版社。

188. 吕叔湘、张志公著:《中学教学语法讲话》,济南:山东教育出版社。

189.《编辑学讲话》(第一至七),《出版工作》第 1、2、3、4、9、10、11 期。

190.《当前语文教改需要着重探讨的几个问题——与〈语文学习〉编者的谈话》,《语文学习》3 月号。

191.《词义分类的可喜成果——〈简明汉语义类词典〉序》,《汉语学习》第 5 期。

192.《酒肴与餐具——〈教学语法丛书〉代序》,《中学语文教学》第 7 期。

1988 年

193. 张志公主编:《语文论集 3》,北京:外语教学与研究出版社。

194. 张志公主编;《新编语文单元综合训练 初级中学》第 1、3、5 册,北京:对外贸易教育出版社。

195.《语汇重要,语汇难》,《中国语文》第 1 期。

196.《"汉语拼音"的功能不限于"注音"》,《语文建设》第 2 期。

197.《从圣陶先生的为文 学他的为人》,《语文建设》第 3 期。

198.《圣陶先生永远督促我上进》,《光明日报》3 月 18 日。

199.《编写汉语作为第二语言的教材要重视汉语的特点——〈交际汉语一百课〉代序》,《语言教学与研究》第 3 期。

200.《编辑学讲话》(八),《出版工作》第 5 期。

1989 年

201. 张志公主编:《新编语文单元综合训练 高级中学》(第 1—6 册),北京:对外贸易教育出版社。

202. 张志公主编:《新编语文单元综合训练 初级中学》(第 2、4、6 册),北京:对外贸易教育出版社。

203.《自身缺陷并不掩盖汉字的魅力》,《汉字文化》第 7 期。

1990 年

204. 张志公、刘国正主编:《语文教学改革新成果选粹 全国中学语文教学研究会第四次年会论文集》,广州:广东教育出版社。

205.《汉语语法的再研究》,《外语教学与研究》第 3 期。

206.《锲而不舍,入宝山不会空手回——《学海探珠》代序》,《语文教学通讯》第 3 期。

207.《谈应用文教学》,《中学语文教学》第 6 期。

208.《序孟柱億〈现代中国语文法〉》,《汉语学习》第 6 期。

209.《谈语文教改》,《中学语文教学》第 7 期。

210.《序北京师院〈现代汉语〉并小议现代汉语课》,《中学语文教学》第 10 期,署名张志公、庄文中。

1991 年

211. 张志公著:《张志公文集 1 汉语语法》,广州:广东教育出版社。

212. 张志公著:《张志公文集 2 汉语修辞》,广州:广东教育出版社。

213. 张志公著:《张志公文集 3 语文教学论集》,广州:广东教育出版社。

214. 张志公著:《张志公文集 4 传统语文教学研究》,广州:广东教育出版社。

215. 张志公著:《张志公文集 5 外语教学及其他》,广州:广东教育出版社。

216. 张志公主编:《语文论集 4》,北京:外语教学与研究出版社。

217.《加紧研究,敢于开创》,《语文学习》2 月号。

218.《语文教学需要有突破性的改革》,《语文学习》10 月号。

219.《汉字的特点、使用现状及前景》,《语文建设》第 3 期。

220.《编辑学家叶圣陶》,《民进》第 3 期。

221.《试谈语文教学改革——在中国教育学会中学语文教学研究会

第五届年会上的讲话》,《课程·教材·教法》第 12 期。

1992 年

222. 张志公著:《传统语文教育教材论——暨蒙学书目和书影》,上海:上海教育出版社。

223.《语法修辞与阅读写作》,收录于中华职业教育社编:《语文学习导引 阅读与写作》,北京:语文出版社。

224.《怎样锻炼思路》,收录于中华职业教育社编:《语文学习导引 阅读与写作》,北京:语文出版社。

225.《今天的课程和明天的需要》,收录于中国教育国际交流协会等编:《课程发展与社会进步——国际研讨会论文选》,北京:人民教育出版社。

226.《文学·风格·语言规范》,《语文建设》第 6 期。

227.《一件可喜的大事（关于加强语言文字工作的笔谈)》,《语文建设》第 11 期。

228.《掌握语文教学的客观规律》,《文汇报》6 月 12 日。

229.《中学语文教学改革之我见》,《天津教育》第 7 期。

230.《要重视语言文字的基本功》,《中学语文教学》第 10 期。

231.《知识分子应何以自处》,《民主》第 11 期。

1993 年

232. 张志公主编:《九年义务教育初级中学课本 语文（研究实验本)》(第 1、2 册),北京:北京大学出版社。

233.《非常需要一种桥梁性学科》,收录于刘坚、侯精一主编:《中国语文研究四十年纪念文集》,北京:北京语言学院出版社。

234.《传统语文教育答问》,《语文学习》1 月号。

235.《关于"阅读学丛书"的意见书》,《语文学习》1月号。

236.《汉语辞章学》第一至十二,《语文学习》1、2、3、4、5、6、7、8、9、10、11、12月号。

237.《春风化雨50年》,《语文学习》9月号。

238.《大力进行科学宣传,让全社会懂得口语的重要性》,《渤海学刊》第4期。

239.《语言文字使用状况令人担忧》,《光明日报》8月11日。

240.《补赞一曲——吕叔湘先生和中小学语言教育》,《语文教学通讯》第12期。

1994 年

241. 张志公著,庄文中编:《张志公语文教育论集》,北京:人民教育出版社。

242. 张志公主编:《九年义务教育初级中学课本 语文(研究实验本)》(第3、4册),北京:北京大学出版社。

243.《改进中学语法教学》(本文是在1月召开的北京中学语法教学研讨会上的发言),后收录于张志公著,王本华编:《张志公论语文·集外集》,北京:语文出版社(1998年版)。

244.《需要共同务实》,《中学语文》第1期。

245.《对当前中学语文教改的意见》,《语文学习》1月号。

246.《致全国师范院校"教师口语"培训班》,《语文建设》第3期。

247.《我谈语文规范化》,《语文建设》第3期。

248.《关于口语研究和口语教学的三个问题》,《语文建设》第10期,署名张志公、王本华。

249.《关于对外汉语教学的几个问题》,《汉语学习》第4期。

250.《大打掌握字和语汇的基础》,《中国教育报》5 月 31 日。

251.《叶圣陶先生——教育界一代宗师》,《课程·教材·教法》第 10 期。

252.《语文教学要同现代化建设接轨》,《中学语文教学》第 12 期。

1995 年

253. 张志公著:《张志公语文教学论文选》,北京:人民教育出版社。

254. 叶圣陶、吕叔湘、张志公著:《叶圣陶 吕叔湘 张志公语文教育论文选》,北京:开明出版社。

255. 张志公主编:《九年义务教育初级中学课本 语文(研究实验本)》(第 5、6 册),北京:北京大学出版社。

256. 张志公主编:《名师导学 初中语文综合讲座》,北京:北京工业大学出版社。

257.《谈"暂拟汉语教学语法系统"》,《语文建设》第 1、2 期连载。

258.《教材改革要面向现代化建设》,《中学语文教学》第 1 期。

259.《说"应用"》,《语言文字应用》第 4 期,署名张志公、王本华。

260.《年轻人是可敬可爱的》,《语文学习》7 月号。

261.《语文教师要坚持进修》,《语文学习》8 月号。

1996 年

262. 张志公著,王本华编:《汉语辞章学论集》,北京:人民教育出版社。

263. 张志公著:《张志公语文教材、教学论著选》,山西:山西教育出版社。

264. 张志公主编：《名师导学 高中语文综合讲座》，北京：北京工业大学出版社。

265.《提倡两个全面发展》，《语文学习》第 2 期。

266.《工具·实用·现代化》，《语文学习》第 11 期，署名张志公，庄文中。

267.《应进一步探讨如何提高中学语文教学效率问题》，《课程·教材·教法》第 2 期。

268.《语文教材的编写与使用——在北京顺义县语文教师培训会上的讲话》，《中学语文教学》第 2 期。

1997 年

269. 张志公著，庄文中编：《张志公汉语语法教学论著选》，太原：山西教育出版社。

270.《全社会都来重视语文能力的培养》，《语文建设》第 4 期。

271.《迫切需要研究一些亟待解决的实际问题》，《中学语文教学》第 1 期。

272.《谈谈香港的语言文字问题》，《中学语文教学》第 8 期。

1998 年

273. 张志公著，王本华编：《张志公论语文·集外集》，北京：语文出版社。

274. 张志公著：《张志公自选集》(上、下)，北京：北京大学出版社。

275. 张志公主编：《九年义务教育三年制初级中学课本 语文》(第 1、3、5 册)，北京：北京大学出版社。

276.《语境、语体与修辞——纪念张弓先生〈现代汉语修辞学〉发表三十周年》,《修辞学习》第 3 期。

2001 年

277. 张志公主编:《九年义务教育三年制初级中学课本 语文》第 2、4、6 册,北京:北京大学出版社。

2004 年

278. 张志公主编:《新编学生辞海》,北京:光明日报出版社。

2014 年

279. 张志公著:《读写门径》,北京:北京教育出版社。

280. 张志公著:《读写一助》,北京:北京教育出版社。

2020 年

281. 张志公著,王本华、李嘉哲选编:《张志公论教材》,北京:人民教育出版社。

2021 年

282. 张志公著:《作文基本功:如何写得生动有趣》,北京:开明出版社。

开明教育书系 (第一辑)

不安故常
　　——俞子夷教育文选
　　　俞子夷著　丁道勇选编
　　　　定价：85.00 元

谋求适合中国国情的教育
　　——杨东莼教育文选
　　　杨东莼著　周洪宇选编
　　　　定价：65.00 元

新人的产生
　　——周建人教育文选
　　周建人著　朱永新 周慧梅选编
　　　　定价：75.00 元

改造我们的教育
　　——董纯才教育文选
　　　董纯才著　姚宏杰 王玲选编
　　　　定价：85.00 元

造就女界领袖
　　——吴贻芳教育文选
　　　吴贻芳著　吴贤友选编
　　　　定价：50.00 元

教学是最渊博最复杂的艺术
　　——傅任敢教育文选
　　　傅任敢著　李燕选编
　　　　定价：65.00 元

教是为了不需要教
　　——叶圣陶教育文选
　　　叶圣陶著　朱永新选编
　　定价：130.00 元(全二册)

教育必须是科学的
　　——陈一百教育文选
　　　陈一百著　裴云选编
　　　　定价：60.00 元

教育要配合实践
　　——车向忱教育文选
　　　车向忱著　车红选编
　　　　定价：70.00 元

生命·生活·生态
　　——顾黄初教育文选
　　　顾黄初著　梁好选编
　　　　定价：75.00 元

图书在版编目（CIP）数据

教育的民族化和科学化：张志公教育文选/张志公著；
王本华，李嘉哲选编. --北京：开明出版社，2024.1
（开明教育书系/蔡达峰主编）
ISBN 978-7-5131-8581-3

Ⅰ.①教… Ⅱ.①张… ②王… ③李… Ⅲ.①教育学-
文集 Ⅳ.①G40-53

中国国家版本馆 CIP 数据核字（2023）第 222816 号

出 版 人：陈滨滨
责任编辑：卓 玥 张慧明

教育的民族化和科学化：张志公教育文选
JIAOYUDEMINZUHUAHEKEXUEHUA：ZHANGZHIGONGJIAOYUWENXUAN

出 版：开明出版社
（北京海淀区西三环北路 25 号 邮编 100089）
印 刷：保定市中画美凯印刷有限公司
开 本：710×1000 1/16
印 张：25
字 数：322 千字
版 次：2024 年 1 月第 1 版
印 次：2024 年 1 月第 1 次印刷
定 价：85.00 元

印刷、装订质量问题，出版社负责调换。联系电话：（010）88817647